Tobias Faix, Martin Hofmann, Tobias Künkler

Warum wir mündig glauben dürfen

Wege zu einem widerstandsfähigen Glaubensleben

SCM
R.Brockhaus

SCM

Stiftung Christliche Medien

Der SCM Verlag ist eine Gesellschaft der Stiftung Christliche Medien, einer gemeinnützigen Stiftung, die sich für die Förderung und Verbreitung christlicher Bücher, Zeitschriften, Filme und Musik einsetzt.

© 2015 SCM-Verlag GmbH & Co. KG · 58452 Witten
Internet: www.scmedien.de; E-Mail: info@scm-verlag.de

Die Bibelverse wurden, soweit nicht anders angegeben, folgender Ausgabe entnommen:
Lutherbibel, revidierter Text 1984, durchgesehene Ausgabe in neuer Rechtschreibung 2006, © 1999 Deutsche Bibelgesellschaft, Stuttgart.
Weiter wurden folgende Übersetzungen verwendet:
Neues Leben. Die Bibel, © 2002 und 2006 SCM-Verlag GmbH & Co. KG, 58452 Witten. (NLB)
Gute Nachricht Bibel, revidierte Fassung, durchgesehene Ausgabe in neuer Rechtschreibung, © 2000 Deutsche Bibelgesellschaft, Stuttgart. (GNB)
Hoffnung für alle®, Copyright © 1983, 1996, 2002 by Biblica US, Inc., Verwendet mit freundlicher Genehmigung des Verlags. (HFA)
Einheitsübersetzung der Heiligen Schrift, © 1980 Katholische Bibelanstalt, Stuttgart. (EÜ)

Umschlaggestaltung: dyadesign, Düsseldorf – www.dya.de
Satz: Christoph Möller, Hattingen
Druck und Bindung: CPI books GmbH, Leck
Gedruckt in Deutschland
ISBN 978-3-417-26664-1
Bestell-Nr. 226.664

Inhalt

Einleitung –
Von der Studie „Warum ich nicht mehr glaube" zu diesem Buch

Tobias Faix, Martin Hofmann, Tobias Künkler

Dieses Buch ist auf dem Hintergrund unserer Studie und des dazu erschienenen Buches „Warum ich nicht mehr glaube – Wenn junge Erwachsene den Glauben verlieren" entstanden. Auch wenn dort im Schlusskapitel erste Konsequenzen für Christen und Gemeinden gezogen wurden, soll in diesem Buch den Fragen nach einem mündigen und gesunden Glauben und einer guten Gemeindekultur vertieft nachgegangen werden. Zunächst fassen wir noch einmal die wichtigsten Ergebnisse der Studie zusammen, damit auch den LeserInnen, die unser erstes Buch nicht kennen, klar ist, worauf die folgenden Beiträge immer wieder aufbauen. Als Zweites ziehen wir ein persönliches Zwischenfazit aus den vielen Reaktionen auf unsere Studie. Und schließlich stellen wir die Ziele dieses Buches sowie dessen Aufbau vor und geben einen Ausblick auf die unterschiedlichen Beiträge, die dann im Hauptteil folgen.

1. Zusammenfassung der wichtigsten Ergebnisse von „Warum ich nicht mehr glaube"

„Dekonversion", zu Deutsch: „Entkehrung", ist der Fachbegriff für das von uns untersuchte Phänomen und steht für „Nicht-mehr-Glauben" oder „Glaubensverlust". Kurz gesagt bezeichnet Dekonversion die Tatsache, dass zuvor Gläubige nicht mehr glauben wollen oder können bzw. dies irgendwann bewusst beschließen und sich nun als Nicht-mehr-Gläubige oder ehemalige Christen verstehen. Interessant dabei ist, dass Dekonversion im Bereich der Kirche und der Theologie kaum jemals von Interesse gewesen zu sein scheint. Dort liegt der Schwerpunkt oftmals eher auf der Be- als der Entkehrung.

Unser Anliegen war es, uns der Dekonversion ehemaliger junger Christinnen und Christen aus dem deutschsprachigen Raum zu nähern und uns ihre Erfahrungen, Erlebnisse und Beweggründe erzählen zu lassen. Dabei ging es uns nicht um eine theologische Beurteilung, sondern darum, die Betroffenen und ihre Geschichten besser zu verstehen. Aufbauend auf einer Analyse populärer und wissenschaftlicher Literatur führten wir eine Online-Befragung durch, an der über 330 Personen teilgenommen haben, die alle von sich sagten, einst im christlichen Sinne geglaubt zu haben und dies nun nicht mehr zu tun. Aus dieser Gruppe haben wir nach zuvor festgelegten Kriterien fünfzehn Personen ausgewählt und ausführlich interviewt.

Es ging in der Studie in erster Linie darum, die Geschichten von Menschen zu hören und zu verstehen, ohne dabei zu pauschalisieren. Wir wollten vielmehr das Thema und die persönlichen Erlebnisse aufnehmen und überlegen, was daraus für Schlüsse gezogen werden können. Viele haben sich in ihren Glaubenskämpfen alleine gefühlt und haben von ihrer Kirche und Gemeinde wenig positive Unterstützung erfahren. Nach den Interviews fielen zuweilen Sätze wie: „Danke, Sie sind die Ersten, die sich wirklich für meine Geschichte interessieren."

Manches von dem, was wir herausgefunden haben, ist nicht leicht zu verdauen. Wir stießen auf teils unbegreifliche Schicksale, verstörendes (Nicht-)Handeln Gottes, zum Himmel schreiende Ungerechtigkeiten von Glaubensgeschwistern u.v.m. Andererseits wurde uns aber nicht nur Negatives über Gläubige berichtet. Oft wurden sie auch als einfühlsam, unterstützend und offen erlebt, und dennoch kam es so weit, dass die Interviewten ihren Glauben verloren haben. Gerade deswegen sind wir davon überzeugt, dass es sich nicht nur lohnt, sondern dass es in gewissem Maße sogar unsere Verantwortung als Christen ist, uns mit diesem sensiblen Thema auseinanderzusetzen und als Einzelne wie als Gemeinschaften davon zu lernen.

Der Prozess des Glaubensverlustes

So wie man davon ausgeht, dass die Bekehrung das Leben eines Menschen verändert, so wurde uns Ähnliches oft auch über die Entkehrung berichtet. Was alle Befragten eint, ist das Erleben, dass es sich bei ihrem Glaubensverlust um einen Prozess handelte. Zwar gab es bei Einzelnen auch bestimmte Erlebnisse, Erfahrungen und Erkenntnisse, die einen gewissen Wendepunkt darstellten, aber in der Regel hat sich der Prozess, bis es zur endgültigen Abwendung vom Glauben kam, über mehrere Jahre hingezogen. Dies hatte bei den meisten eine direkte Auswirkung auf ihr Umfeld, also ihre Partnerschaft, die Familie, den Freundeskreis und natürlich auf die Kontakte zu der Kirche oder Gemeinde, in die sie bisher gegangen waren.

Insgesamt stießen wir auf drei unterschiedliche Arten, wie die eigene Entkehrung erlebt wurde. Am häufigsten wurde uns von den Betroffenen eine Befreiung und Erleichterung geschildert. Das empfundene „Korsett" des Glaubens wurde abgelegt, viele grundsätzliche Werte blieben aber erhalten. Bei der zweiten Gruppe war es ähnlich, jedoch entstand durch das Verschwinden des Glaubens ein (Sinn-) Vakuum, das erst neu gefüllt werden musste. Eher selten erlebten die Befragten einen unspektakulären Übergang vom Glauben zum Nicht-Glauben. Die Entkehrten entwickelten neue Bewältigungsstrategien und Werte gewissermaßen fließend und hatten keinerlei Probleme mit ihrem „neuen Leben".

Unabhängig von diesen drei Umgangsweisen mit dem Verlust des Glaubens standen vier Leitmotive, die den Weg der Interviewpartner prägten, im Vordergrund unserer Studie.

Die vier Leitmotive

Auch wenn jeder Mensch in seiner Biografie einzigartig und individuell ist, finden sich stets Ähnlichkeiten, die helfen, Lebensgeschichten anhand von gemeinsamen Merkmalen in Gruppen zu ordnen. Bei der Betrachtung der fünfzehn Interviews unserer Studie war es erstaunlich, wie viele Gemeinsamkeiten es gab. Wir konnten daher vier Leitmotive identifizieren, von denen jeweils eines im Verlauf des Dekonversionsprozesses besonders dominant war: (1) Moral, (2) Intellekt, (3) Identität und (4) Gottesbeziehung. Diese Leitmotive tauchten jeweils in zwei verschiedenen Ausprägungen (Typen) auf, wobei zu bedenken ist, dass sie in den Lebensgeschichten nie völlig isoliert zutage traten, sondern meist in einer Mischung. Eines der Motive war dabei jedoch stets dominierend.[1]

(1) **Moral** spielt in fast allen Gemeinschaften eine mehr oder weniger starke Rolle. Vor allem in Kreisen, die Wert auf ein bewusstes Leben als Christ legen, soll der Glaube auch Auswirkungen im Handeln haben, was an sich ein neutrales Phänomen ist. Es kann jedoch auch problematisch werden, wenn beispielsweise Erwartungen nicht klar ausgesprochen werden, obwohl sie von allen unbewusst wahrgenommen werden. Werden von der Leitung sehr klare und rigide Maßstäbe für das richtige Verhalten kommuniziert, können sie mitunter zu einengenden Gesetzen werden. Zuletzt kann Moral, gerade auch in Verbindung mit Macht, benutzt werden, um Menschen, bewusst oder unbewusst, zu kontrollieren und ihr Verhalten zu manipulieren.

In unseren Interviews tauchten im Zusammenhang mit dem Leitmotiv Moral zwei Erscheinungsformen auf. Die **Eingeengten** fühlten sich durch die herrschenden Maßstäbe kontrolliert und vermissten die propagierte Freiheit im Glauben. Beim zweiten Typ, den **Verletzten**, kam die Moral – und mit ihr häufig auch Macht – nicht nur einengend an die Persönlichkeit heran, sondern überschritt diese Grenzen sogar in Form von Übergriffen und Verletzungen. Diese waren teils geistlich, teils psychisch, aber auch körperlich und sexuell.

Man kann festhalten, dass in diesen Fällen das Verhalten von anderen Christen einen entscheidenden Einfluss auf die Dekonversion hatte. Mit der Ablegung des Glaubens wurde auch versucht, wieder die Souveränität über das eigene Leben zu erlangen.

(2) Das Leitmotiv **Intellekt** hat mehr mit den Interviewpartnern selbst zu tun. Sie zweifelten an Dogmen und Lehre oder natur- bzw. geisteswissenschaftliche Erkenntnisse kamen in Konflikt mit christlichen Glaubensinhalten. An einem bestimmten Punkt konnten sie dann Glauben und eigenes Denken nicht mehr in

---

1   Diese Leitmotive haben wir in unserem Buch „Warum ich nicht mehr glaube – Wenn junge Erwachsene den Glauben verlieren " noch ausführlicher dargestellt (S. 72-75).

Einklang bringen oder als getrennte Systeme nebeneinanderstehen lassen.

Die beiden Erscheinungsformen, die sich bei diesem Leitmotiv als typisch herausgestellt haben, sind die **Zweifelnden**, die in einem inneren Konflikt standen, wie sie zwei sich scheinbar widersprechende Weltsichten in Verbindung bringen sollten, und die **Grübelnden**, die ganz grundsätzlich ihre Erfahrungen und Erkenntnismöglichkeiten in Bezug auf die christliche Lehre hinterfragten.

(3) Noch stärker mit der Person der Interviewten hängt das Leitmotiv **Identität** zusammen. Hier spielt jedoch auch das soziale Umfeld eine große Rolle. Die Auseinandersetzung mit sich selbst kann dazu führen, dass der Glauben als nicht mehr stimmig oder zu einem gehörig betrachtet wird. Bei den **Entwachsenen** war es meist so, dass der bislang wenig reflektierte Kinderglaube im Jugend- oder jungen Erwachsenenalter nicht mehr als adäquat empfunden wurde und sich auch kein dem Alter angemessener Glaube entwickelte. Die Distanzierung vom Glauben ging dann einher mit dem Erwachsenwerden. Er entsprach in diesen Fällen nicht mehr der gereiften Identität.

Die **Zerrissenen** hatten hingegen meist einen bewussten Glauben. Es entstanden jedoch irgendwann Widersprüche zwischen dem Glauben und der Art, wie er (in Gemeinde etc.) gelebt wurde, bzw. der eigenen Identität oder den Lebensentwürfen, die die Interviewpartner für sich entwickelten.

(4) Das letzte Leitmotiv spiegelt einen für das Christentum zentralen Punkt wider: die **Gottesbeziehung**. Das für viele am Beginn ihres Glaubens wichtige und tröstende Bild eines Gottes, der sich ihnen persönlich zuwendet, kann sich aufgrund der weiteren Lebensereignisse als fraglich erweisen. In der Folge kann es, ähnlich wie in einer gestörten menschlichen Beziehung, zur Trennung kommen.

Die **Enttäuschten** wollten diese Beziehung zu Gott oft auch emotional und im täglichen Leben erfahren, was jedoch nicht geschah, wohingegen die **Geplagten** durch verschiedene Schicksalsschläge in ihrem eigenen Leben oder auch in ihrem Umfeld in ihrer Gottesbeziehung erschüttert wurden. Sie litten persönlich (mit), sodass es unmöglich wurde, einem angeblich liebevollen Gott weiter zu vertrauen. Manche verwarfen das Konzept eines Gottes in einem einzigen Moment, andere distanzierten sich Schritt für Schritt in ihrem Denken und Handeln, bis Gott schließlich nicht mehr als Realität in Betracht gezogen wurde.

2. Unser persönliches Zwischenfazit

Über drei Jahre haben wir uns jetzt mit dem Thema Dekonversion beschäftigt, haben recherchiert, interviewt, analysiert, interpretiert, veröffentlicht, vorgetragen und diskutiert. Wir können uns an kein anderes Thema erinnern, das uns so berührt, mitgenommen und teils verärgert hat. Und dies nicht nur als Wissenschaftler, sondern gerade auch als Gläubige.

Es haben sich bei der Studie viel mehr und viel schneller interessierte Teilnehmer gemeldet, als wir gedacht haben. Daneben haben uns viele Leute kontaktiert, die aus verschiedenen Gründen nicht mitmachen wollten, sich aber sehr gefreut haben, dass dieses Thema endlich nicht mehr verdrängt wird. Dazu gehörten auch Freunde und Bekannte und sogar Menschen, die noch im hauptamtlichen Dienst in einer Kirche oder Gemeinde tätig sind. Wir haben lange Mails und Briefe bekommen und selbst in der Online-Befragung (bei der Antworten normalerweise sehr kurz ausfallen) wurde uns seitenweise erklärt, warum Menschen nicht mehr glauben können oder wollen.

Nicht immer spielten negative Erfahrungen mit Christen bzw. mit der Kirche oder Gemeinde eine Rolle im Prozess der Dekonversion. Dennoch waren wir teils entsetzt und betroffen über manche Abgründe, in die wir Einblick bekamen. Wir hörten von Leid, Not und Zerbruch, die nicht selten von Dingen ausgelöst wurden, die Menschen im Namen Gottes an anderen verübten. Oft geschah das nicht bewusst, manchmal sogar mit (scheinbar) guter Absicht. So wurden beispielsweise mit unglaublicher Vehemenz die eigenen Moralvorstellungen durchgesetzt, um ein scheinbar höheres geistliches Ziel zu erreichen oder Gottes Sache zu verteidigen. Hier scheint es viele blinde Flecken in Gemeinden zu geben, und dies in unterschiedlichen Facetten durch alle Konfessionen und Denominationen hindurch.

Besonders gesetzliche oder ungesund charismatisch orientierte Gemeinden bieten Menschen mit entsprechenden Persönlichkeitsstrukturen oft eine Plattform und damit auch eine Legitimation, Druck auf einzelne Mitglieder oder ganze Gruppen auszuüben und Einzelne zu Handlungen zu zwingen, die sie nicht wollen und als Verletzung ihrer Grenzen oder Beschädigung ihrer Würde empfinden. Gerade Menschen, die eine unsichere Persönlichkeit haben und/oder zum Perfektionismus neigen, sind anfällig gegenüber solchen falschen Autoritätspersonen. Dabei spielen Missbrauch und Manipulation im Namen des Heiligen Geistes oder der Bibel eine große Rolle.

In manchen Gemeinden sind Strukturen so aufgebaut, dass leitende Personen und ihre Meinungen (und ihre Theologie) unantastbar sind bzw. dass es keine Möglichkeit der Mitbestimmung oder Kritik gibt. Es gibt klare Hierarchien statt Mitspracherecht und Beteiligung, und in diesen Hierarchien steigt man häufig nur durch ein undurchsichtiges (angeblich von Gott eingesetztes) Berufungsverfahren auf. Es mangelt an Transparenz; Entscheidungen von Autoritätspersonen ebenso wie ihr Handeln können teilweise nicht nachvollzogen werden. Kritik ist nicht erwünscht und wird als eigener Fehler (beispielsweise mangelndes Gottvertrauen) zurückgespiegelt.

Das Thema Sexualethik und besonders die Auseinandersetzung mit Homosexualität sind in Kirchen und Gemeinden höchst umstritten. Wir wollen an dieser Stelle nicht in eine inhaltliche Diskussion einsteigen, sondern auf die Stimmen der Betroffenen hinweisen bzw. darauf, wie sie ihre Dekonversion in diesem Zusammenhang erlebt haben. Dabei kristallisierte sich bei unseren Gesprächspartnern in der Studie zum einen eine kleinere Gruppe von homosexuellen Menschen heraus und zum anderen eine größere Gruppe von Menschen, die sich für sie einsetzen und einen Platz in der Gemeinde für sie fordern.

Wir haben festgestellt, dass wir manche der Gründe für eine Dekonversion gut nachvollziehen konnten, dass wir uns für manche unserer Mitchristen auch geschämt haben und dass wir selbst anfingen, über bestimmte Fragen neu und anders nachzudenken. Offen gesagt: Wir sind damit noch nicht fertig. Manches haben wir auch während der Forschung zunächst mal zur Seite geschoben und merken jetzt, dass bestimmte Fragen wieder hochkommen, denen wir uns mit unserer Biografie, unseren Erfahrungen und unserem Glauben stellen möchten und müssen.

Im Kontrast zu all diesen traurigen und teils sogar niederschmetternden Berichten sind uns aber auch Berichte im Ohr, in denen Gemeinden und Christen ganz wunderbar, einfühlsam und vorbildlich auf Menschen mit Glaubenszweifeln und -krisen reagiert haben: von Ehepartnern, die den Weg unterstützten, von Freunden und Leitern, die sich Zeit genommen haben, zuhörten und begleiteten, von Gemeinden, die eine so offene und herzliche Atmosphäre haben, dass ihre ehemaligen Mitglieder trotz Glaubensverlusts und offiziellen Austritts nach wie vor gerne an deren Veranstaltungen teilnehmen.

Überrascht waren wir auch von den vielen direkten Rückmeldungen der LeserInnen, die wir nach Erscheinen des Buches „Warum ich nicht mehr glaube" erhalten haben. Einige schrieben oder sagten uns: „Ich habe ganz Ähnliches erlebt wie Ines …" Oder auch: „Die gleichen Zweifel wie Patrick habe ich auch …" Während die einen dieses Wiedererkennen ermutigt, weil sie merken, dass sie nicht alleine sind, erleben andere hier eine Verunsicherung. Am Ende einer Lesung sagte eine Zuhörerin: „Vielen Dank für die vielen Fragen, die ich von heute Abend mitnehme."

Gerade aus der Gruppe der Entkehrten haben wir viele Rückmeldungen bekommen, dass sie sich durch die Studie wahrgenommen und wertgeschätzt fühlen. Dies hat uns sehr ermutigt, weiter am Thema dranzubleiben – unter anderem ist dieses Buch deshalb entstanden. Und auch bei Glaubenden führte die Studie zu einem tieferen Verständnis für andere und zu einem neuen Nachdenken über die eigene Gemeinde und den eigenen Glauben. Doch auch die Tragik, die viele Dekonversionen mit sich bringen, kam zutage. So haben sich Eltern bei uns gemeldet, deren Kinder nicht mehr glauben und die dies als sehr schmerzhaften Prozess erleben. Aufgrund solcher Erfahrungen werden in diesem Buch auch Fragen im Zusammenhang mit christlicher Erziehung angesprochen.

Besonders ermutigt hat uns, dass unsere Erkenntnisse und Ideen den Weg in den Gemeindealltag gefunden haben. Sie waren Thema in verschiedenen Medien, in Gemeindebriefen, Predigten, Jugend- und Hauskreisen, Seminaren und anderen Veranstaltungen; immer wieder wurde diskutiert, wie sich Gemeinde und Kirche verändern müssen, damit sichere Räume entstehen, in denen Zweifel ausgesprochen werden können, Glaube widerstandsfähig wird und Strukturen hinterfragt werden dürfen.

3. Das Ziel dieses Buches

Vor diesem Hintergrund wurde es uns wichtig, nicht bei der Studie stehen zu bleiben – auch wenn wir im Buch „Warum ich nicht mehr glaube" im Schlusskapitel erste Konsequenzen für Christen und Gemeinden gezogen haben.

Zum einen gibt es einen großen Bedarf an weiterer wissenschaftlicher Forschung auf dem Gebiet der Dekonversion. Zum anderen aber, und darauf ist nun in diesem Band das Hauptaugenmerk gerichtet, wollten wir auch den drängenden Fragen, die sich daraus für Kirchen, Gemeinden, in der Seelsorge und im täglichen Miteinander für Christen ergeben, Platz einräumen.

Auch dieses Buch ist kein Nachschlagewerk, in dem man für bestimmte Fragen die passende Antwort findet, oder ein Rezeptbuch mit der Universalmethode, wie man in sieben Schritten Nicht-mehr-Gläubige zurückgewinnt. Stattdessen soll es weiter zum Nachdenken anregen, Impulse setzen, Horizonte aufreißen und Mut machen, da, wo nötig, neue Wege zu gehen.

In dem Bewusstsein, dass es viele Menschen gibt, die sich schon intensiv mit einzelnen Themen, die sich aus der Studie ergeben haben, auseinandergesetzt haben, sind wir auf verschiedene Experten zugegangen und haben sie um ihren Beitrag gebeten. Die Autorinnen und Autoren der einzelnen Texte wurden bewusst aus verschiedenen Konfessionen und beruflichen Hintergründen ausgesucht und sind alle Fachleute auf ihrem Gebiet. Sie nehmen uns mit hinein in ihr eigenes Denken und Erleben. Das drückt sich aus in ihrem je eigenen Stil und in den persönlichen Anklängen in ihren Beiträgen. Der eine Text wird dadurch manchen vielleicht näherliegen als der andere. Doch ebenda, wo man sich an etwas stößt, was einem fremd ist, kann es sich lohnen, stehen zu bleiben und genauer hinzuschauen. Schließlich kann gerade der Umgang mit den Dissonanzen zwischen der eigenen Meinung und der Meinung anderer die Mündigkeit im Glauben schulen. Daher sind die Heterogenität der Texte und der Umgang damit beim Lesen und Reflektieren schon ein erster Schritt in Richtung des Buchthemas.

Gemeinsam mit allen Autorinnen und Autoren wollen wir auf diese Weise vielfältige Impulse setzen, sich mit der Frage nach einem mündigen Glauben auseinanderzusetzen. Darunter verstehen wir einen Glauben, der reflektiert und eigenverantwortlich gelebt wird, sich mit der eigenen Herkunft und Prägung sowie mit der Gesellschaft und ihren Veränderungen offen und auch immer wieder kritisch auseinandersetzt.

Doch solch ein reflektierter Glaube entsteht nicht allein dadurch, dass man jeden Sonntag im Gottesdienst sitzt, sondern durch die Beziehung zu Gott, anderen Menschen und die Beziehung zu sich selbst. Ein gesunder Glaube wirkt nicht kompensatorisch. Das heißt: Er dient nicht dazu, Defizite in der eigenen Persönlichkeitsentwicklung zuzudecken. Ein Mensch mit einem mündigen Glauben befindet sich in einer Entwicklung, in der er immer weniger darauf angewiesen ist, sich selbst und anderen etwas vorzumachen. Er lässt sich nicht in ein starres und festes Regelwerk pressen, sondern braucht Freiheit, sich zu entfalten. Wir sehen in der Entwicklung eines mündigen Glaubens die Chance, dass manche Faktoren, die eine Dekonversion begünstigen können, in ihrer Wirkung abgeschwächt werden: wenn Fragen und Zweifel nicht mehr mit Schuld und Unglaube assoziiert werden; wenn bewusst wird, dass das Ablegen eines kindlichen Gottesbildes Raum für das eines Erwachsenen schafft; wenn Christinnen und Christen die Freiheit finden, Manipulation und Machtspiele in ihren Gemeinden offen anzugehen und hier Veränderung zu bewirken.

In diesem Sinne wollen wir dazu ermutigen, sich kritischen Fragen und herausfordernden Situationen nicht zu verschließen, sondern sich mutig und mit Gottvertrauen in sie hineinzubegeben, ganz im Sinne des Paulus, der die Christen in Thessaloniki aufforderte, alles zunächst einmal zu prüfen und das Gute zu behalten. Dazu möchten wir mit diesem Band einladen, denn bei der Frage nach der Dekonversion geht es um Menschen: Menschen in konkreten Situationen, mit konkreten Fragen und einer individuellen Geschichte. Es sollte unsere Verantwortung als Christen sein, sie in ihrer Lebenssituation und ihrer Individualität ernst zu nehmen. Dazu gehört auch, die Geschichte Gottes mit uns selbst ernst zu nehmen und nicht starr bei dem zu verharren, was sich für uns einmal als richtig erwiesen hat, sondern unseren eigenen Glauben immer wieder im Licht der eigenen Lebens- und Lernerfahrungen zu hinterfragen. Wer stehen bleibt, kann nicht nachfolgen. Zudem liegt für uns das Herz des Evangeliums in der befreienden Liebe Christi, die uns in die Weite und nicht in die Enge führen möchte.

Niemals geht es uns darum, Gemeinde, Christen oder gar den Glauben an sich schlechtzumachen. Ganz im Gegenteil: Weil wir Gemeinde lieben und selbst glauben, ist es uns wichtig, auch die blinden Flecken bei uns selbst und anderen anzusprechen. Wir wollen stets bedenken, dass bestimmte Situationen von verschiedenen Menschen unterschiedlich wahrgenommen werden und dass dabei die eigene Persönlichkeit, die aktuelle Verfassung, biografische Prägungen etc. eine Rolle spielen.

Da ein mündiger Glaube nie wirklich fertig, sondern andauernd in Bewegung und Entwicklung ist, haben wir uns im Untertitel sowie beim Aufbau des Buchs für die Metapher des „Weges" entschieden. Die verschiedenen Beiträge sollen nicht nur zum Nach- und Weiterdenken anregen, sondern die LeserInnen im besten Sinne des Wortes „bewegen". So können manche Beiträge Wegbegleiter sein, andere ermutigen vielleicht zu neuen Wegen oder machen Wege sichtbar, die bislang verborgen waren. Wieder andere Artikel geben Orientierung oder Hinweise für den Weg eines mündigen Glaubens.

In den vier großen Abschnitten dieses Buchs wollen wir uns somit gemeinsam auf den Weg machen zu Themen, die in der Studie immer wieder auftauchten und bei uns und anderen Fragen aufwarfen. Es geht dabei in einem ersten großen Teil um den Umgang mit Fragen, Zweifeln sowie mit Andersdenkenden und damit verbunden auch mit den Grundlagen des eigenen Glaubens. Der zweite Teil orientiert sich an der Frage, wie das Spannungsverhältnis zwischen Vielfalt und dem Wunsch nach Einheitlichkeit und Verbindlichkeit im Glauben gelebt werden kann. Im dritten Teil werden speziell Familien und Gemeinden in den Fokus genommen, da dort der Glaube am stärksten geprägt wird. Der vierte Teil schließlich setzt sich mit dem mündigen Glauben selbst auseinander – wie man ihn entwickeln, aber auch praktisch leben kann.

Wir freuen uns, wenn sich beim Laufen Gruppen bilden, die sich austauschen und sich gemeinsam auf den Weg machen, das Leben und ihren Glauben zu gestalten. Zwischen die unterschiedlichen Beiträge sind immer wieder Praxisideen eingestreut; kurze Artikel, die sehr konkrete Ideen und Methoden vorstellen und zum Ausprobieren anregen.

Teil 1
Auf dem Weg mit Zweifeln und Andersdenkenden

Es braucht mehr Raum für Zweifel, Quergedachtes und eine eigene Meinung. Ein immer wieder vorkommendes Motiv bei den Entkehrten war die fehlende Möglichkeit, die eigenen Gedanken und Zweifel in der Gemeinde einzubringen und offen über sie zu sprechen. Dabei sind Zweifel und Anfragen etwas Normales, der eigene Glaube kann sich dadurch in verschiedenen Phasen des Lebens entwickeln und daran und darin reifen. Eine wertvolle Grundhaltung besteht dabei in der Einsicht, dass der eigene Glaube immer nur vorläufig und niemals perfekt oder fertig ist. Darum muss man sich immer wieder um ihn bemühen. Dies bedeutet, dass man sich vielleicht auf der einen Seite von lieb gewordenen Gewissheiten und Gewohnheiten verabschieden muss, dass auf der anderen Seite aber auch ein neuer Raum des Glaubens betreten werden kann, der viel größer und schöner ist und in dem zum Beispiel auch Zweifel ihren Platz haben.

In diesem ersten Teil wird es daher darum gehen, wie man für sich selbst mit Fragen an den Glauben und die eigene Theologie umgehen kann: Sei es, dass diese Fragen von Nicht- oder Andersgläubigen, also von außen, an einen herangetragen werden, sei es, dass sie dem eigenen Nachdenken oder einfach der persönlichen Weiterentwicklung entspringen.

In seinem Beitrag „Zweifelhaft glauben" geht **Arne Bachmann** der Rolle des Zweifels für einen mündigen Glauben nach. Er betrachtet unterschiedliche Arten von Zweifel und zeigt auf, dass Zweifel keinen Gegensatz zum Glauben darstellen. Auch fragt er, wie es dazu gekommen ist, dass wir Glauben manchmal mit Sicherheit verwechseln. Vor allem aber macht er deutlich, dass der Zweifel positiv und produktiv, ja sogar unerlässlich für den Glauben selbst ist.

Ein Thema, dass bei Entkehrten häufig angesprochen wurde, ist der Umgang mit der Bibel. Wie kann ich die Bibel einerseits voll und ganz in ihrer Autorität als Wort Gottes ernst nehmen, ohne dass ich andererseits völlig unkritisch mit ihr umgehe, ist eine Frage, die sich heute viele Christen stellen. **Thorsten Dietz** skizziert in seinem Beitrag „Wie wir die Bibel verstehen können" einen konstruktiven dritten Weg. Allgemein verständlich arbeitet er aus der theologischen Disziplin der Bibelhermeneutik hilfreiche Hinweise heraus, wie wir mit der Bibel und ihren Aussagen sorgsam umgehen und dabei ihrem Anspruch gerecht werden können.

Holger Böckel bringt unter dem Titel „Glaubensentwicklung im Lebenslauf" die Ergebnisse der Studie „Warum ich nicht mehr glaube" in Verbindung mit Modellen und Erkenntnissen zur Glaubensentwicklung aus der Religionspädagogik (Fowler) und Kognitionspsychologie. Dabei zeigt er auf, dass gerade in den Phasen des Übergangs von einer Glaubensphase in die nächste Brüche entstehen können, die den Glauben insgesamt infrage stellen. Seine Lösungsansätze sind eine Herausforderung für Religionspädagogen wie für kirchliche Gruppen im Allgemeinen, stellen sie doch auch Fragen an die eigene Person.

Eine interessante „Auseinandersetzung mit dem ‚neuen' Atheismus" nimmt **Alexander Garth** vor. Selbst in der ehemaligen DDR aufgewachsen, befasst er sich pointiert und klug mit der aktuellen Strömung und den Argumenten des Evolutionsbiologen Richard Dawkins. Dabei zeigt er auf, dass besonders ein fundamentalistisch geprägter Glaube für solche Argumentationen anfällig ist. Er endet mit fünf praktischen Hilfestellungen, wie der eigene Glaube in dieser Auseinandersetzung gestärkt werden kann.

Matthias Clausen fragt: „Brauchen wir eine neue Apologetik?", und stellt fest, dass es auf viele Fragen und Zweifel handfeste Antworten gibt. Denn Glauben hat mit Denken zu tun, und so folgt Clausen den Spuren der bekannten Apologeten John Lennox und C.S. Lewis und macht plausibel deutlich, dass es sich lohnt, auf immer neue Fragen immer neue Antworten zu finden. Dabei betont er, dass Herz und Verstand zusammengehören.

Heike Dreisbach, Referentin für Erwachsenenbildung im Evangelischen Kirchenkreis Siegen, gehörte zum Gründungsteam der Thomasmesse Siegen. Sie beschreibt in ihrer Praxisidee „Thomasmesse – ein Gottesdienst für Zweifler und andere gute Christen".

Zweifelhaft glauben

Arne Bachmann

Ein mulmiges Gefühl im Magen.
Ein Gedanke, den man weit von sich wegschieben will und
der immer wieder auftaucht.
Die Frage: Was wäre, wenn?
Was wäre, wenn es sich nicht so verhielte wie gedacht?
Was wäre, wenn sich alles als Schwindel herausstellte?
Wenn der Grund zum Abgrund wird, der sich vor den Füßen
auftut?
Das Gefühl, aller Gewissheiten beraubt zu sein, keine Orien-
tierung mehr zu haben, nicht mehr so recht zu wissen, wo-
hin.
Nicht mehr so recht zu wissen, wer das eigentlich ist, der
sich diese Fragen stellt.

Skepsis und Zweifel

So oder so ähnlich mag es sich anfühlen, wenn man dem Zweifel verfällt. Manchmal überfällt er einen sehr plötzlich und manchmal wird eher sehr schleichend Vertrauen untergraben, Gewissheiten verlieren sich und Standpunkte lösen sich auf. Hier lohnt es sich,
zunächst einmal zu betrachten, was wir genau meinen, wenn wir sagen: „Ich zweifle."

Zum einen gibt es einen Zweifel aus der Distanz, man könnte
auch von Skepsis sprechen: Jemand berichtet davon, dass er nicht
glaubt, dass die Amerikaner auf dem Mond gelandet sind. Vielleicht
präsentiert er sogar Beweise, die er bei einer „ganz sicheren Quelle" im Internet gefunden hat. Der Zweifelnde hat eigentlich mit der
Mondlandung nichts zu tun, er hat keinen Bezug zu den Gescheh-
nissen im Jahr 1969. Er zweifelt ohne allzu großen existenziellen
Bezug zu der Sache. Ähnlich verhält es sich, wenn zum Beispiel ein
naturwissenschaftlich geprägter Bekannter an Gott zweifelt und sagt:
„Bevor man mir nicht Beweise vorlegt, glaube ich nicht an Gott."

Es geht hier um Beweise, um Evidenz, um Fakten. Der Zweifelnde ist wie ein Richter, der möglichst objektiv eine Sache betrachten soll, die ihm vorgelegt wird. Dazu gibt es eine Beweisaufnahme. Alles Relevante wird gesichtet, abgewogen und am Ende ein Urteil gefällt. Die Vernunft ist hier die Richterin und Gott der Angeklagte.

Doch ist das wirklich der Zweifel, um den es geht? Um das nüchterne Abwägen von Fakten? Um Beweisaufnahme und Suche nach Evidenz? Dann würde es reichen, Apologetik, also die vernünftige Verteidigung christlicher Wahrheitsansprüche, zu betreiben, wie beispielsweise C.S. Lewis es tat. Dann würde es genügen, zu argumentieren, zu diskutieren und zu zeigen, wie der Glaube sinnvoll, gar vernünftig sein kann.

Doch irgendwie scheint das nicht auszureichen. Das scheint nicht die Art von Zweifel zu sein, um die es hier geht. Die Art von Zweifel, die uns hier beschäftigt, dreht sich nicht um den unbeteiligten Beobachter, der hinter den Jalousien seines Verstandes steht und neugierig herausschaut, ob es da draußen noch eine andere Welt gibt.

Wenn wir Schwierigkeiten haben, unserem Bekannten, der an der Mondlandung Zweifel hegt, Glauben zu schenken, ist es schon etwas anderes. Dieser Zweifel spielt sich auf der Beziehungsebene ab. Wir zweifeln nicht nur Aussagen an, die wahr sein könnten oder nicht, sondern wir ziehen eine ganze Person in Zweifel. Wir stufen unseren Bekannten als nicht vertrauenswürdig ein und entziehen ihm unser Vertrauen. Das setzt voraus, dass wir bereits in einem (mehr oder weniger engen) Vertrauensverhältnis standen.

So scheint es ja auch beim Glauben an Gott zu sein. Der zweifelnde Gläubige steht ebenfalls nicht im Niemandsland, um sich zwischen zwei gleichwertigen Alternativen zu entscheiden, er sitzt nicht auf dem Richterstuhl der Vernunft, um Gott nach Beweisen für seine Existenz zu fragen. Er ist schon involviert, steht schon in einem Verhältnis, ist verstrickt. Er hat schon einen Bezug zu Gott. Er hat vertraut und sieht sein Vertrauen nun schwinden. Etwas, das Halt gab, droht wegzubrechen.

Das ist kein Zweifel aus der Distanz mehr, kein skeptisches Beäugen, sondern ein Prozess, der einem sehr nahegehen kann. Er kann sich als tiefe Verunsicherung, als Verzweiflung und Angst ausdrücken.

Wer so zweifelt, dem helfen keine Argumente, dem hilft kein gutes Zureden. So zu zweifeln, kann einen an Abgründe führen.

Doch noch schlimmer, als so zu zweifeln, ist es, so zu zweifeln und es nicht zu dürfen. Noch schlimmer ist es, diesen Zweifel verdrängen zu wollen. Ihn tief in sich zu verschließen. Mit niemandem so richtig darüber reden zu können. Zu merken, dass jedes Mal, wenn man darüber reden möchte, andere abblocken, weil sie fürchten, mit Zweifeln angesteckt zu werden. Oder zu merken, dass man plötzlich zum Seelsorgefall wird, der möglichst schnell therapiert werden muss. Man wird mit einem Mal anders behandelt – besonders freundlich oder besonders vorsichtig – und hat den Eindruck, man solle auf den rechten Pfad zurückgebracht werden.

Dadurch kann der Zweifelnde innerlich isoliert werden. Und irgendwann muss er sich entscheiden, entweder zu seinen Zweifeln zu stehen oder zu schweigen und so zu tun als ob. Vielleicht mag es ja genügen, etwas lauter zu singen, etwas mehr zu beten oder irgendeine geistliche Kur zu durchlaufen.

So wird der Eindruck genährt, Zweifeln wäre eine Ausnahmesituation. Ein Abfall vom rechten Glauben. Etwas, das man isolieren und durch Quarantänemaßnahmen eindämmen muss. Und in der Tat: In manchen Traditionen erwecken das Liedgut, die Predigten und die Gebete den Eindruck, als wäre der Glaube ein Höhenflug fernab des alltäglichen Lebens. Als wären Gewissheit, Vertrauen und spürbare Gottesnähe die Normalsituation des Glaubens.

Dazu müssen wir einen Blick darauf werfen, wie das Streben nach Sicherheit und unumstößlicher Gewissheit zu einem Götzen im westlichen Denken wurde.

Die Suche nach Sicherheit

Das westliche Denken wurde immer schon vom Zweifel begleitet. Von Sokrates wird berichtet, dass er durch Athen ging und die Gewissheiten seiner Mitbürger durch viele Fragen erschütterte. Er stellte alles infrage, damit die Leute darüber nachdachten, auf welchen Grundlagen sie ihr Leben aufbauten. Sokrates' berühmte Erkenntnis: „Ich weiß, dass ich nichts weiß", war kein Ausdruck der Resignation. Es war nicht das schulterzuckende Zeichen, dass die Suche beendet war, sondern der Motor seiner Suche. Dieser Zweifel war ein Zeichen von Wachheit, vom Mut, (sich) Fragen zu stellen, und von Bewegung.

Doch benötigt diese Art des Fragestellens auch die Fähigkeit, Ungewissheit zu ertragen. Und das scheint nicht jedem Menschen gegeben zu sein. Deshalb wollte René Descartes ein für alle Mal mit dem Zweifel aufräumen. Sein Projekt, das als der Beginn der modernen Philosophie gilt, beginnt mit radikalem Zweifel. Was, wenn die ganze Welt da draußen nur ein schöner Schein ist? Was, wenn andere Menschen Automaten sind und mir nur etwas vorspielen? Was, wenn alles ganz anders ist?

Doch an einer Tatsache konnte Descartes nicht zweifeln: am denkenden und zweifelnden Ich. Das sollte fortan das Fundament sein, auf dem alle wahre Erkenntnis aufbaute. Von diesem Fundament ausgehend sollten durch komplizierte rationale Beweisführung alle weiteren Wissenschaften abgeleitet werden. Doch an einer Stelle konnte Descartes nicht ganz auf Gott verzichten: Er benötigte Gott, um sicherzustellen, dass nicht zum Beispiel ein böser Geist unser Denken verwirrt. So wurde Gott zum Lückenbüßer, der uns in unserem Denken Sicherheit geben soll. Gott wurde eingespannt in die Suche des Menschen nach unumstößlicher Sicherheit und sollte ein stabiles Fundament für unser Erkenntnisgebäude darstellen, an dem freilich allein der Mensch baut.

Auch wenn Descartes' Philosophie aus dem 17. Jahrhundert stammt, so sind wir doch in unserem Streben nach Sicherheit von ihr zutiefst geprägt. Besonders dort, wo sich unsere Welt immer schneller verändert, wo Ordnungen schwanken, Lebenskonzepte ihre Selbstverständlichkeit verlieren und unsere eigene Zukunft ungewiss erscheint, steigt die Tendenz, Gott als eine Art Rückversicherung zu nutzen. Dort, wo die gefühlten Risiken der Lebensführung steigen, wächst das Bedürfnis nach Stabilität. Diese wird in Form von bestimmten Vorstellungen gesucht, die absolute Wahrheit beinhalten. Zu Zeiten der Entstehung des christlichen Fundamentalismus waren das zum Beispiel die Jungfrauengeburt, die Irrtumslosigkeit der Bibel oder die Unfehlbarkeit des Papstes. Entscheidend ist hierbei, dass es sich um bestimmte Inhalte oder Institutionen handelt, auf die der Mensch sein Leben aufbaut, um dabei Gott als Garanten der eigenen Sicherheit zu benutzen.

Dies ist Götzendienst, da der Mensch Gott in sein eigenes Projekt der Selbstsicherung einspannt. Schon Luther erkannte das und nannte es die *securitas*: Gott wird dazu benutzt, um Sicherheit, Halt und Orientierung zu erlangen, und so wird die berechtigte Suche nach Gewissheit zu einem Götzen.

Gleichzeitig wird klar, warum Menschen sehr gereizt auf jeden Angriff auf ihr Gedankengebäude oder ihr sogenanntes Fundament reagieren: Mit dem Gedankengebäude selbst gerät die gesamte Identität ins Wanken. Und so muss der Mensch mit allen möglichen Mitteln jeden Zweifel von seinem eigenen Gedankengebäude fernhalten. Zuerst mit beißender Polemik, manchmal auch mit der Vermeidung von Situationen, in denen Zweifel aufkommen könnten, und nicht zuletzt auch mit Gewalt.

Ein Glaube, der zweifeln kann

An dieser Stelle wird plötzlich klar, dass das Projekt der Selbstsicherung, auch wenn es im frommen Gewand daherkommt, so gar nichts mit dem christlichen Glauben zu tun hat. Denn da geht es doch darum, dass sich Gott immer wieder in Beziehung zu uns setzt. Folglich kommt es in letzter Konsequenz nicht auf unsere Stimmung, auf unsere Rechtgläubigkeit und unser Wohlverhalten an. Die göttliche Barmherzigkeit ist eine Grundlage, die gewisser ist als unsere theologischen Gedankengebäude. Sich auf die göttliche Zuwendung einzulassen, ist geradezu das Gegenteil jedes Sicherheitsstrebens. Wir können uns selbst nicht gewiss machen. So heißt es im ersten Johannesbrief: „Wenn das Herz uns auch verurteilt – Gott ist größer als unser Herz" (1. Johannes 3,20; EÜ). Das ist geradezu das Gegenteil des Fundamentalismus. Nicht ich klammere mich ängstlich an bestimmte Glaubenswahrheiten, nicht ich suche verzweifelt nach der einen selig machenden Erfahrung, sondern alles hängt daran, dass sich Gott in Jesus Christus mir schon zugewandt hat. Der pietistische Theologe Siegfried Kettling sagte dazu einmal:

> *„Kein Gedanke kann mich von Christus trennen. Solange*
> *ich noch irgendeinen Gedanken, der je gedacht wurde, aus*
> *Philosophie oder Fremdreligion, aus der Diskussion Glau-*

be und Naturwissenschaft, aus konservativer oder moder-
nistischer Theologie, irgendeinen Gedanken, der mich von
außen erreicht oder von innen in mir aufsteigt, fürchten
muß [SIC!], so lange glaube ich nicht: Herr ist Jesus! Das
Verdrängen ‚gefährlicher' Gedanken macht nicht frei, son-
dern fanatisch."[2]

Das bedeutet, dass Zweifel nichts ist, das man von sich wegschieben muss. Zweifel sind nur dann gefährlich, wenn es vor allem darum ginge, selbst die Kraft aufzubringen, an Gott festzuhalten. Gnade selbst im klassisch lutherischen Sinne bedeutet aber, dass Gott uns dort noch hält, wo wir ihn nicht mehr festhalten können. Dort, wo uns der Glaube nicht mehr tragbar erscheint, werden wir dennoch getragen. Und wenn es so genau nicht darauf ankommt, sich seines Glaubens in jedem Moment gewiss zu sein, dann darf man zweifeln. Weil man die Annahme wagt: Wenn es Gott gibt, dann wird er mich nicht aufgrund meiner Zweifel loslassen.

Ebenso ist es mit der Erfahrung der Nähe Gottes. Wäre Gott der, der immer nur nahe ist, dann würde er schnell in unser Projekt der Selbstsicherung eingespannt. Doch der auferstandene Christus weist jede Vereinnahmung von sich, wenn er sagt: „Berühre mich nicht!" (Johannes 20,17). Jesus Christus entzieht sich hier jedem Versuch, ihn zu begreifen, das heißt: ihn in den Griff zu kriegen. Er ist aber nicht abwesend, sondern ist uns nahe, indem er sich entzieht. Etwas paradox formuliert: Gerade dort, wo wir Gott vermissen, ist er uns vielleicht am nächsten. Denn dort geraten wir in die Nähe zu Jesus Christus, den Gottverlassenen, der am Kreuz schreit: „Mein Gott, mein Gott, warum hast du mich verlassen?" (Matthäus 27,46). So sind die Absurdität und Sinnlosigkeit des Lebens, die Gottverlassenheit und Gottesferne nicht etwa eine Bedrohung des Glaubens, sondern werden am Kreuz Teil des Glaubens.

Der christliche Glaube will nicht einfach alle Rätsel des Lebens aufschlüsseln und zeigen, dass am Ende alles Leid einen Sinn gehabt hat. Am Kreuz zeigt sich, dass Sinnlosigkeit und Absurdität real sind, dass sie auch manchmal den Sieg davontragen. Doch Ostern ist

---

2   Siegfried Kettling, Und der sagte ja, Stuttgart 1979, S. 47.

das Zeichen dafür, dass diese Absurdität nicht das letzte Wort haben wird. Folglich kann es ein Ausdruck der Gemeinschaft mit Gott sein, wenn man sich dieser Absurdität und den Zweifeln aussetzt. Und zu den intensivsten Erfahrungen im Glauben gehört es, gemeinsam zu zweifeln, gemeinsam Gott zu vermissen und so zu erfahren: „Wo zwei oder drei in meinem Namen versammelt sind, bin ich mitten unter ihnen" (Matthäus 18,20).

Ein Glaube, der zweifeln lässt

Doch ist dies immer noch zu wenig. Hier wäre der Zweifel mehr ein notwendiges Übel. Etwas, das man eben erträgt. Und dort, wo der Zweifel Vertrauen untergräbt, Ängste freisetzt und lähmend wirkt, kann man ihm auch kaum etwas abgewinnen. Aber es gibt eine Seite am Zweifel, die durchaus kreativ sein kann. Zweifel raubt der Welt ihre Selbstverständlichkeit und öffnet so neue Horizonte. Somit kann er auch Ausdruck von Wachheit und Lebendigkeit sein. Er versetzt Festes in Bewegung und sorgt für eine Unruhe, in der etwas Neues Form gewinnen kann.

Denn man kann sich seiner Sache manchmal zu gewiss sein; daher kann ein völliges Fehlen von Zweifeln ein Indiz dafür sein, dass man seine Welt schon so hingenommen hat, wie sie ist. Von Jesus Christus wird aber berichtet, wie er Gewissheiten infrage gestellt hat, wie er überhaupt die Art von Fragen gestellt hat, die Zweifel wecken und Horizonte öffnen. Die Welt hinterfragen, sich selbst hinterfragen, noch seine eigenen Zweifel anzuzweifeln, darum geht es auch im christlichen Glauben.

Der christliche Glaube gleicht mehr der Feier eines Geheimnisses und beinhaltet so auch Momente der Unbestimmtheit, der Ungewissheit und Offenheit. So ist es vielleicht auch angebracht, sich und anderen Zeiten intensiver Unbestimmtheit zuzugestehen. Bei manchen wird es notwendig sein, sich für eine Zeit lang von ihren Glaubensgemeinschaften zu distanzieren, damit sie ihren Glauben bewahren können. Besser wäre es allerdings noch, wenn in den Glaubensgemeinschaften selbst mehr Platz für solche Prozesse wäre. Dabei scheint es wichtig, auch neue Fragen zuzulassen und mit althergebrachten Wahrheiten zu ringen, um dann festzustellen, dass nicht alle unsere menschlichen Gedankengebäude so unumstößlich sind, wie sie manchmal den Anschein erwecken. Der Zweifel stellt alte Orientierungen infrage und im günstigsten Fall öffnet er uns für eine Neuorientierung. Dieses Eröffnen von Neuem ist die positive Seite des Zweifels. Zweifel setzt Prozesse in Gang. Und mögen diese auch riskant sein, so ist es manchmal noch riskanter, auf einem Standpunkt zu beharren, denn man gerät in Gefahr, sich vor dem Leben abzuschirmen.

Manchmal lässt sich aus dem Zweifel eine Vorwärtsbewegung gewinnen, ein Umdenken herbeiführen, ein Veränderungsprozess anstoßen. Und manchmal sorgt der Zweifel dafür, dass nun gerade das Altbekannte am Glauben neu erschlossen werden muss. Wenn beispielsweise Schöpfung nicht mehr zwangsläufig als ein wundersames Handeln Gottes in sieben Tagen begriffen wird, dann kann man entweder aufhören, an die Schöpfung zu glauben, oder sich auf eine Entdeckungsreise begeben, wie Schöpfung noch verstanden werden kann. Man kann sich damit beschäftigen, was andere gedacht, geglaubt und geschrieben haben, und kann die Frage auch eine Zeit lang in der Schwebe lassen.

Doch neben alldem ist eine Warnung auszusprechen. Es gibt eine Gefahr beim Zweifel, die nichts damit zu tun hat, dass Gewissheiten untergraben werden oder der Glaube bedroht wird. Die Beschäftigung mit den eigenen Zweifeln, das Ringen um eigene Formulierungen des Glaubens und das Stellen von Sinnfragen kann manchmal zu einer exzessiven Beschäftigung mit sich selbst führen. Dann wird man unempfindlich für den anderen. Daher: Wenn die Unbestimmtheit des Glaubens zu bedrückend wird, ist manchmal die sinnvollste Kur dagegen, von sich selbst wegzuschauen. Das kann sich zum Beispiel im engagierten Einsatz für andere zeigen. Denn wenn man nicht mehr damit rechnet, alle Fragen und Zweifel ganz geklärt zu bekommen, wird man auch freier, sich für andere einzusetzen und Gott unterwegs zu begegnen.

Weiterführende Literatur

Richard Beck, The Authenticity of Faith. The Varieties and Illusions of Christian Experience, Abilene 2012.

Alan Jamieson, Chrysalis, The Hidden Transformation in the Journey of Faith, Milton Keynes 2008.

Eberhard Jüngel, Gott als Geheimnis der Welt. Zur Begründung der Theologie im Streit zwischen Theismus und Atheismus, Tübingen 2001, insbesondere: § 12 die Gewissheit des Glaubens als Entsicherung.

Siegfried Kettling, Und der sagte ja, Stuttgart 1979.

Arne Bachmann *promoviert in Theologie über den Gemeinschaftsbegriff. Außerdem leitet er das Ökumenische Wohnheim für Studierende in Heidelberg. Er engagiert sich im Netzwerk Emergent Deutschland, welches Räume für einen fragenden, zweifelnden und neu durchdachten Glauben in der Spätmoderne schaffen will.*

Wie wir die Bibel verstehen können

Thorsten Dietz

1. Die Bibel als Problem?

Der Verlust des Glaubens bzw. die Abkehr von diesem kann viele Gründe haben. Gar nicht so selten werden von Betroffenen Fragen in Bezug auf die Bibel genannt. Glaubensschwierigkeiten haben nicht wenige, „weil es schwer ist, mit den Widersprüchen in der Bibel zu leben"[3], wie z.b. Magdalena formuliert. Bei einigen sind es Widersprüche zwischen ihrer naturwissenschaftlicher Bildung und der Bibel[4], andere nennen das ethische Problem, biblische Aussagen etwa über die Ausrottung ganzer Völker oder die Todesstrafe für sexuelle Vergehen heute nicht mehr als göttliche Wahrheit akzeptieren zu können.[5]

Offenbar baut sich hier für viele eine Spannung auf. Als Christ, so glauben sie, müssten sie die Bibel als absolute Wahrheit akzeptieren. Aber in der Schule bzw. im Studium werden sie mit Einsichten konfrontiert, die ihnen das schwer, ja, unmöglich machen. Dieser empfundene Widerspruch der Bibel zum naturwissenschaftlichen Weltbild, zur historischen Forschung, zu moralischen Werten wie Freiheit und Toleranz bedeutet für viele eine unerträgliche Spannung. Noch schlimmer: In manchen Gemeinden scheint es unmöglich zu sein, offen über solche Konflikte zu reden. Die Abkehr vom Glauben ist daher für viele eine Befreiung aus einer nicht anders lösbaren Spannung; und damit auch Folge eines Bibelverständnisses, das keine Zweifel und keine offenen Fragen duldet. Entscheidend sind an dieser Stelle offenbar solche Fragen, die man als *hermeneutische Fragen* bezeichnet: Wie verstehen wir die Bibel? Mit welcher Brille, mit welchem Vorverständnis gehen wir an sie heran? Was soll das hei-

---

3   Tobias Faix, Martin Hofmann, Tobias Künkler, Warum ich nicht mehr glaube. Wenn junge Erwachsene den Glauben verlieren, Witten 2014, S. 95.
4   Tobias Faix, Martin Hofmann, Tobias Künkler, Warum ich nicht mehr glaube, S. 53.
5   Tobias Faix, Martin Hofmann, Tobias Künkler, Warum ich nicht mehr glaube, S. 153; 180ff.

ßen, dass sie „Wort Gottes" genannt wird, und wie können wir mit
ihr umgehen?

2. Die Bibel und ihre Botschaft

Offenbar gibt es ganz unterschiedliche Vorverständnisse, was „Wort
Gottes" bedeuten könnte. Für die einen ist damit ein fehlerloses
Buch gemeint. Andere denken eher an die persönliche Erfahrung,
unmittelbar von Gott angesprochen zu werden. Wieder andere suchen einen Maßstab für alle Lebensentscheidungen – und nicht wenige sind verwirrt, was sie sich unter „Wort Gottes" vorstellen können oder dürfen ...

Schon in der Bibel hat dieser Ausdruck unterschiedliche Bedeu-
tungen. So kennt die Bibel das Wort Gottes als sein *schöpferisches*
Wort, durch das er Dasein und Leben schenkt und erhält: Und Gott
sprach – und es wurde (1. Mose 1,3 etc.). Die ganze Wirklichkeit ist
vom Wort Gottes begründet und erschaffen, getragen und erhalten,
durchdrungen und erfüllt (Hebräer 1,3).

Sodann erzählt die Bibel viele Begebenheiten einer *geschichtlichen* Offenbarung Gottes durch sein Wort: „Und es geschah des
Herrn Wort", heißt es immer wieder bei den Propheten (Jeremia
2,1; Hesekiel 3,16 etc.). Gott redet, vermittelt über die Propheten,
und auch dieses Reden ist vielgestaltig. Mal geben sie eine unmittelbare Anrede Gottes an das Volk weiter (Jesaja 1,2), mal berichten
sie von einer Vision oder einem Bild (Jesaja 6; Amos 7,1-9), mal tun
sie den Willen Gottes durch eine Zeichenhandlung kund (Hesekiel
24,15-27; Hosea 3), dann wieder durch geschriebene Texte (Jeremia
29,1-23).

Schließlich gilt im Neuen Testament *Jesus Christus* selbst als
Gottes Wort, das von Anfang an war (Johannes 1,1-18), das die
letzte und abschließende Selbstoffenbarung Gottes in der Geschichte ist: „Was von Anfang an war, was wir gehört haben, was
wir gesehen haben mit unsern Augen, was wir betrachtet haben
und unsre Hände betastet haben, vom Wort des Lebens ..." (1.
Johannes 1,2; vgl. auch Hebräer 1,2; 2. Korinther 1,20; Johannes
5,39; Lukas 24,27).

Wie verhalten sich die verschiedenen Formen des Wortes Gottes

zum schriftlichen Wort Gottes der Bibel? Gibt es in der Bibel Ansätze, die eine solche Verhältnisbestimmung vornehmen? Vor allem
bei Paulus können wir eine Klärung finden.[6]

a) Als das entscheidende Wort Gottes bezeichnet Paulus das
Evangelium von Jesus Christus (Römer 1,9; Galater 1,7; Philipper
1,27; auch Markus 1,1). Genauer: Das Evangelium ist das Zeugnis
vom Handeln Gottes in Christus (1. Korinther 15,1-5). Dabei handelt es sich um das Evangelium Gottes (Römer 1,1; 15,16; Markus
1,15), um Gottes bzw. Christi eigenes Wort (Galater 1,11-12; Römer 10,17), durch das der Heilige Geist wirkt und Glauben schafft
(Römer 1,16-17). Der Inhalt des Evangeliums ist Christus selbst (1.
Korinther 2,2 und Galater 1,11-12). Darum ist das Evangelium das
Wort vom Kreuz (1. Korinther 1,18) bzw. das Wort von der Versöhnung (2. Korinther 5,19), durch das Menschen Frieden (Epheser 2,17), Heil (Epheser 1,13) und Leben (2. Timotheus 1,10) erfahren.

b) Wir kennen das Evangelium nur durch das Zeugnis der Evangelisten und Apostel. Dieses Evangelium ist präsent in der Verkündigung der von Christus gesandten Apostel (Galater 2,7-8), es ist zugleich nicht deckungsgleich mit jeder Äußerung eines Apostels (vgl.
Galater 1,8!). Von der apostolischen Verkündigung redet Paulus als
„Zeugnis" (1. Korinther 1,6), „Predigt" (Römer 10,16), „Ermahnung"
(1. Thessalonicher 2,3) oder „Verkündigung/Evangelisation" (Römer
1,15; 1. Korinther 1,17; 9,16.18; 2. Korinther 10,16). Im Konflikt-
fall zwischen den Aposteln Paulus und Petrus beruft sich Paulus auf
das aller apostolischer Verkündigung vorgegebene Evangelium Gottes (Galater 1,6-12; Galater 2,5.14). Das Evangelium und die apostolische Verkündigung sind daher für uns nicht zu trennen, wohl
aber zu unterscheiden.

c) Weil Jesus Christus selbst der Inhalt des Evangeliums ist, kann
keine sachliche oder systematische Lehre das Zentrum des christlichen Glaubens zum Ausdruck bringen. Das Evangelium gibt es nur
in lebendiger Kommunikation. Es ist keine Theorie, sondern eine
Mitteilung der Liebe Gottes, Zusage und persönliche Anrede (2. Ko-

---

6 Vgl. dazu insgesamt: Hans-Joachim Eckstein, Wie will die Bibel verstanden werden? Perspektiven eines Evangelischen Schriftverständnisses, in: ThB 44, 2013,
   S. 273-289.

rinther 5,20). Zugleich haben wir diese Botschaft nicht ohne ihre apostolische Verkündigung (Lukas 10,16; Epheser 2,20) und ihre alttestamentliche Verheißung (vgl. Römer 1,2).

Die frühe Kirche berief sich auf ein doppeltes Fundament: auf das *Apostolische Glaubensbekenntnis* und den *Kanon* der Bibel. Der Inhalt des Glaubens und der biblische Erkenntnishorizont desselben sind untrennbar verknüpft. Christen glauben nicht an die Bibel, sondern an das Evangelium von Jesus Christus, wie es in der Bibel bezeugt ist.

3. Die Bibel als Wort Gottes

Manche Christen sagen daher: Die Bibel ist nicht das Wort Gottes, sie enthält es nur. Das klingt auf den ersten Blick nachvollziehbar. Problematisch wird eine solche Formulierung, wenn sie Bibel und Evangelium wie Schale und Kern voneinander unterscheidet. Wie will man jedes Mal in den biblischen Texten entscheiden: das ist nur die Hülle, das jetzt der Inhalt? Eine solche mechanische Trennung von Schale und Inhalt wird der Bibel nicht gerecht. Jesus und seine Jünger haben wie die Juden die ganze alttestamentliche Bibel als heilige Schrift gelesen (Lukas 24,27; Johannes 5,39.46-47; Apostelgeschichte 24,14; 2. Timotheus 3,16).

Angesichts der Unmöglichkeit, die biblische Botschaft von der Bibel abzutrennen, hat man immer wieder versucht, die ganze Bibel zu einem absolut wahren und widerspruchsfreien Wort Gottes zu erklären. Allein: Dieser Versuch des sogenannten Fundamentalismus, die Autorität der Bibel durch Behauptung ihrer Irrtumslosigkeit zu sichern, hat etwas Verzweifeltes. Denn hier versucht man die Bibel durch einen Anspruch zu retten, den man selbst gar nicht aus der Bibel belegen kann. Schlimmer noch: Wenn man sagt, nur wenn die ganze Bibel irrtumslos ist, können wir auch ihrer zentralen Botschaft vertrauen, hat man die Aufgabe, das Gegebensein dieser Voraussetzung auch zeigen zu können. Seit Jahrzehnten versucht man, die Richtigkeit aller biblischen Aussagen durch historische und naturwissenschaftliche Forschungen nachzuweisen. Trotz teilweise großem Aufwand sind mit diesen Versuchen in der säkularen Öffentlichkeit oder auch nur in der wissenschaftlichen Theologie nicht die geringsten Erfolge vorzuweisen. Dieser Weg ist aussichtslos.[7]

Manche haben daraus gefolgert, dass die Bibel nur in Fragen des Heils und der christlichen Lebensführung unfehlbar sei. Richtig daran ist, dass hier auch im Sinne der Bibel vom Zentrum ausgegangen wird. Aber eine solche einschränkende Formulierung verführt dazu, alle Aussagen, die nicht auf Heilsfragen bezogen sind, gar nicht mehr ernst zu nehmen. Die neutestamentlichen Christen haben das Alte Testament als Gottes Wort verstanden (2. Timotheus 3,16). Wir sehen, wie im Neuen Testament auch die Aussagen Jesu oder die Briefe des Apostels Paulus so behandelt werden (1. Timotheus 5,18 und 2. Petrus 3,16). Die neutestamentlichen Schriften haben sich in der frühen Kirche durchgesetzt, gleichsam als Kirchen gründende Predigt und alleiniger Maßstab der christlichen Verkündigung (*sola scriptura*).

Wir können daher nicht zwischen Schale und Kern trennen. Wohl aber müssen wir unterscheiden zwischen Mitte und Rand, Zentrum und Peripherie. Diese Unterscheidung macht weniger zentrale biblische Texte nicht überflüssig. Auch an der Peripherie zeigt sich etwas von der Ausstrahlungskraft des Zentrums. Die Befreiungsbotschaft des Exodus zeigt ihre Wirkung in biblischen Geboten zum Umgang mit Fremden (2. Mose 22,20), Sklaven (2. Mose 21,2-11) oder auch Tieren (Psalm 36,7). Der Glaube an Gott den Schöpfer zeigt sich in der Wertschätzung für Weisheit und Erfahrungseinsicht (vgl. die Bücher Sprüche und Kohelet/Prediger), dem Interesse an der Geschichte (Samuel- und Königsbücher) oder auch der Freude an der menschlichen Liebe (Hohelied). Mit ihren Details aus dem Alltag apostolischer Verkündigung und der Regelung strittiger Gemeindefragen zeigen die biblischen Texte, wie Gottes Freundlichkeit und Gerechtigkeit gelebt und verstanden wurde (z.B. Philemon!).

Fassen wir zusammen. Die Bibel ist das schriftliche Wort Gottes, weil und insofern sie das Evangelium von Jesus Christus bezeugt. Die zentrale Mitte der Schrift ist keine Theorie, sondern eine Person. Diese Rede von der Mitte der Schrift steht nicht im Gegensatz zur Betonung der ganzen Schrift (*tota scriptura*). Beide Aspekte setzen einan-

---

7   Vgl. zu dieser Frage auch Siegfried Zimmer, Schadet die Bibelwissenschaft dem Glauben? Klärung eines Konflikts, Göttingen ⁴2012.

der vielmehr voraus. Die ganze Bibel, das schriftliche Wort Gottes, ist der Erschließungs- und Deutungsraum des Evangeliums von Jesus Christus; diese Botschaft des Evangeliums ist wiederum das, woraufhin die ganze Bibel ausgelegt werden muss. Das Evangelium wird verkürzt, wo es nicht im Horizont der ganzen Bibel verstanden wird. Die ganze Bibel wird verfehlt, wo sie nicht auf das Evangelium hin gelesen wird. Nicht die Bibel, das schriftliche Wort Gottes, ist Gottes entscheidende Offenbarung, sondern Jesus Christus selbst. Aber die Bibel ist das Medium, durch das die Selbsterschließung Gottes in Jesus Christus uns zugänglich wird; darum und in diesem Sinn bezeichnet man die Bibel als das schriftliche Wort Gottes.

4. Bibel und Kultur

Was bedeutet das für den Umgang mit der Bibel? Grundlegende Bedeutung hat 2. Timotheus 3,14-17:

> *Du aber bleibe bei dem, was du gelernt hast und was dir anvertraut ist; du weißt ja, von wem du gelernt hast und dass du von Kind auf die Heilige Schrift kennst, die dich unterweisen kann zur Seligkeit durch den Glauben an Christus Jesus. Denn alle Schrift, von Gott eingegeben, ist nütze zur Lehre, zur Zurechtweisung, zur Besserung, zur Erziehung in der Gerechtigkeit, dass der Mensch Gottes vollkommen sei, zu allem guten Werk geschickt.*

Die Verse 14-15 machen deutlich, dass die Bibel ein eindeutiges Thema hat: Gottes Heilshandeln in Jesus Christus. Darauf bezieht sich die „Lehre" (Vers 16). Darüber hinaus hat das Bibellesen ein ganz praktisches Ziel: Es geht um eine Veränderung unseres Lebens, um Korrektur (Zurechtweisung) und Stärkung (Besserung), um ein Handeln, das von der Liebe Gottes und seiner Gerechtigkeit bestimmt ist.

Zur Veränderung unseres Denkens und Lebens kann die Bibel nicht so beitragen, dass wir biblische Vorstellungen und Handlungsweisen kopieren oder nachahmen. Bei der Übertragung der biblischen Botschaft in einen neuen Kontext müssen wir zwischen Botschaft und Kultur unterscheiden. Es geht nicht darum, die astronomischen Vorstellungen des Schöpfungsberichts (1. Mose 1), die zoologischen Einteilungen der Tiere in den Speisegesetzen (3. Mose 11) oder die geografischen Vorstellungen der Bibel über die Erde zu akzeptieren. Auch kann es nicht das Ziel sein, das jeweilige Strafmaß der biblischen Rechtsordnung (3. Mose 20), die Körperstrafen in der Kindererziehung (5. Mose 21,18-21) und den zweitklassigen Rechtsstatus von Frauen (5. Mose 21,10-14) für heute anzuerkennen. Wenn Jesus das Senfkorn als das kleinste aller Körner bezeichnet (Matthäus 13,31), dann ist das keine biologische Aussage, sondern Ausdruck damaligen Weltwissens. Die Wahrheit seines Gleichnisses leidet unter der Einsicht, dass es noch viel kleinere Orchideenkörner gibt, nicht im Mindesten.

Daher müssen wir zwischen der Botschaft der Bibel und der Kultur bzw. den Weltvorstellungen ihrer Empfänger unterscheiden. Gott hat sich auf diese Welt eingelassen, ohne ihre Kultur, ihr Rechtssystem oder ihre Weltvorstellungen zu vervollkommnen. Wohl können wir sagen: Da, wo Gottes Selbstoffenbarung auf menschliche Lebensverhältnisse trifft, prägt er diese durch einen Richtungsimpuls. Die biblischen Gesetze zur Sklaverei beispielsweise stellen diese an sich nicht infrage, fordern aber zu einem barmherzigeren Umgang mit Sklaven auf. Die Bibel kennt keine völlige Gleichberechtigung der Frau, wohl aber werden die Frauen im Neuen Testament deutlich aufgewertet. In diesem Sinne können wir viele biblische Gebote als zeitbezogene Konkretion der göttlichen Heilsabsicht mit dem Menschen verstehen, ohne dass ihr Wortlaut zeitlose Gültigkeit beanspruchen könnte.

Nun gibt es Gemeinden, in denen solche Überlegungen als „liberal" oder gar „ungläubig" bezeichnet werden. Dazu ist zweierlei zu sagen. Es gibt keine einzige Gemeinschaft oder Theologie, die nicht bis zu einem gewissen Grade genau so mit der Bibel umgeht. Niemand kopiert die biblischen Aussagen mit allen kulturellen Aspekten vollständig in die heutige Zeit. Auch Christen suchen zum Beispiel heute ihr Recht bisweilen vor ungläubigen Richtern, obwohl Paulus das grundsätzlich ablehnt (1. Korinther 6,1-8). Sodann ist zu sagen, dass ein solches geschichtliches Verstehen nicht eine moderne Neuerung ist, sondern schon immer im Christentum üblich war. Der Fundamentalismus ist ein modernes Phänomen, nicht eine geschichtlich differenzierte Bibellektüre!

Das gilt auch vom Pietismus oder den Erweckungsbewegungen der Moderne. Der pietistische Graf Zinzendorf konnte wohl sagen: „Die Heilige Schrift ist in meinen und meiner Brüder Augen wahrhaftig Gottes Wort."[8] Zugleich galt ihm: „Der [Heilige Geist] lässt die Leute reden, so gut sie können, er macht ihnen nicht mehr Verstand und Gedächtnis, als sie haben. Er ändert nichts an ihren natürlichen Qualitäten, sondern wie der Mensch gebaut ist in seinem Körper und Gemüt, so bleibt er, wenn er sich bekehrt."[9]

Der pietistische Bibelausleger Adolf Schlatter konnte zur Fehlerlosigkeit der Bibel sagen:

> *„Man hat zur Glaubwürdigkeit der Schrift oft dies gezählt, dass sie in jedem Wort vollständig richtig sei, dass sich nirgends ein Versehen, nirgends eine Dunkelheit, nirgends eine Verschiedenheit zwischen dem Sachverhalt und der Darstellung zeigt. Diese Fehllosigkeit besitzt die Bibel nicht, weder in ihrer Geschichtsschreibung noch in ihrer Weissagung."*[10]

Unfehlbar war die Bibel für Schlatter darin, dass sie uns zu Christus führt. Ebenso dachten auch andere Klassiker frommer, pietistischer Theologie wie Martin Kähler, Karl Heim etc.

Wir brauchen die ganze Bibel, um ihre zentrale Botschaft auch in ihren Auswirkungen auf das tägliche Leben studieren zu können, nicht aber, um durch die Verwechslung von Botschaft und Kultur das Evangelium zu verdunkeln. Und wir brauchen die ganze Bibel als mögliches Korrektiv gegenüber dem, was uns vielleicht zu selbstverständlich und zu unhinterfragt ist.

Das rechtfertigt keine Pauschalkritik des Zeitgeistes, wie ihn manche Christen für nötig halten. Wir leben in einer Welt, die 2000 Jahre lang den Einfluss des Christentums erfahren hat. Es sollte uns nicht überraschen, dass es moderne Trends gibt wie die Gleichberechtigung der Geschlechter, die Achtsamkeit für den Umweltschutz, das

---

8   Nikolaus Ludwig Graf von Zinzendorf, Er der Meister, wir die Brüder. Eine Auswahl seiner Reden, Briefe und Lieder, hrsg. von Dietrich Meyer, Gießen 2000, S. 214.
9   Zinzendorf, Er der Meister, wir die Brüder, S. 215.
10   Adolf Schlatter, Die Bibel verstehen. Aufsätze zur biblischen Hermeneutik, Gießen 2002, S. 122-123.

Ringen um die Beseitigung sozialer Diskriminierungen, die es so noch nicht in der Bibel gab. Solche Impulse christlicher Ethik können auch bei Menschen weiterwirken, die bislang keinen Zugang zur Mitte des Glaubens finden.

Weder dürfen wir alle Aussagen der Bibel, in denen sich die kulturelle Welt ihrer Verfasser spiegelt, mit göttlicher Autorität ausstatten, noch sollten wir umgekehrt alles, was uns heute selbstverständlich ist, jeder kritischen Hinterfragung durch die Bibel entziehen. Die Sklaverei der alten Welt, die für sie selbstverständliche Benachteiligung der Frauen im öffentlichen Leben, ihre vordemokratischen Staatsauffassung etc. müssen wir genauso kritisch an der zentralen Botschaft der Bibel prüfen wie unseren Umgang mit natürlichen Ressourcen der Schöpfung, unsere Konzepte von schrankenloser Selbstbestimmung oder unseren Umgang mit der Verteilung von Armut und Reichtum.

5. Die Bibel als Buch der Gemeinde

Für manche Christen ist Bibellesen eine Praxis voller Probleme; entweder, weil sie glauben, Dinge für wahr und richtig halten zu müssen, ohne es zu können, oder weil sie denken, vermeintlich biblische Wahrheiten verteidigen zu müssen, ohne zu wissen, wie. Ein solcher Umgang mit der Bibel ist letztlich von Angst bestimmt: Angst, etwas falsch zu verstehen, Angst, nicht genau Bescheid zu wissen, Angst, dass der eigene Glaube ins Wanken gerät, wenn er zu viele offene Fragen nicht beantworten kann. Diese Sehnsucht nach Klarheit und Eindeutigkeit ist verständlich, denn das heutige Leben ist oft chaotisch und kompliziert genug. Zu Recht erwarten wir von der Bibel Orientierung. Und sie beantwortet wesentliche Fragen des Lebens sehr klar, wie: Ist es ein sinnloser Zufall, dass ich existiere, oder hat mein Leben einen Sinn? Gibt es Gott? Gibt es ein Leben nach dem Tod? Kann mich jemand vollkommen verstehen? Darf ich trotz Schuld und Versagen getröstet und hoffnungsvoll leben und sterben? Soll ich meines Bruders Hüter sein? Dürfen mir Armut und Ungerechtigkeit in dieser Welt egal sein? Auf diese Fragen wird jeder Bibelleser Antworten finden.

Aber die Bibel ist kein Buch mit tausend Lehren, die es zu akzeptieren gilt, ebenso wenig mit tausend Regeln, die man einhalten muss. Die Bibel ist ein Lebensbuch, das uns inspiriert zu einem Leben in Wahrhaftigkeit und Güte, zum Streben nach Gerechtigkeit und Frieden. Sie ist nichts für Besserwisser, sondern ein Buch für die Gemeinschaft derer, die nach Gott fragen, mit Jesus leben und Orientierung für ein heilvolles Leben suchen.

Die Bibel ist daher ein Buch für gemeinsame Lektüre. Vieles an ihr ist erst einmal fremd und unverständlich. Es ist deshalb notwendig, sie immer wieder neu auszulegen. Durch eine christliche Gemeinde sind wir mit der ganzen Vielfalt des gelebten Lebens verbunden. Wir lernen, unsere eigenen Voreinstellungen zu hinterfragen. Gerade Menschen, die besonders energisch darauf pochen, dass allein das Wort Gottes entscheidend sei, scheinen manchmal besonders sicher zu sein, dass ihr eigenes Verständnis der Bibel zutreffend ist. Man könnte fast die Faustformel formulieren: Je weniger Menschen bereit sind, ihr eigenes Schriftverständnis zu hinterfragen bzw. hinterfragen zu lassen, desto skeptischer sollte man ihrer Beanspruchung der Autorität der Bibel gegenüber sein. Durch die Einbindung in eine Gemeinde sind wir in der Regel auch mit den Erkenntnissen wissenschaftlicher Theologie verbunden. Pastoren und vielleicht andere Mitarbeiter haben Theologie studiert. Solche Kenntnisse sind nicht notwendig, um zentrale Lebens- und Glaubensfragen beantworten zu können; aber sie helfen ungemein, manche Missverständnisse zu vermeiden.

In der Gemeinschaft erfahren wir, dass wir durch Austausch bereichert werden und vieles erst wirklich anfangen zu verstehen. Letztlich gilt das für die Kirche insgesamt. Keiner versteht allein. Das Neue Testament redet an dieser Stelle vom Heiligen Geist, der uns zum Verständnis hilft (1. Korinther 2,6-16). Alle unsere Auslegungen sind letztlich menschliche Verstehensversuche, vorbehaltlich göttlicher Erleuchtung und Vertiefung. Wir kommen nie über Stückwerk (1. Korinther 13,9) hinaus; und doch erfahren wir darin einen Vorgeschmack unendlicher Liebe und göttlicher Vollkommenheit.

Menschen können ihren Glauben aus ganz unterschiedlichen Gründen verlieren. Tragisch ist es, wenn sie an einem verengten Bibelverständnis scheitern, weil sie von der Bibel Klarheits- und Wahrheitsmaßstäbe erwarten, die der Bibel selbst fernliegen. Wir glauben nicht an die Bibel, sondern an den barmherzigen und lebendigen Gott, den sie bezeugt.

Nach dem Studium der Theologie und Philosophie arbeitete **Prof. Dr. Thorsten Dietz** *fünf Jahre lang in einer Kirchengemeinde im Ruhrgebiet. Seit 2005 unterrichtet er Systematische Theologie an der Evangelischen Hochschule TABOR in Marburg.*

Glaubensentwicklung im Lebenslauf

Holger Böckel

Nach-Erzählen des eigenen biografischen Wegs

Durch die Studie „Warum ich nicht mehr glaube" wurde ein Augenmerk auf das bisher kaum beachtete Phänomen der „Dekonversion", das heißt der Abkehr vom christlichen Glauben, gelegt. Die explorative Studie basiert auf biografischen Interviews mit jungen Erwachsenen, die ihren Glaubensverlust beschreiben. Sie geht somit von Erzählungen bzw. Lebensdeutungen aus und fragt: Welche Begründungen werden immer wieder dafür genannt, dass Menschen nach einer mehr oder weniger intensiven Glaubensbindung nun nicht mehr glauben können oder wollen?

Im Folgenden soll gezeigt werden, dass auch diese bewusste Abkehr vom christlichen Glauben gemeinde- bzw. religionspädagogisch eingeordnet und bearbeitet werden kann. Dazu dient der religionspsychologische Ansatz von James W. Fowler (Stufen des Glaubens).[11] Er eignet sich dafür besonders gut, weil er wie die Studie den Schwerpunkt auf kognitionspsychologische Fragestellungen legt – Fragestellungen, welche die Verarbeitung des eigenen Erlebens durch Nachdenken, sprachliche Interpretation und Bewertung untersuchen. Auch James W. Fowler hat in seinen Studien über 2000 Menschen nach ihrer Glaubensentwicklung befragt und die Interviews ausgewertet.

Postmoderne Grundbedingungen für den Glauben im Lebenslauf

Lebensläufe sind heute von einer enormen Plastizität geprägt. Es gibt nicht mehr nur ein gängiges Muster. Hinzu kommt: Junge Menschen sind vermeintlich frei wie nie und sehen sich zugleich genö-

---

11   James W. Fowler, Stufen des Glaubens. Die Psychologie der menschlichen Entwicklung und die Suche nach Sinn, Gütersloh 1991.

tigt, sich zu inszenieren, ihre Geschichte zu leben – in der Angst, das Leben zu verpassen. Die Signatur dessen, was wir allgemein Postmoderne nennen, wird erkennbar. Die Stichwörter sind: Pluralisierung, Individualisierung und Globalisierung[12] – und ich möchte hier konkreter sagen: mediale Transformation[13]. Das von dem Postmoderne-Theoretiker Jean-Francois Lyotard entdeckte „Ende der großen Erzählungen"[14] betrifft auch die christliche Religion. Viele wollen nicht mehr Teil einer großen Geschichte sein und sind auch nicht mehr daran interessiert, eine große Erzählung, wie sie etwa die christliche Religion bietet, für sich ungefragt gelten zu lassen – möglicherweise haben sie sie gar nicht mehr kennengelernt. Manche der in „Warum ich nicht mehr glaube" Befragten interpretieren ihren Glaubensverlust (indirekt) im Kontext einer postmodernen Weltsicht:

Das war schon auch was ganz Hilfreiches, zu wissen, da gibt es einen Halt gebenden Rahmen und eine große Erzählung, in die mein Leben eingebettet ist. Das ist ja auch was Tolles, Teil von einer großen Erzählung zu sein. Und umso nichtiger und bedeutungsloser kommt einem das Leben vor, wenn das dann wegbricht ... Was bleibt denn, wenn ich meinen Glauben nicht mehr habe? ... Wo beziehe ich meine Werteorientierung her?[15]

Auch die christliche, fromme oder kirchliche „Normalbiografie" wird immer seltener. Nicht zuletzt die Konversionsforschung verwies auf sehr unterschiedliche Wege der christlichen Sozialisation, der „Bekehrung" oder der Hinwendung zum Glauben.[16] Und: Glaubens- oder Religionsferne ist erst einmal eine Option, die nicht weiter begründet werden muss.

Dass Religion heute immer weniger Schicksal, sondern vielmehr Wahl ist, knüpft zum einen an einen Kern des Christentums,

---

12   Friedrich Schweitzer, Religionspädagogik, Gütersloh 2006, S. 53ff.
13   Friedrich Schweitzer, Religionspädagogik, S. 247f.
14   Jean-Francois Lyotard, Das postmoderne Wissen, Wien 1999.
15   Tobias Faix, Martin Hofmann, Tobias Künkler, Warum ich nicht mehr glaube, Witten 2014, S. 120.
16   Martin Reppenhagen (Hrsg.), Konversion zwischen empirischer Forschung und theologischer Reflexion, Leipzig 2012.

die Möglichkeit zur Glaubensentscheidung, an. Zugleich thematisiert es das in unserem Kontext relativ neue Phänomen der „Bekehrungs- und Entkehrungsmobilität".[17] Die auch in der Studie „Warum ich nicht mehr glaube" hervortretende postmoderne Signatur von Lebensentwürfen erfordert daher immer wieder einen Abgleich: Hat die geschilderte Entscheidung nach dem eigenen Urteil und dem anderer Bestand? Insofern sind die Antworten der Studie „Warum ich nicht mehr glaube" erst einmal selbst als ein Vollzug von Selbstvergewisserung zu interpretieren. Damit bestätigen sie indirekt die richtige Erkenntnis: Nur als Wagnis vieler im Nachhinein authentischer, gewagter Geschichten wird Identitäts- und Selbstfindung möglich. Ihre Wahl ist stets riskant, weil sie mit Festlegung verbunden ist. Dies gilt auch für den Prozess der Dekonversion.

Die Entwicklungsaufgaben im Lebenslauf und ihre religiösen Deutungsmuster prägen sich auch bei den Interviewten gegenseitig. Dazu ein Beispiel aus „Warum ich nicht mehr glaube", „Frank" sagt:

Das war schon immer so, dass bei uns die Religion, der Glaube in der Familie, eine sehr wichtige, sehr zentrale Rolle gespielt hat. Also wurde uns auch als Kindern immer beigebracht, das der Glaube, Gott und Jesus Christus zu unserem Leben dazugehören ... so im Alter von dreizehn, vierzehn Jahren haben die Ersten in der Gemeinde gesagt: Ich möchte das jetzt mal offiziell machen mit dem Glauben ... Ich bekehre mich ... Das war also die Zeit, in der es etwas ernster wurde. In der man nicht einfach nur in den Kinderdienst gegangen ist, ... sondern wo man sich tatsächlich auch mal Gedanken machen sollte.[18]

Heute ist allerdings in vielen Biografien eine bedeutsame Veränderung gegenüber dieser unhinterfragten Einbettung des Lebenslaufs in die Religion auszumachen: Gehörte bisher die Glaubensentwicklung zum Lebenslauf, entscheiden sich heute umgekehrt am Lebens-

---

17 Paul Zulehner im Vorwort zu Tobias Faix, Martin Hofmann, Tobias Künkler, Warum ich nicht mehr glaube, S. 7.
18 Tobias Faix, Martin Hofmann, Tobias Künkler, Warum ich nicht mehr glaube, S. 99.

lauf Glaube und Religion. Aus der religiösen Prägung der eigenen Biografie wird immer mehr die biografische Prägung des Religiösen[19]: Religion (und damit der christliche Glaube) ist dann gültig, wenn sie in die im Lebenslauf inszenierten Geschichten passt. Dies hat auch Auswirkungen auf unsere Gemeinden und unsere „christlichen" Biografien.

Gemeindepädagogische Herausforderungen

Die Studie „Warum ich nicht mehr glaube" erwähnt immer wieder die Notwendigkeit der Glaubensentwicklung hin zu einem mündigen, reifen Glauben. Dieses Anliegen soll hier aufgegriffen werden. Die Religionspädagogik hat seit den 1980er-Jahren dazu sehr differenzierte Theorien entwickelt. Darin werden die biografischen Phasen der Glaubensentwicklung und ihrer jeweiligen Aufgaben von der frühen Kindheit an entfaltet. Eines der bekanntesten Modelle ist die Phasenentwicklung nach James W. Fowler[20]:

„Glaube" (letzter Halt, Orientierung, Sinn) entwickelt sich folgendermaßen:

Vorkritische Phase

(0. Undifferenzierter, erster Glaube [Säuglingsalter])

1. Intuitiv-projektiver Glaube (frühe Kindheit, 2-6 Jahre)
2. Mythisch-wörtlicher Glaube (Grundschulalter, 7-12 Jahre)
3. Synthetisch-konventioneller Glaube (ab Adoleszenz, ab 13 Jahre)

Kritische Phase

4. Individuierend-reflektierender Glaube (fakultativ, meist ab jungem Erwachsenenalter, ab 21 Jahre)

Nachkritische Phase

5. Verbindender Glaube (fakultativ, Erwachsenenalter)
6. Universalisierender Glaube (sehr selten)

---

19 Rudolf Englert spricht hier von der Biografisierung des Religiösen (Rudolf Englert, Lebenslauf und religiöse Entwicklung, in: Gottfried Adam, Rainer Lachmann, Gemeindepädagogisches Kompendium, Göttingen 2012, S. 108f).
20 James W. Fowler, Stufen des Glaubens.

Rudolf Englert nennt dazu formale pädagogische Kriterien, welche bei entsprechenden Suchprozessen und ihrer gemeindepädagogischen Begleitung zum Tragen kommen sollten[21]:

- die perspektivische Weite des Referenzrahmens, in dem Menschen ihr Leben interpretieren,
- die spirituelle Authentizität der Formen, in denen sie ihrem Lebensglauben Gestalt geben,
- der Grad reflexiver Durchdringung, mit dem sie ihre eigene Religiosität zu verstehen suchen,
- die ethische Konsequenz, mit der sie ihre Überzeugung umsetzen, sowie
- das Maß an Kommunikationsfähigkeit, das sie im Austausch mit Andersdenkenden zeigen.

Die angeführten Kriterien basieren auf der kognitionspsychologischen Glaubensentwicklungsforschung von Fritz Oser und James W. Fowler[22], die trotz manch berechtigter Kritik im Einzelnen aus meiner Sicht auch heute noch ihre gemeindepädagogische Gültigkeit besitzt. Beiden gemeinsam ist die Frage, wie die Autonomie Gottes (des „Ultimaten" [Oser] bzw. des gemeinsamen Werte- und „Machtzentrums" [Fowler]) und die des Menschen zusammengedacht werden kann. Die Stufenfolge bezeichnet dabei den Weg einer Auffassung, die zunächst alle Macht bei Gott und den Menschen als völlig fremdbestimmt sieht, hin zu einem Verständnis, nach dem sich die göttliche Macht und Autorität gerade in der Freiheit des Menschen ausdrückt. Transzendenz und Immanenz werden zunächst unreflektiert vermischt, dann radikal unterschieden und schließlich in einer neuen, reflektierten Versöhnung gesehen.[23]

Speziell für Jugendliche und junge Erwachsene bzw. Erwachsene überhaupt kann man demnach grob von einer vorkritischen, einer kritischen und einer nachkritischen Phase im Blick auf Glaube, Orientierung und Sinn sprechen. James W. Fowlers Standardwerk zur

---

21 Rudolf Englert, Lebenslauf und religiöse Entwicklung, S. 85ff; 100.
22 Fritz Oser, Paul Gmünder, Der Mensch – Stufen seiner religiösen Entwicklung, Gütersloh 1984, sowie James W. Fowler, Stufen des Glaubens.
23 Friedrich Schweitzer, Lebensgeschichte und Religion, Gütersloh 1991, S. 124f.

Glaubensentwicklung erfasst sicherlich nicht alle Perspektiven zu diesem Thema und hat auch keinen theologischen Anspruch, abgesehen von der zu Recht kritisierten Bewertung der 6. Stufe im Vergleich zu den anderen, die nicht jeder nachvollziehen muss. Auch würde ich eher von Phasen als von Stufen sprechen wollen. Der Vorteil dieses Ansatzes liegt indes zum einen in der Konzentration auf die kognitiven Strukturen der Glaubensentwicklung. Zum andern ist er aufgrund seines formalen Glaubensverständnisses sehr breit anwendbar, auf religionsanaloge Phänomene ebenso wie auf traditionell christliche Gottesvorstellungen. Bereits Martin Luther erkannte dies, wenn er im Großen Katechismus zum 1. Gebot sagte: „Woran du dein Herz hängst, das ist dein Gott." Gerade deshalb ist der Ansatz in der Lage, Glaubens- und Lebensentwicklung zu verbinden.

Irritation des „Glaubensabbruchs"

Schon James W. Fowler fand heraus: Manche christlichen Entwicklungsgeschichten scheinen geradezu abzubrechen. Dann wird der Übergang zur kritischen vierten Phase, der individuierend-reflektierenden Stufe[24], als extrem krisenhaft erfahren. Stufe 4 ist „entmythologisierend". Das, was man bisher gewöhnlich und unreflektiert tat, wird nun kritisiert. Alte „Mythen" werden hinterfragt und nicht mehr ohne Weiteres geglaubt. Eine kritische Reflexion über Identität und Weltanschauung greift um sich. Die vorherige, noch vorkritische dritte Stufe wird dann öfters auch schroff hinter sich gelassen. Man definiert sich geradezu im Gegensatz zu dem, was bisher allgemein vertreten wurde, was „angesagt" war in der Gruppe, die diesen Glauben bisher vertrat. Dabei kann es sogar sein, dass Menschen mit diesem Bruch den christlichen Glauben hinter sich lassen, es kommt zur Dekonversion, zur „Entkehrung" bei vorheriger christlicher Glaubenszugehörigkeit. Dieses Phänomen spiegelt sich sehr deutlich in den Ergebnissen der Studie „Warum ich nicht mehr glaube".[25]

---

24 James W. Fowler, Stufen des Glaubens, S. 192ff.
25 Die explorative Studie geht von biografischen Interviews mit jungen Erwachsenen aus, die ihren Glaubensverlust beschreiben. Ihr gehen Dekonversionsstudien insbesondere in den USA voraus sowie eine internationale Studie im Blick auf „neureligiös-fundamentalistische Gruppen" u.a. des Religionswissenschaftlers Heinz Streib (ders. u.a., Deconversion. Qualitative and Quantitative Re-

Ohne dass die Studie explizit auf entwicklungs- und religionspsychologische Konzepte Bezug nimmt, fallen in der Entwicklung der Leitkategorien Parallelen zu denjenigen von James W. Fowler auf. So kommt sie zu vier Leitmotiven der Dekonversion: Moral, Intellekt, Identität und Gottesbeziehung, die jeweils in zwei typologischen Ausprägungen vorliegen: des Eingeengten bzw. Verletzten (Moral), des Zweifelnden und Grübelnden (Intellekt), des Erwachsenen bzw. Zerrissenen (Identität) und des Enttäuschten bzw. Geplagten (Gottesbeziehung).

Zumindest die ersten drei Leitmotive stehen deutlich in einem Zusammenhang mit den ersten drei (von sieben) entwicklungspsychologischen Grundaspekten der Glaubensstufen nach James W. Fowler: Der Aspekt „Form der Logik" (nach Piaget) korrespondiert mit dem Leitmotiv „Intellekt", derjenige der „Rollenübernahme" (Selman) mit dem Leitmotiv „Identität" sowie „Form des moralischen Urteils" (Kohlberg) mit „Moral". Die vier weiteren Aspekte nach James W. Fowler (Grenzen des sozialen Bewusstseins, Verortung von Autorität, Form des Weltzusammenhangs, Symbolfunktion) konvergieren sehr deutlich sowohl mit dem Leitmotiv der „Gottesbeziehung" als auch mit jeweils einzelnen der drei vorherigen Leitmotive.[26]

Der von den Interviewten beschriebene gemeindliche oder gruppenbezogene Kontext ist in der überwiegenden Zahl der Fälle deutlich von den Plausibilitäten der dritten Stufe, denen des „synthetisch-konventionellen" Glaubens, bestimmt. Synthetisch wird diese Art von Glauben bei James W. Fowler genannt, weil Jugendliche für sich die Mitte von dem gefunden haben, was sich an Identifikationen geboten hat. Konventionell, weil die Maßstäbe hierfür von anderen übernommen wurden.

Der synthetisch-konventionelle Glaube der vorkritischen Phase, mit dem sie – leider – auch den christlichen Glauben hinter sich gelassen haben, ist einerseits davon gekennzeichnet, dass der Jugendliche seit der Adoleszenz herausgefordert wird, zu entscheiden, was seine verschiedenen Identifikationsmöglichkeiten verbindet. Es ist

---

sults From Cross-Cultural Research in Germany and the United States, Göttingen 2009.
26 Vgl. zum Überblick James W. Fowler, Stufen des Glaubens, S. 262f (dort mit Verweisen und Quellenangaben) sowie die Leitmotive in Tobias Faix, Martin Hofmann, Tobias Künkler, Warum ich nicht mehr glaube, S. 66ff.

die erste Suche nach einer eigenen Geschichte und Identität. Andererseits ist er davon geprägt, dass man Gott vor allem mit der eigenen Gemeinschaft in Zusammenhang bringt. Dort sind die wesentlichen Autoritäten angesiedelt, dort wird vermittelt, was „geglaubt" wird (konventionell). Hierbei spielen Peergroups eine wesentliche Rolle; auch die Jugendarbeit im herkömmlichen Sinn knüpft mit ihrer Gruppenorientierung genau an dieser Stelle an. Dann aber kam für die jungen Leute der Bruch. Sehr genau kommen dabei Widersprüche im Glauben zutage, die nicht mehr hingenommen wurden und die zu vehementen Irritationen führten. Das Bild bekommt Risse, und irgendwann konnten die Befragten gar nicht anders, als diesen Glauben hinter sich zu lassen. Alles andere wäre für sie ein Stehenbleiben gewesen, das die eigene Entwicklung und Einsicht verleugnet. Dies verweist zugleich auf eine Annahme, verbunden mit einer gemeindepädagogischen Interventionsalternative:

Möglicherweise fehlten den Interviewten nicht Menschen, welche die Jugendlichen begleiteten, sondern solche, die aus einer anderen als der Perspektive des synthetisch-konventionellen Glaubens ein Verständnis für ihre Situation hatten. Wenn diese Annahme zutrifft, gelingt es, mit James W. Fowler gesprochen, fatalerweise vielen kirchlichen Gemeinden und christlichen Gruppen nicht, Wege des Übergangs zur vierten Stufe *mit* dem christlichen Glauben und nicht gegen ihn aufzuzeigen. Gemeinden, Mitarbeitende in der Jugendarbeit, Pädagoginnen und Pädagogen, Begleiter von Jugendlichen müssen sich daher immer wieder fragen, ob sie in der Lage sind, pädagogisch weiterführend, begleitend und fördernd mit Jugendlichen zu kommunizieren, die sich gerade im krisenhaften Übergang zur Stufe 4, der individuierend-reflektierenden Phase, befinden.

Ein Grund dafür, dass dies in zu geringem Maße geschieht, könnte gemäß James W. Fowler auch darin liegen, dass viele Leiterinnen und Leiter, Älteste, Gemeindeglieder etc. selbst in der dritten Stufe beheimatet sind. Sie ist für sie zu einem dauerhaften „Ort des Gleichgewichts"[27] geworden, und ganze Gemeinden und christliche Gruppen pendeln sich auf diesem mittleren, „modalen Entwicklungsniveau" ein, wie es James W. Fowler ausdrückt.[28] Gemeinde

---

27 James W. Fowler, Stufen des Glaubens, S. 191.
28 James W. Fowler, Stufen des Glaubens, S. 115.

erscheint dann als ein Ort, der keinen Raum lässt für Zweifel und kritische Nachfragen. Hier als Beispiel aus den Interviews der Studie „Warum ich nicht mehr glaube": „Martina":

„Da war immer ganz klar: So läuft es. Das ist richtig, und das ist falsch. So ein ganz krasses Schwarz-Weiß-Denken im Prinzip. Und später war vieles grau, und das kannte ich vorher nicht. Und damit konnte ich dann ... nicht so richtig umgehen." [29]

Wir benötigen daher unter unseren Mitarbeitenden verständnisvolle Begleiter und Vorbilder im Glauben, welche in der eigenen Glaubensentwicklung einen Schritt weiter sind und es gelernt haben, die „Grautöne" wahrzunehmen – mit James W. Fowler gesprochen solche, welche die Bearbeitung des Konfliktes im Übergang zur vierten Stufe geleistet haben und von der fünften Entwicklungsphase her Wege der Integration von kritischen und vorkritischen Anteilen im Blick auf den christlichen Glauben aufzeigen können.[30] Mit anderen Worten: Wir benötigen Mitarbeitende, die einen mündigen, reifen und krisenfesten, aber auch dialogfähigen Glauben entwickelt haben. Denn: Wer einmal von den kritischen Plausibilitäten der 4. Stufe „gekostet" hat, findet nur selten wieder zur unhinterfragten Autorität der Gemeinschaft nach Stufe 3 zurück, in der man stillschweigend lebt, ohne sie zu reflektieren. Wird der christliche Glaube ausschließlich mit der 3. Stufe verbunden, sucht man sich andere Orientierungsmuster beim Eintritt in die Phase der 4. Stufe, die von Reflexion und kritischem Hinterfragen geprägt ist. Dazu aus „Warum ich nicht mehr glaube" als Beispiel „Marek":

„... Ich würde sagen: Meine Werte und meine Grundhaltungen sind reflektierter geworden. Bei bestimmten Tugenden orientiere ich mich jetzt eher an der Philosophie ... ich kann

---

29 Tobias Faix, Martin Hofmann, Tobias Künkler, Warum ich nicht mehr glaube, S. 145.

30 Bei Fritz Oser können Religionspädagogen die Entwicklung dann am besten fördern, wenn sie das Argumentationsniveau der Lernenden gerade um eine Stufe überschreiten (Fritz Oser, Wieviel Religion braucht der Mensch? Erziehung und Entwicklung zur religiösen Autonomie, Gütersloh 1988, S. 51; 56).

*jetzt irgendwie besser argumentieren, und das finde ich ganz
wichtig für mich."* [31]

Was passiert also mit jenen Jugendlichen, die sich nach Vertiefung,
einer intensiveren Reflexion sehnen oder aber auch nach ausdrucks-
stärkeren Formen des Glaubens?[32] Im Modell der Glaubensentwicklung gesprochen kann man sagen: Es gibt zwar kein Zurück in die
dritte Phase, aber möglicherweise ein Weitergehen über die vierte
Phase hinaus. Im Modell James W. Fowlers kann es daher gerade an
den krisenhaften Übergängen der verschiedenen Phasen bzw. „Stufen" nicht nur zur Entkehrung (Dekonversion), sondern auch zur er-
neuten Bekehrung (Konversion) kommen. Fowler versteht Bekehrung
sehr formal als „eine bedeutungsvolle Neuausrichtung der früheren
bewussten oder unbewussten Werte- und Machtbilder eines Menschen und die bewusste Übernahme einer neuen Reihe von ‚mas-
ter stories' bei dem Entschluss, sein Leben in einer neuen Interpreta-
tions- und Handlungsgemeinschaft neu zu gestalten"[33]. Dabei kann
man feststellen, dass die früheren Stufen in diesem Prozess rekapitu-
liert werden, es also zu einer organischen Weiterentwicklung kommt.

Anhand mancher der Aussagen von „Entkehrten" in „Warum ich
nicht mehr glaube" kann man auch die Probleme des individuierend-
reflektierenden Glaubens der vierten Phase aufzeigen. Dabei geht es
nun um die Chancen und Gefahren, die im Übergang vom kritischen
zum nachkritischen Muster liegen. Die Gefahr im individuierend-reflektierenden Orientierungsschema ist der Stillstand und vielleicht
auch der Zynismus. So gut und richtig eine kritische Reflexion ist –
man kann sich auch in dieser distanzierten Haltung dauerhaft einrich-
ten und es verpassen, Vertrauen zu fassen, in Beziehungen zu treten
zu anderen und auch zu Gott. Die Gefahr ist dann, dass man sich aus
Angst vor der falschen Wahl oder der Erkenntnis von Relativität und
Vorläufigkeit alles aufhebt, ohne sich jemals festzulegen. Im Falle des
dauerhaften „Glaubensverlustes" wird dann die Abarbeitung an der
dritten Phase zum Dauerzustand – man kommt also aus den „alten"

---

31   Tobias Faix, Martin Hofmann, Tobias Künkler, Warum ich nicht mehr glaube, S.
       160.
32   Englert, Lebenslauf und religiöse Entwicklung, S. 107f.
33   James W. Fowler, Stufen des Glaubens, S. 286ff, Zitat auf S. 299.

Konfliktlinien nicht heraus und kann sich dauerhaft nur in der Abgrenzung zur früheren Gemeinde und ihrer „Enge" definieren.

Demgegenüber könnte im Falle einer produktiven Weiterentwicklung, mithin im Übergang zur fünften, nachkritischen Phase, die Erzählung des Evangeliums wieder neu an Bedeutung gewinnen.

Fazit und Konsequenzen (Thesen)

1. Abschied von der frommen Normalbiografie

Eine altersmäßig homogene Gruppe kann sich heute aus religionskritischen, christlich orientierten und gelegenheitsreligiösen Jugendlichen zusammensetzen. Es ist daher besonders in Kontexten non-formaler Bildung wie in der außerschulischen Religions- und Gemeindepädagogik (also zum Beispiel in Jugendgruppen und Teenkreisen) noch notwendiger als zuvor, eine konsequente Subjektorientierung zu verfolgen. Ist es im Kindesalter notwendig, das kindliche Erleben anhand von biblischen Geschichten und Traditionen zu deuten, sind im Jugendalter Mitarbeitende vermehrt als dialogische Begleiter auf dem Weg der eigenen Ichfindung gefordert – und dies anhand der sehr unterschiedlichen Fragen Jugendlicher auf unterschiedlichen Glaubensstufen.

2. Glaubensphasensensitive, gemeindepädagogische Programmplanung.

Daher kommt es darauf an, eine hohe gemeindepädagogische Sensibilität für die jeweils individuellen Glaubens- und Lebensphasen, ihre Chancen, Herausforderungen, aber auch Brüche und Krisen zu entwickeln. Es kommt darauf an, den jeweiligen religionspädagogischen „Kairos" zu erkennen – und der jeweiligen Phase entsprechend flexibel zu sein. Mitarbeitende müssen daher konzeptionell Räume eröffnen und Veranstaltungsformate anbieten, in denen Jugendliche auf verschiedenen Glaubensstufen angesprochen werden. Hier ist insbesondere die gemeindepädagogische Programmplanung betroffen. Neben kognitiven Strukturen ist dabei auch die emotional-affektive Entwicklung in den Blick zu nehmen (Erlebnispädagogik, erlebnisintensive Spiritualität).

3. Bedeutsamkeit synthetisch-konventioneller Ausdrucksformen

Angesichts der postmodernen Individualisierungstendenzen kommt den Formen synthetisch-konventionellen Glaubens eine wichtige Funktion zu. So stellen Gemeinschafts- und Bindungsfähigkeit eine wesentliche anthropologische Grundkonstante dar, die es zu erhalten und zu fördern gilt. Patchworkfamilien und Alleinerziehende, aber auch die „kontaktreiche Beziehungsarmut" in Zeiten von Facebook und Co. lassen danach fragen, wie tragfähige Beziehungen überhaupt gelebt werden sollen. In biblisch-theologischer Sicht ist es ein Privileg des Menschen, seine Beziehungen zu gestalten, sich als soziales Wesen zu sehen und in verlässlicher Bindung zu sein mit sich, mit anderen – und mit Gott. Nur als Mensch ist er herausgefordert, seinen Nächsten zu lieben wie sich selbst, und nur als solcher kann er sich selbst auffordern: „Lobe den Herrn, meine Seele, und vergiss nicht, was er dir Gutes getan hat" (Psalm 103,2).

Gemeindepädagogik und Jugendarbeit werden daher verstärkt Formen des gemeinschaftlichen Lebens und Orientierens anbieten müssen. Für den christlichen Glauben ist die erfahrbare Gemeinschaft konstitutiv. Auch ist zu hinterfragen, ob tatsächlich für jeden die Weiterentwicklung in folgende Stufen sinnvoll und notwendig ist. Dies ist nicht selten auch an bestimmte Vorstellungen des formalen Bildungsniveaus gebunden. Es gibt dagegen Erwachsene bestimmter Milieus, die man – in pädagogisch guter Absicht – nicht um jeden Preis mit den Ansprüchen der vermeintlich „aufgeklärten" vierten Stufe irritieren sollte und muss. Auch müssen Gottesdienste als wesentliche Kristallisationspunkte des Glaubens gerade für Jugendliche auch als Szenen mit ihrer eigenen Gemeinschaftsplausibilität konzipiert und aufgefasst werden.

4. Weiterführung in der Perspektive des christlichen Glaubens (versus Verharren im synthetisch-konventionellen Muster)

Insbesondere dann, wenn die Krise einer Glaubensphase sichtbar wird, können entsprechende Interventionsversuche bzw. Programme nicht darauf abzielen, etwa in die Plausibilitäten einer früheren – etwa der dritten – Stufe zurückzuführen, sondern eine Weiterführung in der Perspektive des christlichen Glaubens zu ermöglichen.

Wer hier keine andere Begleitung bieten kann, verliert die Jugendlichen, wie es die Studie „Warum ich nicht mehr glaube" überaus
deutlich macht.

Die Chancen der kritischen vierten Phase bestehen nicht nur in
der notwendig kritischen Reflexion des eigenen Glaubens, sondern
auch darin, dass die Bezogenheit auf die eigene Gemeinschaft geöffnet wird für die Nachfolge und das Zeugnis in einem weiteren Horizont.[34] Bei der Begleitung von Jugendlichen und jungen Erwachsenen ist es daher notwendig, einen konstruktiven Übergang zur
vierten (kritischen Phase) aufzeigen zu können. Eine produktive Entwicklung des Glaubens setzt seine kritische Reflexion, zu der immer
auch der Zweifel gehört, voraus.

5. Gestaltung konstruktiver Übergänge zum „verbindenden Glauben"

Darüber hinaus ist es jedoch wichtig, Wege zum „verbindenden"
Glauben selbst zu gehen und vorzuleben. Dabei werden kognitive und emotional-affektive Aspekte verbunden. Intensives Erleben
im „Lobpreis" ist dann beispielsweise vereinbar mit der kritischen
Reflexion ebendieses Settings.[35] Die entsprechende „Reife" eines
„erwachsenen" Glaubens sollte daher vor allem bei Mitarbeitenden vorhanden sein. Dies ist aber entwicklungspsychologisch nur
möglich, wenn man – mit James W. Fowler gesprochen – selbst die
Krise der vierten Phase (und der vorherigen) durchgestanden hat
und sich der eigene christliche Glaube hierin als tragfähig erwiesen
hat. Dann entwickelt man eine integrierende Selbst- und Weltsicht
für den Glauben, bei dem Frömmigkeitstradition, gelebte Gemeinschaft und kritischer Verstand zugleich zu ihrem Recht kommen.
Zudem werden nun paradoxe Denkformen und Glaubensaussagen
wichtig (vgl. etwa Luthers Rechtfertigungslehre). Man lernt, andere zu akzeptieren, ohne den Wahrheitsanspruch des eigenen Glaubens zu verleugnen – und sieht nun: Christen gibt es auch jenseits der eigenen Konfession. Dieser reife Glaube ist geprägt vom

---

34 Karl Ernst Nipkow, Bildung als Lebensbegleitung und Erneuerung, Gütersloh
    1990, S. 284.
35 Holger Böckel, Gemeindeaufbau im Kontext charismatischer Erneuerung, Leip-
    zig 1999.

Entstehen einer sogenannten „zweiten Naivität" (Paul Ricoeur), eine Hinwendung zum kindlichen Glauben – ohne dass dies in Widerspruch zur Reflexion des erwachsenen Glaubens tritt. Der alte Glaube wird nicht preisgegeben, sondern in einer neuen Weise „anverwandelt".[36]

Jesus selbst konnte in diesem Sinne „verbindend" auf den Glauben der Kinder als Vorbild hinweisen (Matthäus 18,3). Und auch für Paulus war es wichtig, dass man im Glauben „erwachsen" wird – das Kindliche ablegt, ohne allerdings den Glauben zu verlieren: Er fordert die Korinther auf, nicht mehr wie ein Kind zu reden und zu denken (1. Korinther 13,11), und stellt zugleich fest, dass wir einen kindlichen Geist empfangen haben, durch den wir rufen: „Abba, lieber Vater" (Römer 8,15). Beides führt er auf denselben Geist Gottes zurück. Christinnen und Christen sollen daher in ihrer Reflexionsfähigkeit entwickelt sein und zugleich vorkritische, „kindliche" Formen des Glaubens zulassen und leben können. Eine solche Entwicklung ist nicht nur für den eigenen Glauben förderlich, sondern kann auch dazu beitragen, Menschen, die wie die Interviewten der Studie „Warum ich nicht mehr glaube" mit dem eigenen Glauben in eine Entwicklungskrise geraten sind, besser zu begleiten.

Gott in Christus – das bedeutet: Gott wird klein in der Geschichte. Das Evangelium zu bezeugen – das bedeutet, diese Geschichte Gottes in Jesus zu erzählen. Denn erst dass Gott Mensch wurde, führt am Ende dazu, dass seine Geschichte in unserem Leben ihre Fortsetzung findet. Daher muss der Schritt zur Dekonversion kein Schlusspunkt sein, vielmehr kann er ein Doppelpunkt werden. Gott will in Christus und mit uns in allen Phasen unserer Glaubensentwicklung und unseres Lebenslaufs seine Geschichte (weiter)schreiben.

Dr. habil. Holger Böckel *arbeitet zurzeit als evangelischer Hochschulpfarrer mit Studierenden in Gießen. Er ist zudem Gemeinde- und Organisationsberater sowie Privatdozent für Praktische Theologie an der kirchlichen Hochschule Wuppertal/Bethel (Schwerpunkt „Führen und Leiten" in Gemeinde*

---

36   Karl Ernst Nipkow, Bildung als Lebensbegleitung und Erneuerung, S. 184f.

und Kirche). Zuvor war er als Gemeindepfarrer sowie an der Theologischen Fakultät der Martin-Luther-Universität Halle-Wittenberg (u.a. mit Forschungsarbeiten zur Charismatischen Erneuerung und zu Gottesdiensten für „Suchende") tätig.

Auseinandersetzung mit dem „neuen" Atheismus

Alexander Garth

Ein überraschendes Ergebnis der Studie „Warum ich nicht mehr glaube" war die Rolle des „neuen Atheismus". Eine hohe Zahl der Befragten gab als Grund für ihre Abwendung vom Glauben die Beschäftigung mit dem neuen Atheismus an.

Für mich selbst war die Auseinandersetzung mit dem neuen Atheismus eine Zeitreise. Ich bin in einer atheistischen Diktatur, der damaligen DDR, aufgewachsen. Selbst zum Theologiestudium in Leipzig gehörte damals das Studium des wissenschaftlichen Kommunismus und Atheismus, von uns „Rotlichtbestrahlung" genannt. Von Kindergarten, Schule bis Universität bin ich zur Genüge mit den Argumenten des Atheismus konfrontiert worden. Insofern habe ich beim neuen Atheismus kaum etwas Neues gehört. Vieles klingt nur etwas moderner, lauter und aggressiver.

Atheismus und Religion – zwei globale Megatrends

Atheismus hat in unserem Kulturkreis eine lange Tradition. Offensichtlich aber bekommt das Thema seit Beginn des dritten Jahrtausends eine neue Dynamik. War es in den letzten Jahrzehnten des 20. Jahrhunderts – abgesehen von kommunistischen Ländern – ziemlich ruhig um dieses Thema gewesen, so flammt in unseren Tagen eine aggressive Lust zum Missionieren für ein Leben ohne Gott auf. Noch in den 80er-Jahren waren sich die Anhänger des Atheismus sicher, dass sich das Phänomen Religion mit der Zeit von selbst erledigen werde, wenn die Menschheit nur genügend mit Bildung und Wohlstand versorgt sei. Diese sogenannte Säkularisierungsthese prophezeite, dass in einer modernen Gesellschaft Religion sowohl kulturell als auch politisch an Bedeutung verliert und sich selbst säkularisiert.

Diese Einschätzung hat sich als falsch erwiesen. Der von vielen prophezeite Siegeszug des Atheismus ist eine Fehlprognose. Für die westliche Welt kann man zwar sagen, dass die Zahl derer stetig zugenommen hat, die mit dem überlieferten kirchlichen Glauben samt seinen Riten nichts mehr anfangen können. Sie nennen sich Atheisten, Agnostiker oder einfach nur Unreligiöse und wohnen vor allem in Europa. Aber global gesehen hat Religion nichts von ihrer Faszinationskraft eingebüßt. Im Gegenteil. In fast allen Teilen der Welt boomt Religion wie nie zuvor. Gerade Gesellschaften, die stark im Aufschwung sind (wie zum Beispiel Südkorea oder China), öffnen sich dem christlichen Glauben in einem für Europäer unvorstellbaren Maß. Der globale Trend in Richtung Glaube ist eindeutig.

„Neuer" Atheismus

Während der klassische Atheismus ein europäisches Gewächs ist, kommt der „neue Atheismus" aus dem angloamerikanischen Sprachraum. Ihre Wortführer sind kluge, wissenschaftlich gebildete Leute. Das Buch „Der Gotteswahn" (2006) des englischen Evolutionsbiologen Richard Dawkins fand vor allem in den USA eine millionenfache Leserschaft. Daneben haben Christopher Hitchens' „Der Herr ist kein Hirte. Wie Religion unsere Welt vergiftet" und Sam Harris' „Das Ende des Glaubens. Religion, Terror und das Licht der Vernunft" die Gedanken des neuen Atheismus populär gemacht. Alle drei Autoren denunzieren Religion als etwas Dummes und Böses. Sie ist nicht nur verantwortlich für alle möglichen Übel in der Welt, Religion ist das Übel der Menschheit schlechthin.

Was ist eigentlich neu an diesem Atheismus? Zunächst einmal fällt auf, dass kein Gedanke wirklich neu ist. Es sind die gleichen Argumente, die ich in den 70er- und 80er-Jahren zur Genüge an Schule und Universität in der damaligen DDR-Diktatur vernommen habe. Neu sind indes die Aggressivität und Schärfe, mit der die neuen Atheisten ihre Überzeugungen unters Volk bringen. Jeder Glaube an Gott wird verächtlich gemacht und ins Lächerliche gezogen. Gläubige Menschen gelten als dumme, wissenschaftsfeindliche und zum klaren Denken unfähige Ignoranten, welche die Menschheit mit ihrer Religion vergiften und diese Welt mit Fanatismus und Gewalt überziehen. Neu ist auch der missionarische Eifer, mit dem für ein Leben ohne Gott geworben wird. Und neu ist die Intensität der Verbreitung durch die Medien: Internet, Sachbücher, Talksendungen, soziale Netzwerke, sogar Kinderbücher, öffentliche Aktionen wie die Atheismus-Buskampagne im Jahr 2009, bei der Busse mit der Aufschrift „Es gibt mit (an Sicherheit grenzender Wahrscheinlichkeit) keinen Gott" durch Großstädte fuhren.

Der Kontext

Wenn man die Eindringlichkeit der Religionskritik des neuen Atheismus verstehen will, so muss man einen Blick auf das Umfeld werfen, in dem er entstanden ist. Dabei fallen drei Dinge auf.

Erstens ist der dominierende Kontext vor allem die religiöse Situation Nordamerikas. Der neue Atheismus ist sozusagen eine Reaktion auf den sehr verbreiteten, rechtslastigen *Fundamentalismus,* wie er vor allem in den USA großen Einfluss hat. Diese Form des Christentums verteidigt die biblische Vorstellung von der Entstehung der Welt und des Lebens gegen die Astrophysik und gegen die Theorie der Evolution des Lebens aus dem Tierreich, rechtfertigt die Todesstrafe, lehnt Homosexualität als sündige Perversion ab und möchte überhaupt die Anweisungen der Bibel direkt auf die heutige Gestaltung von Staat, Gesellschaft, Sexualität, Ehe, Familie und Erziehung übertragen, ohne die geschichtlichen Bedingungen zu berücksichtigen, in denen die biblischen Aussagen entstanden sind.

Zweitens ist der neue Atheismus eine Reaktion auf das weltweite Erstarken von Religion. Er versteht sich als Gegenbewegung zu diesem globalen Megatrend, der sich auch in einer Radikalisierung und Fundamentalisierung von Religion äußert.

Drittens hat der islamistische Terroranschlag auf das World Trade Center in New York am 11. September 2001 offenkundig gemacht, dass es einen direkten Zusammenhang von Religion und Gewalt gibt. In Anbetracht des islamistischen Terrors, der die Ungläubigen bestrafen und vernichten will, sehen sich die neuen Atheisten in ihrer These bestätigt, dass *alle* Religion grundsätzlich zur Gewalt gegenüber Andersgläubigen führt.

Vom Ende der Religion

Mit ungläubigem Erstaunen beobachten die Protagonisten des neuen Atheismus, wie religiöse Überzeugungen an Einfluss gewinnen. Mit viel Pathos versuchen sie die Menschen davon zu überzeugen, dass Religion nicht vereinbar ist mit dem wissenschaftlichen Erkenntnisfortschritt, ja, dass religiöse Überzeugungen endgültig erledigt sind. Dawkins und seine Mitstreiter halten die Zeit für gekommen, jeder Religion den Kampf anzusagen:

· Die klassischen Gottesbeweise sind widerlegt. Dennoch halten viele Menschen wider besseres Wissen an der Idee der Existenz eines Gottes fest.

· Sogenannte Gotteserfahrungen sind lediglich das Resultat einer „Simulations-Software" unseres Gehirns, das uns Erscheinungen und Gottesbegegnungen vorgaukelt.

· Mit der Bibel für Glaube und Gott zu argumentieren, ist für Dawkins völlig absurd. Sie ist eine „chaotisch zusammengestoppelte Anthologie zusammenhangsloser Schriften"[37].

· Das von den Kreationisten angeführte Argument, dass aufgrund der Komplexität der Lebensformen eine zufällige Entstehung des Lebens unmöglich sei, hat sich für Dawkins durch die auf der natürlichen Selektion basierenden Evolutionstheorie ebenfalls erledigt.

· Um für die Entstehung des Glaubens eine Erklärung zu finden, hat Dawkins die Theorie von den sogenannten „Memen" entwickelt, die als eine Art geistiger Virus den Menschen befallen und religiös machen.

· Besonders anfällig für diese „Krankheit" sind Kinder. Er wendet sich daher entschieden gegen jede religiöse Beeinflussung von Kindern. Religiöse Erziehung ist für ihn eine Form der Kindesmisshandlung.

· Dem finsteren, vernunfts- und lebensfeindlichen Gottesglauben stellt Dawkins die atheistische Weltanschauung entgegen, die er als wissenschaftlich, lebensbejahend und lebenskräftig ver-

---

37   Richard Dawkins, Der Gotteswahn, Berlin 2007, S. 327.

steht. Nach seiner Überzeugung liegt das Glück der Menschheit in der Überwindung des Gotteswahns.

Religion ist dumm

Glaube ist für Richard Dawkins eine Wahnvorstellung – irrational, krankhaft, erfunden von dummen, psychopathischen, getäuschten Menschen, die ihren Sinn für die Realität verloren haben, ein bloßes Für-wahr-Halten einer absurden, unwissenschaftlichen Hypothese, eine Beleidigung des gesunden Menschenverstands, ein „Gott in den Hintern kriechen"[38]. Er vergleicht den Glauben an Gott mit dem Glauben an ein „Spaghettimonster" oder an eine die Sonne umkreisende Teekanne, um den illusorischen und absurden Charakter des Gottesglaubens der Lächerlichkeit preiszugeben.[39] An den Weihnachtsmann und an Gott zu glauben, das befindet sich für Dawkins auf der gleichen Ebene.

„Atheist" kann eine ehrenhafte Bezeichnung für einen Menschen sein, zu dem das Geschenk des Glaubens einfach noch nicht gelangt ist. Er glaubt nicht an Gott und baut auf diesen Nichtglauben seine Sicht des Lebens und der Welt. Der neue Atheismus à la Dawkins geht einen Schritt weiter. Er möchte *beweisen,* dass der Atheismus recht hat, und er möchte mit agitatorischem Eifer allen den Glauben an Gott austreiben. Dawkins ist der Ansicht, dass sich Glaube und Naturwissenschaft nicht nur widersprechen, sie stehen sich als unversöhnliche Feinde gegenüber. Den Grund dafür sieht er darin, dass angeblich der Glaube die Vernunft hasst. Er führt dabei eine Reihe von Zitaten berühmter Theologen an, um seine These zu untermauern. Dabei ist er auch auf Martin Luthers Furcht vor der menschlichen Ratio in Fragen des Glaubens gestoßen.

Dawkins macht sich nicht die Mühe, Luthers Vernunftsbegriff zu verstehen, gemäß dem die vom Reformator eigentlich hoch geschätzte Vernunft in Glaubensfragen sehr schnell an ihre Grenzen kommt, da sie das Wesen der Gnade nicht erfassen kann. Er begnügt sich vielmehr damit, die Theologie als Steinbruch zu benutzen, um an seiner atheistischen Ideologie zu bauen. Er geht sogar so weit

---

38   Richard Dawkins, Der Gotteswahn, S. 321f.
39   Richard Dawkins, Der Gotteswahn, S. 74ff.

zu behaupten, dass es keinen ernsthaften Wissenschaftler gibt, der gleichzeitig gläubig ist. Das ist in Anbetracht der großen Zahl wissenschaftlicher Schwergewichte, die sich zum Glauben an Gott bekennen, grober Unfug, und man wird dabei den Verdacht nicht los, dass es hier nicht mehr um eine seriöse Auseinandersetzung geht, sondern um vernichtende Polemik.

Religion ist böse

Die Bibel ist für Dawkins und seine neoatheistischen Kollegen eine Ansammlung von wirren Geschichten, in denen es von mörderischen Gewalttaten nur so wimmelt. Gott erscheint darin als jemand, der seine Anhänger zu Mord und Terror gegenüber Andersglaubenden aufruft. In seinem Namen gibt es Blutorgien, Massaker, Frauenunterdrückung, Steinigungen von Ehebrecherinnen und Homosexuellen. Der Gott der Bibel ist in der Perspektive der neuen Atheisten ein „psychotisches" „grausames Ungeheuer", ein „Monster", nämlich „ein kleinlicher, ungerecht nachtragender Kontroll-Freak, ein frauenfeindlicher, homophober, rassistischer, kinds- und völkermörderischer, ekliger, größenwahnsinniger, sadomasochistischer, launisch-boshafter Tyrann"[40]. Auch der angeblich liebende Gott des Neuen Testaments ist nur eine sadomasochistische Erweiterung des alten grausamen Gottesbildes. Ein rachsüchtiger Gott benötigt ein unschuldiges Opfer und verkörpert sich in dem Menschen Jesus, der „als Sühne für Adams Erbsünde" gefoltert und hingerichtet wird, um zum Erlöser der Menschen zu werden.[41]

Da Gläubige den Anweisungen ihrer Religion folgen, führt Religion unweigerlich zum Heiligen Krieg und zur Ausrottung von Menschen anderen Glaubens. Religion ist Dummheit gepaart mit Überheblichkeit und Gewalt. Das Sündenregister der Religionen ist lang und die Belege für religiös motivierte Gewalt sind zahlreich. Auch im Namen des Christentums sind in seiner zweitausendjährigen Geschichte zahlreiche Verbrechen begangen worden, angefangen von der Unterdrückung und Zwangsmissionierung von Heiden seit Kaiser Konstantin über die Kreuzzüge, die Ausrottung der Inkas, die In-

---

40   Richard Dawkins, Der Gotteswahn, S. 45f.
41   Richard Dawkins, Der Gotteswahn, S. 349.

quisition bis hin zur Verfolgung von Homosexuellen in einigen afrikanischen Ländern in der Gegenwart.

Das ist ein schweres Erbe, das viele Christen mit Scham erfüllt und das den neuen Atheisten recht zu geben scheint. Für sie ist Religion die Quelle des Bösen schlechthin. Deshalb ist eine glückliche Menschheit nur ohne Religion denkbar. Eine hoffnungsvolle Zukunft und Atheismus gehören demnach sozusagen zusammen. So erscheint es nur folgerichtig, wenn die neuen Atheisten mit missionarischem Eifer zur Befreiung des Menschen vom schädlichen Gottglauben aufrufen, um endlich jede Religion vom Angesicht der Erde zu tilgen.

Treffende Kritik?

Die neuen Atheisten zeichnen ein Bild vom Glauben, insbesondere vom Christentum, das vielleicht für einige Varianten des amerikanischen Fundamentalismus zutrifft. Mit einem aufgeklärten und geistig verantworteten Glauben (und einer ebensolchen Theologie) hat das wenig zu tun. Insofern trifft die Religionskritik vielleicht Christen, die eher am fundamentalistischen Rand der Kirche verortet sind. Zwar befinden sich unter denen, die sich durch eine Auseinandersetzung mit dem neuen Atheismus vom Glauben abgewendet haben, laut Studie auch viele reflektierte und kluge Leute. Dennoch kann ich es persönlich schwer nachvollziehen, dass Christen nach der Lektüre z.B. von Dawkins „Gotteswahn" ins Zweifeln über ihre Religion geraten. Die Argumentation ist einseitig, grob, selektiv und manchmal sogar naiv.

Ich werde an einen Ausspruch des österreichischen Gitarrenvirtuosen Peter Horton erinnert: „Ein Atheist ist einer, der sich ein Bild macht und es verneint." Ich stelle mir vor, dass ich Richard Dawkins folgende Frage stelle: „Was glauben Sie denn, Herr Professor, was Christen glauben?" Ich kenne die Antworten aus seinem Buch. Ich müsste ihm erwidern: „Wenn das, was Sie hier als christlichen Glauben darstellen, der christliche Glaube sein soll, dann muss ich Ihnen sagen, dass ich ein Atheist bin. An einen solchen Gott glaube ich auch nicht. Und einen solchen Glauben, der dermaßen verbohrt, antiintellektuell, irrational, exklusiv, abergläubisch, fanatisch, wirklichkeitsignorierend, wissenschaftsverneinend und letztlich dumm ist, habe ich nicht. Und diesen finde ich auch nicht in meiner Kirche, vielleicht abgesehen von ein paar einfältigen Eiferern, die es immer gibt. Aber selbst die lehnen Gewalt ab."

Die Lektüre der Neuen-Atheismus-Bücher verrät eine erschreckende Unkenntnis der Autoren über Theologie und über mündigen Glauben in unserer Zeit. Es wird mit vielen, oft auch dummen Klischees gearbeitet, sodass man manchmal fast geneigt ist, den Autoren nicht nur Ignoranz und Unkenntnis, sondern auch Böswilligkeit vorzuwerfen. Der Literaturwissenschaftler Terry Eagleton schreibt in seiner Kritik von Dawkins' „Gotteswahn": „Stellen sie sich vor, es lässt sich jemand über Biologie aus, der nicht mehr über das Fach weiß, als in einem Buch über die Vögel Großbritanniens steht. Dann haben Sie eine ungefähre Vorstellung davon, wie es sich liest, wenn Richard Dawkins über Theologie schreibt."[42]

Der Psychiater und Theologe Manfred Lütz wirft darum Dawkins ein „naives Wissenschaftsverständnis" vor: „Wissenschaft ist für ihn nur Naturwissenschaft. Die Prinzipien und Methoden der Geisteswissenschaften sind ihm offensichtlich nicht einmal bekannt. So ist für ihn Erkenntnis eigentlich nur naturwissenschaftliches ‚Erklären' und nicht geisteswissenschaftliches ‚Verstehen'."[43] Der Oxforder Theologe und Naturwissenschaftler Alister McGrath hat sich in seinem lesenswerten Buch „Der Atheismus-Wahn" mit den zahlreichen theologischen Fehlern und Verzerrungen des Evolutionsbiologen auseinandergesetzt.[44] Theologische Aussagen werden so sehr entstellt, ins Klischeehafte verzogen und mit Zynismus übergossen, dass für einen halbwegs theologisch gebildeten Leser die Lektüre von Dawkins´ „Gotteswahn" wegen der Dumpfheit der Argumentation manchmal nur mühsam zu ertragen ist und kaum einen Beitrag für einen erhellenden Dialog darstellt.

---

42   Terry Eagleton, Lunging, Failing, Mispunching. A Review of Richard Dawkins' The God Delusion, in: London Review of Books, 19. Oktober 2006.
43   Manfred Lütz in seinem Essay „Missionarischer Atheismus", veröffentlicht am 13. Oktober 2007 auf Welt Online, http://www.welt.de/welt_print/article1261641/Missionarischer-Atheismus.html (letzter Zugriff am 1.4.15).
44   Alister McGrath, Der Atheismus-Wahn: Eine Antwort auf Richard Dawkins und den atheistischen Fundamentalismus, Asslar 2007.

Folgerungen für Kirche und Gemeinde

1. Fundamentalismus macht „anfällig" für die Argumente des neuen Atheismus

„Fundamentalismus" ist durch den islamistischen Fundamentalismus mit seinem Terror und durch die Medien ein Begriff geworden, der Schrecken verbreitet. Geisteswissenschaftlich meint christlicher Fundamentalismus eigentlich etwas eher Harmloses, nämlich einen bestimmten Umgang mit der Bibel. Die geschichtlichen Bedingungen, unter denen das Buch entstand, werden völlig ausgeblendet, ebenso die Persönlichkeit der Verfasser. Die Bibel ist ein Diktat, sozusagen senkrecht von oben. Dieses Bibelverständnis führt in nicht wenigen Fällen zu extremen und überzogenen Ansichten und Praktiken und zu einer Unfähigkeit, sich konstruktiv mit anderen Positionen auseinanderzusetzen. Die jungen Menschen, die als Grund für ihre Abwendung vom christlichen Glauben die Beschäftigung mit dem neuen Atheismus angaben, wurden weitgehend in einem christlich-fundamentalistischen Milieu sozialisiert, in welchem kritisches Nachfragen suspekt, der Kontakt mit ungläubigen Freunden unerwünscht, eine rigide Sexualmoral der Standard, soziale Kontrolle ein Leitungsinstrument, Missionieren eine Zwangsverordnung und Homosexualität eine sündige Perversion ist. Daher verwundert es nicht, dass der Ausstieg aus der Religion als Befreiung erlebt wird.

Das bedeutet: Kirche und Gemeinde, die junge Menschen auch für eine Auseinandersetzung mit dem neuen Atheismus mündig machen will, muss ihre Theologie, ihre Leitungspraktiken, ihr Bibelverständnis, ihre Missionsstrategie und ihr Gemeindebild selbstkritisch auf den Prüfstand stellen. Besonders Pastoren, Jugendleiter, Hauskreisleiter, alle, die in irgendeiner Form Verantwortung für neue bzw. junge Christen tragen, müssen sich der unbequemen Frage stellen, inwiefern die Praxis in ihrer Gemeinde die Klischees des neuen Atheismus über den Glauben bedient.

2. Der Umgang mit der Bibel

Viele antworteten auf die Frage, warum sie nicht mehr glaubten, die Bibel sei ein Grund dafür. Es seien besonders die Berichte, in denen im Auftrag Gottes die Kanaaniter umgebracht werden (die Bibel nennt das „den Bann vollstrecken"), Götzendiener sterben müssen und Lästerer, Ehebrecher und Homosexuelle gesteinigt werden. Der Bibelleser fragt sich in Anbetracht der von Gott befohlenen Verbrechen, ob Gott wirklich ein Gott der Liebe sein kann.

Fundamentalistisch geprägte Christen kommen hier in arge Erklärungsnot. Sie glauben, dass die Bibel Wort für Wort, sozusagen senkrecht von oben, von Gott inspiriert sei. Die Verfasser der heiligen Schriften seien unter dem direkten Diktat Gottes gestanden. Daher sei die Bibel absolut irrtumslos. Ich halte diese Position für schwierig. Sie blendet die geschichtlichen Bedingungen aus, unter denen die Bibel entstand. Es gibt viele Argumente, die gegen die Theorie von der *Verbalinspiration* sprechen, aber das würde den Rahmen dieses Beitrags sprengen.

Für unser Thema ist wichtig: Die Gottesvorstellungen in der Bibel waren nicht von Anfang an fertig, sondern sie haben sich im Laufe der Geschichte entwickelt. Das Gottesbild, wie es uns z.B. im Buch Josua begegnet, war stark geprägt von der Vorstellung eines Kriegsgottes der Israeliten, der sein Volk in den Kampf gegen die Kanaaniter und ihre Götter führt. Dass die Bibel diese archaische Gottesvorstellung aus der Zeit der Landnahme sehr bald überwand, kann man schon daran erkennen, dass sie sonst nirgendwo in der Bibel auftaucht. Wohl gibt es die historisch begrenzte Sicht, dass Gott zur Josuazeit die Vernichtung der Kanaanäer anordnet. Aber durch das gesamte Alte Testament zieht sich die Forderung Gottes, den Fremdlingen, die unter den Israeliten leben, also den kanaanäischen Völkern, mit Liebe zu begegnen, sie nicht zu unterdrücken oder auszubeuten, sondern sie zu schützen und zu den religiösen Festen Israels einzuladen. Diese gesetzlich vorgeschriebene Liebe zu den Fremdlingen, mit denen Israel lebte, wird durch Jesus auf alle Menschen, auch auf die Feinde, ausgeweitet.

Wer jedes Wort in der Bibel für eine Einflüsterung Gottes hält, ohne den geschichtlichen Kontext zu bedenken, bekommt große Probleme, die Fremdenliebe Gottes einerseits und den Genozid initiierenden Gott andererseits ins Einvernehmen zu bringen. Die Bibel ist ein historisches Buch. Darin haben Menschen ihre Erfahrungen mit Gott und ihre Vorstellungen von Gott über einen Zeitraum von mindestens zweitausend Jahren niedergeschrieben. Was darin über den Heiligen Krieg steht, über die Tötung der Baalspriester auf dem Berg Karmel, über die Steinigung von Ehebrecherinnen, über die Ausrottung der Midianiter während der Landnahme, über die Abschlachtung der Israeliten, die das Goldene Kalb angebetet haben, das alles sind Zeugnisse veralteter Gotteserfahrungen und archaischer Vorstellungen von Gott und Leben. Diese Vorstellungen veralten schon in der Bibel selbst und werden dort korrigiert, wenn beispielsweise der Prophet in Jesaja 43,18 sagt: „Gedenkt nicht an das Frühere und achtet nicht auf das Vorige! Denn siehe, ich will ein Neues schaffen." In der Bibel selbst findet sich der Gedanke, dass sich die Erkenntnis des Wesens Gottes durch die Geschichte hindurch entwickelte. Die Entfaltung des Gottesbildes findet seinen Höhepunkt in Jesus, der eine Revolution der Liebe in die Welt brachte und durch sein Leben und Sterben Gottes Charakter letztgültig offenbarte.

Wie gehen wir heute mit den zu Gewalt und Todesstrafe auffordernden Texten der Bibel um? Die neuen Atheisten behaupten, dass Gläubige in ihrer Verblendung den Anweisungen der Bibel folgen müssen. Damit teilen sie das Bibelverständnis einiger fundamentalistischer Hardliner in den USA. Dawkins und seine Freunde haben keinerlei geisteswissenschaftliches Problembewusstsein, wie in der christlichen Tradition mit solchen Texten umgegangen wurde. Schon Origines im 3. Jahrhundert war mit seiner Lehre vom mehrfachen Schriftsinn ein Meister im Umgang mit schwierigen Texten. Nach Martin Luther muss die Bibel von Jesus Christus her gelesen und interpretiert werden, also von dem her, „was Christum treibet".

In Johannes 8 wird berichtet, dass Jesus eine Ehebrecherin vor der Steinigung rettete – wie es nach dem in der Bibel niedergeschriebenen Gesetz des Mose gefordert war. Wie interpretiert Jesus das heilige Gesetz? Jesus ist kein Fundamentalist, der dem Buchstaben folgt. Er lehrt, dass das Prinzip Gnade über dem Prinzip Strafe steht, das Prinzip Liebe über dem Prinzip Gesetz. Jesus folgt einer Hermeneutik der Gnade.

Hermeneutik (ein Schlüsselbegriff der Geisteswissenschaften) ist die Lehre vom Verstehen und Interpretieren von Texten. Paulus, der tiefsinnige Interpret der Sendung und Botschaft Jesu, hat sich als Theologe, Pharisäer und Apostel den Kopf darüber zerbrochen, wie die Bibel im Lichte des Evangeliums von Jesus gelesen und interpretiert werden kann. Dabei ist er auf einen der genialsten Sätze der gesamten Weltliteratur gekommen. „Der Buchstabe tötet, aber der Geist macht lebendig" (2. Korinther 3,6). Das Auslegungsprinzip der Heiligen Schrift ist der Geist Jesu, und das ist ein Geist der Liebe Gottes, die allen Menschen gilt, ein Geist, der zu einem neuen Leben aus der Gnade und Zuwendung Christi befreit. Dort aber, wo man dem Buchstaben folgt, wird Leben vernichtet. Die Bibel ohne den Geist tötet.

Die Kirche Jesu lebt aus der Heiligen Schrift. Alle Erneuerungsbewegungen des Glaubens in der Kirchengeschichte waren inspiriert von der Bibel. Wir stehen vor der großen Herausforderung einer Gratwanderung zwischen *erstens* situativer Auslegung der Heiligen Schrift nach Maßstäben, welche die Liebe Gottes zu *allen* Menschen setzt, und *zweitens* großem Respekt vor der Heiligen Schrift als Gottes Wort, ohne in einen unhistorischen Fundamentalismus und Biblizismus abzugleiten.

3. Kirche für Skeptiker

Kirche Jesu ist nicht nur Glaubensgemeinschaft, sie ist auch Zweifelsgemeinschaft. Wir befinden uns immer, egal wie gläubig oder ungläubig wir sind, in der Spannung zwischen Zweifel und Glauben. Zweifler dürfen daher nicht ausgegrenzt werden. Im Gegenteil. Die Kirche braucht und sucht den Dialog mit den Skeptikern und Kritikern. Der Kabarettist Matthias Beltz meint: „Die einen sagen, dass Gott existiert, die andern, dass Gott nicht existiert. Die Wahrheit wird, wie so oft, in der Mitte liegen." Ich mag diesen Satz, weil er witzig ist und die Möglichkeit des Glaubens und des Unglaubens gleichberechtigt nebeneinanderstellt. Wer allzu selbstsicher und unerschütterlich den Eindruck erweckt, dass er *die* Antworten auf die wichtigsten Fragen des Lebens hat, wirkt unglaubwürdig.

Das Leben wird heute sehr komplex und widersprüchlich erlebt. Statt fertige Lösungen zu präsentieren, ist es wichtig, sich gemeinsam auf die Suche nach möglichen Antworten zu machen. Jeder

Mensch versteht sein eigenes Leben am besten und hat die Fähigkeit, die Wahrheit zu suchen. Wenn sich die Gläubigen mit den Suchenden identifizieren und solidarisieren, können diese besser die Einladung verstehen, an die Tür des Glaubens zu klopfen. Wer sich an das Christsein herantastet, benötigt ein Klima der Annahme, Offenheit und Toleranz. Das betrifft Fragen in Hinblick auf die Lehre als auch auf die Ethik. Anscheinend haben viele Ex-Christen den Glauben als ein enges Korsett erlebt, von dem sie sich befreit haben, als sie dem Glauben den Rücken kehrten. Für einen Dialog auf Augenhöhe mit Fragenden und Skeptikern empfehle ich mein Buch „Zweifel hat Gründe – Glaube auch"[45].

4. Solidarität statt Separation

Viele der jungen Menschen, die sich nach der Beschäftigung mit dem neuen Atheismus vom Glauben abwenden, waren in christlichen Gemeinden und Gruppen beheimatet, die großen Wert darauf legen, dass ihre Mitglieder in Abgrenzung zur „sündigen Welt" leben. Freundschaften mit Nichtchristen werden eher skeptisch gesehen. Kontakte zu „Außenstehenden" sollen vor allem der Missionierung dienen. Eine Liebesbeziehung mit einem Ungläubigen gilt schon als Abfall vom Glauben. Vor einer inhaltlichen Auseinandersetzung mit religionskritischem Gedankengut wird gewarnt. Von dem Studium von Theologie, Philosophie oder Psychologie wird strikt abgeraten, weil diese vom Glauben wegführen.

Die neuen Atheisten kritisieren, dass die Bildung und Förderung von sogenannten „ingroups" und „outgroups", also von denen, die „drinnen", und denen, die „draußen" sind, zu Abgrenzung und Diskriminierung führen. „Drinnen", das ist die Eigengruppe, wo die Menschen richtig glauben und leben. „Draußen", das ist die Fremdgruppe, wo die Menschen in Irrtum und Sünde verstrickt sind. Diese Trennung führt dazu, dass Menschen, die „drin" sind, den Glauben häufig als einengend, exklusiv, diskriminierend und ausgrenzend erleben. Manchmal genügen die Beschäftigung mit anderen Ideen oder die Beziehung zu Menschen, die „draußen" sind, um der beklemmenden Enge der eigenen Gruppe gewahr zu werden.

---

45   Alexander Garth, Zweifel hat Gründe – Glaube auch, Holzgerlingen 2014.

Weil man die erlebte Enge tatsächlich für christlich hält (schließlich hat man es so gelernt und viele Bibelstellen dazu gehört), bedeutet ein Ausstieg aus der Gruppe zwangsläufig auch eine Abkehr vom Glauben. Wer aber die Weite des biblischen Zeugnisses kennt, der weiß, dass Jesus mit seinem Leben und mit seiner Verkündigung diese Abgrenzung im Namen der Liebe Gottes aufhebt. Immer wieder findet man Jesus in Gemeinschaft mit Menschen, die keinen guten Ruf haben. Er isst und feiert mit ihnen, erzählt ihnen von Gottes suchender Liebe, spricht ihnen die Vergebung und Freundschaft Gottes zu. Seine Gegner, die Pharisäer und Schriftgelehrten, also die Frommen und die Pfarrer seiner Zeit, allesamt Vertreter einer Ingroup-Ideologie, ärgern sich furchtbar über ihn und nennen ihn einen „Fresser und Weinsäufer, einen Freund der Sünder", also einen, der ausbricht aus dem Ingroup-Outgroup-Schema. Im Gleichnis vom barmherzigen Samariter stellt Jesus einen echten „Outsider" als positives Beispiel für ein gottgefälliges Leben hin. Während Priester und Levit, also Vertreter der Eigengruppe, an dem von Räubern Misshandelten vorübergehen, kümmert sich der Samariter, ein Angehöriger einer falschen Religion und eines verachteten Volkes, liebevoll um ihn und rettet ihm das Leben. Jesus durchbricht mit diesem Gleichnis die damaligen Grenzen.[46]

Kirche und Gemeinde, die in Abgrenzung zur Umwelt lebt, entwickelt sehr häufig eine Insider- und Bunkermentalität, die gerade kreative, unangepasste, skeptische und fragende Menschen nicht ertragen. Dagegen: Eine unglaubliche Anziehungskraft entwickelt eine Kirche, die sich nicht zurückzieht hinter Kirchenmauern, sondern die hingeht und die Strukturen dieser Welt durchdringt und die Liebe Gottes mit den Menschen teilt, besonders mit den Zweiflern, in Wort und Tat, mit Fantasie und Kreativität.

5. Kampf gegen Unrecht

Bei aller Scham, welche Christen in Anbetracht zahlreicher Fehlentwicklungen in der Geschichte der Kirche empfinden, ist es doch äußerst fragwürdig, die Geschichte der Kirche auf ihre Verbrechen zu

---

46   Das Problem „offene Gemeinde oder Separationsmodell" konnte hier nur kurz angerissen werden. Mehr dazu in Alexander Garth, Zweifel hat Gründe – Glaube auch, S. 153-170.

reduzieren und als Kriminalgeschichte umzudeuten. In der Kirche ist viel schiefgelaufen. Das zu beschönigen, wäre dumm und unwahrhaftig. Aber Licht und Schatten liegen eng beieinander. Der Umgang mit der Vergangenheit der Kirche ist eine Gratwanderung zwischen zwei Extremen: rosarotem Beschönigen und permanenter Diffamierung.

Die Kirche hat in ihrer Vergangenheit viel Segen gewirkt, und es sind in ihrem Namen abscheuliche Verbrechen begangen worden. Ihren Weg durch die Geschichte säumen großartige Werke der Barmherzigkeit und übelste Machenschaften um Macht und Einfluss. Letzteres zu leugnen, macht die Kirche unglaubwürdig. Aber das kann man sagen: Die Kirche arbeitet, wie kaum eine andere Institution, ihre Vergangenheit auf. Es gibt unzählige offizielle Schuldbekenntnisse, besonders der katholischen Kirche, in der sie sich zu ihrem Versagen und zu ihren Sünden der Vergangenheit bekennt, besonders zu Diskriminierung und Verfolgung unserer jüdischen Geschwister. Die Kirche hat sich sowohl inhaltlich als auch praktisch radikal neu ausgerichtet. Das gilt sowohl für die katholische Kirche als auch für die alten protestantischen Kirchen. Ich kenne keine andere Bewegung oder Organisation, die so konsequent aus den Fehlern der Vergangenheit lernte. Dies war aber nur möglich, weil man sich selbst im Lichte des Evangeliums radikal hinterfragte und weil man einen regen Dialog mit den Kritikern pflegte. Es geht dabei auch um ein differenzierteres Bild des Christentums und es geht darum, aus den Fehlern der Vergangenheit zu lernen.

Die Geschichte der friedlichen Revolution von 1989 in der damaligen DDR belegt die Frieden stiftende Kraft und Kreativität des christlichen Glaubens. Wie gelang das Wunder einer Revolution ohne Blutvergießen in Anbetracht eines waffenstarrenden, totalitären, gewaltbereiten, menschenverachtenden Regimes mit seiner allgegenwärtigen Staatssicherheit? Der Grund dafür liegt mit Sicherheit darin, dass das Herz dieses Umsturzes der christliche Glaube war. Die Revolution wurde in den Kirchen des Landes geboren. Zu Tausenden versammelten sich Menschen dort, beteten, diskutierten und hörten das Evangelium des Friedens. Dann zogen sie mit Kerzen auf die Straße, um für Freiheit und für ein Ende des DDR-Regimes zu demonstrieren. Der Ruf nach politischen Veränderungen war durchdrungen von dem Ruf „Keine Gewalt". Es waren biblische Texte, welche die Akteure in diesen Tagen zum Handeln inspirierten. „Wir hatten mit allem gerechnet, nur nicht mit Kerzen und Gebeten", kommentierte der Präsident der DDR-Volkskammer die Ereignisse. Um die Stasimitarbeiter in Leipzig im Stasi-Hauptgebäude vor der Lynchjustiz einer wütenden Masse zu schützen, bildeten damals Christen eine schützende Menschenkette um den Bau.

Die Geschichte ist voller Beispiele dafür, wie die Bibel Menschen inspirierte, gegen Unrecht und soziale Missstände zu kämpfen: Der katholische Priester und Jesuit Friedrich Spee, der gegen die Hexenverfolgung kämpfte, der Politiker und engagierte Christ William Wilberforce, der im jahrzehntelangen zähen Ringen den Sklavenhandel im Vereinigten Königreich abschaffte, Henry Dunant, der das Rote Kreuz gründete, der Bürgerrechtler und Pfarrer Martin Luther King jr., der die Gleichberechtigung der schwarzen Bevölkerung in den USA durchsetzte, Florence Nightingale, die die Krankenpflege revolutionierte und zu einem gesellschaftlich geachteten und anerkannten Berufsweg für Frauen entwickelte, um nur einige Beispiele zu nennen. Davon liest man aber nichts in den Büchern der neuen Atheisten. Schließlich geht es ihnen auch nicht um eine faire Auseinandersetzung, sondern um ätzende Diffamierung jeder Religiosität.

In unseren Tagen gibt es eine unglaubliche Fülle christlich motivierter Initiativen, die gegen Armut, Ungerechtigkeit, Sklaverei, Kinderarbeit, Frauenunterdrückung, Rassismus, Verfolgung Andersglaubender, Bildungsarmut, Frauenhandel, Diskriminierung von Homosexuellen eintreten. Kirchen und Gemeinden, die sich für die Nöte der Menschen einsetzen und dem Unrecht durch konkrete Projekte und Aktionen widerstehen, sind ein glaubwürdiges Zeugnis für die das Leben positiv beeinflussende Kraft des Glaubens.

Alexander Garth, *evangelischer Pfarrer, aufgewachsen in Sachsen, ehemalige DDR, Studium der Theologie in Leipzig, Gründer der Jungen Kirche Berlin, Autor mehrerer Bücher, verheiratet mit Damaris, ein Sohn. www.alexandergarth.de*

Brauchen wir eine neue Apologetik?

Matthias Clausen

„Ich sehe kein richtiges Argument, keinen richtigen Beweis, sodass ich sagen könnte: ‚Es gibt Gott.'"(Nicolo)[47]

„Ich glaube an Christus, so wie ich glaube, dass die Sonne aufgegangen ist. Nicht nur, weil ich sie sehe, sondern weil ich durch sie alles andere sehe." (C.S. Lewis)[48]

Brauchen wir eine neue Apologetik? Wir brauchen in jedem Fall eine erneuerte Apologetik. Denn die verstandesmäßige Begründung des Glaubens und die Antwort auf Kritik ist schließlich eine alte Kunst. Und auch die Einwände von Kritikern wie den sogenannten neuen Atheisten sind meist nicht neu, sondern eine Neuauflage von schon Bekanntem, das bereits schlüssig widerlegt wurde.

Es hätte manchen der Entkehrten aus der Untersuchung „Warum ich nicht mehr glaube" wahrscheinlich geholfen, schon früher bzw. überhaupt eine redliche Argumentation für den Glauben und eine offene Auseinandersetzung mit Kritik kennenzulernen. Und das aus mindestens drei Gründen:

Erstens: Die Inhalte von Apologetik sind tatsächlich hilfreich

Es hilft, wenn man etwa bei Jürgen Spieß Indizien für die historische Glaubwürdigkeit der Auferstehung Jesu kennenlernt.[49] Die Auferstehung ist nicht etwas, woran man „einfach glauben" müsste, sondern sie lässt sich historisch plausibel machen.

---

47 Tobias Faix, Martin Hofmann, Tobias Künkler, Warum ich nicht mehr glaube, S. 87.
48 Hans Dürr (Hrsg.), Grund-Sätze. Aphorismen und Gedanken von C.S. Lewis, Basel 1985, S. 30.
49 Jürgen Spieß, Das Grab war leer. Zehn Thesen, http://www.iguw.de/textsammlung/view/article/das-grab-war-leer.html (letzter Zugriff am 11.2.2015).

Es hilft auch, wenn man bei John Lennox[50] oder John Polkinghorne[51] Argumente für das sogenannte anthropische Prinzip kennenlernt, also für die erstaunliche Feinabstimmung der Naturkonstanten
im Kosmos in Bezug auf die Entstehung menschlichen Lebens auf
der Erde. Das ist noch kein Gottesbeweis, will es auch nicht sein;
es zeigt nur, dass es auch naturwissenschaftliche Argumente für den
Glauben gibt.

Es hilft außerdem, wenn man dem beißenden Spott von Richard
Dawkins' „Gotteswahn" die souveräne Analyse von William Lane
Craig[52] entgegensetzen kann: Worin genau besteht denn Dawkins'
Kritik am Glauben? Hat er überhaupt ein schlüssiges Argument prä-
sentiert? Und wenn ja, wie lässt es sich kontern?

Zweitens: Solches Argumentieren hat geistlichen Vorbildcharakter

Ich selbst bin klassischer Apologetik gleich zu Beginn meines Christ-
seins begegnet, habe als Jugendlicher Bücher von C.S. Lewis und anderen verschlungen – und weiß noch genau, wie ich auf einer Kon-
ferenz zum ersten Mal Jürgen Spieß begegnet bin. Der Titel seines
Seminars war der seines Buches – „Jesus für Skeptiker"[53]. Das fand
ich damals, frisch im Glauben, fast ungehörig. Outete man sich etwa
als Zweifler, wenn man dort hinging? Ich habe mich trotzdem nicht
abhalten lassen. In Erinnerung geblieben ist mir dann vor allem sein
Auftreten: nüchtern, fast spröde auf den ersten Blick, bei näherem
Hinsehen aber ungeheuer humorvoll, warmherzig und erfrischend
selbstironisch – und in allem unbestechlich ehrlich und klar, ohne
Angst vor noch so kritischen Fragen. Das prägt.

Mein Credo lautet seitdem: Wenn der christliche Glaube wahr ist,
kann er jede Anfrage aushalten. Und: Wer sich seiner Sache gewiss

---

50   John Lennox, Hat die Wissenschaft Gott begraben? Eine kritischen Analyse mo-
     derner Denkvoraussetzungen, Witten ²2003, S. 50-53.
51   John Polkinghorne, Science and Christian Belief. Theological Reflections of a
     Bottom-up Thinker, London 1994, S. 76; 192.
52   William Lane Craig, Richard Dawkins' Argument for Atheism in The God Delu-
     sion, http://www.reasonablefaith.org/richard-dawkins-argument-for-atheism-in-
     the-god-delusion (letzter Zugriff am 11.2.2015).
53   Jürgen Spieß, Jesus für Skeptiker, Witten ¹⁴2011.

ist, kann es sich leisten, jede Anfrage an sich heranzulassen. Deswegen erscheint mir die Abschottung gegen Zweifel gerade nicht als Zeichen großer Überzeugtheit, sondern als Zeichen von Unsicherheit, als geistlich ungesund. Wer Christsein aber von Anfang an *auch* als Verstandestätigkeit kennenlernt, wird von späteren Zweifeln – fremden wie eigenen – weniger überrascht sein.

Und mehr noch: Wer im apologetischen Gespräch die Freiheit des Geistes geschmeckt und sie nicht als Bedrohung, sondern als *Bestandteil* eines reifen Glaubens erlebt hat – der wird auch allgemein viel eher davon ausgehen, dass Glaube *frei* macht. Er wird also skeptisch sein gegenüber Versionen von Christsein, die einengend oder gar beklemmend wirken. Es gibt eben einen Unterschied zwischen gesunder Verbindlichkeit, die nachvollziehbar Freiheit schützt, und Regeln um der Regeln willen, die aus der bloßen Angst vor Kontrollverlust aufgestellt werden.

Natürlich gibt es bei alledem auch eine Arbeitsteilung – nicht jeder ist ein akademisch ausgebildeter Apologet. Es hilft aber zu wissen, dass es solche Experten *gibt* und wo man sie und ihre Texte findet. Aber auch als engagierter Laie sollte man sich nicht unter Wert verkaufen: Wer in anderen Lebensbereichen ebenfalls kritisch denkt, wer ein Studium oder eine anspruchsvolle Ausbildung durchlaufen hat und das Zeitgeschehen verfolgt – der ist auch in der Lage, sich mit Anfragen an den Glauben auseinanderzusetzen. Dazu kann gehören, dass man bei den kritischen Kommentaren eines Arbeitskollegen zum Thema Glaube nicht einfach weghört, sondern freundlich und neugierig nachfragt: Was genau stört dich am Glauben? Was spricht aus deiner Sicht dagegen? Das kann der Beginn eines längeren Gesprächs sein, bei dem der andere schließlich neugierig auf die eigene Position, die eigenen Gründe für den Glauben wird.

Dafür allerdings muss das Durchdenken und Begründen des Glaubens erst einmal durch andere vorgelebt werden, und damit ist es in Gemeinden nicht überall gleich gut bestellt. Kritik und Nachfragen gelten mancherorts immer noch als verdächtig, zumindest als unnötig. Dies wird im Weiteren noch einmal thematisiert.

Drittens: Apologetik wird auf diese Weise als Fertigkeit eingeübt

Sie macht so auch für künftige kritische Anfragen und Herausforderungen an den Glauben bereit. Apologetik ist eben nicht nur die Sammlung von Argumenten pro und contra den Glauben. Sondern sie ist vor allem eine *Tätigkeit*, die man durch eigene Praxis erlernt; durch das Lesen von Texten und das engagierte Gespräch. Wer das lange genug tut, dem prägt es sich ein als etwas, was er bei Bedarf immer wieder abrufen kann. Apologetik ist hier wie Schwimmen oder Fahrradfahren.

Mit abgespeichert wird dabei meist auch die Erfahrung, schwierige und beunruhigende Denkprozesse durchlebt und gemeistert zu haben. Wer energische Kritik an sich herangelassen und ehrlich durchdacht hat, wer daraufhin zu einem erneuerten Glauben gefunden hat, wird Kritik künftig gelassener entgegensehen.

Mit den Autoren von „Warum ich nicht mehr glaube" kann man das auch *geistliche Resilienz*[54] nennen. Apologetik funktioniert dabei auch wie eine Impfung: Das Immunsystem des eigenen Glaubens wird bewusst Kritik ausgesetzt – kontrolliert und unter Begleitung durch kompetente Gesprächspartner –, um es so fit zu machen für künftige Anfragen und um zur geistlichen Reifung zu verhelfen. Resilienz wird dabei vor allem durch das stetige und bewusste Einüben einer solchen geistigen Auseinandersetzung erworben.

Apologetik kann Dekonversion vorbeugen

Meine These ist daher: *Manchen* der Entkehrten aus „Warum ich nicht mehr glaube" stand der Werkzeugkasten moderner Apologetik anscheinend nicht oder nicht ausreichend zur Verfügung. Apologetik wurde ihnen möglicherweise nicht genügend vorgelebt bzw. nicht genügend mit ihnen eingeübt. Andernfalls wäre ihre geistliche Reise vielleicht anders verlaufen.

Ich spreche bewusst im Passiv: Es *wurde* ihnen nicht vorgelebt, nicht eingeübt. Es gibt hier nämlich einen Unterschied zwischen

---

54 Tobias Faix, Martin Hofmann, Tobias Künkler, Warum ich nicht mehr glaube, S. 202ff.

Hol- und Bringschuld. Mir geht es um Letztere. *Wir*, wir Christen, wir Gemeinde- und Jugendleiter, Freunde und andere Kontaktpersonen, haben hier offensichtlich etwas versäumt.

Woran liegt das? Es folgen vier Problemanzeigen mit möglichen konstruktiven Schritten oder, kurz gesagt: vier Aufgaben.

Aufgabe 1: Klassisch-erwecklichen Vorbehalten begegnen

Gemeint ist die Vorstellung, Apologetik sei unnötig, ja, schädlich, weil sie im Gespräch mit Menschen vom eigentlichen Hauptproblem ablenke: von der Sünde, die ihnen den Glauben schwer mache, und die sich hinter intellektuellen Anfragen höchstens verstecke. Wer auf solche Anfragen mit Argumenten antworte, so der Vorbehalt, gehe am eigentlichen Problem gerade vorbei. Stattdessen brauche es den Ruf zur Umkehr, der in der Kraft des Heiligen Geistes auf das Herz ziele und nicht auf den Verstand.

„Erwecklich" ist hier natürlich nicht theologiegeschichtlich gemeint. Schließlich findet man mitten in der Erweckungsbewegung gerade besonders tiefe Denker, die einen ehrlichen Umgang mit Zweifeln predigen.[55] Das Etikett passt aber trotzdem, weil man den beschriebenen Vorbehalten in dieser Tradition eben *auch* begegnen kann, bis heute.

Und dann muss man Farbe bekennen: Gerade wer sich auf das Neue Testament beruft, darf den Ruf zur Umkehr nie gegen das Argumentieren ausspielen. Für Paulus z.B. passt beides bestens zusammen, es findet sich bei ihm direkt nebeneinander, in seinen Briefen und auch in seinen Missionsreden (Apostelgeschichte 17,16-34).

Irreführend ist außerdem, beim Thema Sünde Herz gegen Verstand auszuspielen. Sünde als Entfremdung von Gott betrifft immer den ganzen Menschen, Herz *und* Verstand, und deswegen hilft es auch nichts, statt Argumenten nur noch emotionale Appelle zu verwenden. Als ob das Gefühl des Menschen von sich aus „frömmer" wäre als sein Verstand. So oder so ist man in der Kommunikation auf

---

55 In diese Traditionslinie gehört besonders Karl Heim, für den intellektuelle Redlichkeit eine Frage seines christlichen Gewissens war.

Gottes Wirken angewiesen. Und wenn er wirkt, nimmt er das, was wir ihm zur Verfügung stellen, und gebraucht es – unser Zeugnis und unsere Argumente, Bibelverse und Blog-Zitate, Levitikus und Lewis.

Aufgabe 2: Neupietistisch-postmodernen Vorbehalten begegnen

Das ist ein Wortungetüm, lässt sich aber leider kaum einfacher sagen. Gemeint ist die Tendenz, Glauben so sehr als innerliches Geschehen aufzufassen, dass rationale Begründungen als uneigentlich und nebensächlich verstanden werden. Grundlage des Glaubens ist dann (fast) nur noch das eigene Erleben, die Qualität und Intensität des eigenen Gefühls.

Diese Tendenz gehört zum einen mit zum Erbe des Pietismus, auch wenn dessen Väter (und Mütter) dies so einseitig nie vertreten haben: Spener, Francke und Zinzendorf ging es vielmehr um die *Korrektur* einer allzu verkopften Rechtgläubigkeit, niemals um die *Relativierung* der Frage nach richtigen und falschen Glaubensinhalten.

Die genannte Tendenz ist daher zum anderen vor allem postmodern. Denn postmodern ist auch die Skepsis gegenüber rationalen Begründungen an sich und die Hochschätzung des persönlichen Erlebens als letzte Autorität.

Wenn dies den eigenen Glauben zu sehr prägt, macht ihn das anfällig für Gefühlsschwankungen. Und die können bekanntlich durch alles Mögliche ausgelöst werden, durch tief religiöse und existenzielle wie auch sehr alltägliche Vorgänge. *Manchmal* hilft dann schon ausreichend Schlaf, um Glaubenszweifel in einem anderen Licht zu sehen. Und umgekehrt: Manchen Menschen helfen bei schweren Schicksalsschlägen gerade auch die Überzeugungen, die sie sich zuvor bei klarem Verstand angeeignet haben – und von denen sie zumindest vom Kopf her wissen, dass sie auch durch ihr aktuelles Erleben nicht einfach ungültig sind.[56]

. Und schließlich: Wer seinen Glauben nicht ausschließlich auf Ge-

---

[56] Vgl. dazu das beeindruckende Selbstzeugnis von Jürgen Spieß über seinen Umgang mit dem Tod seiner Familie bei einem Verkehrsunfall: Jürgen Spieß, Jesus für Skeptiker, S. 75f.

fühle gründet, wird weniger überrascht sein, wenn er feststellt, dass sich ähnlich intensive Gefühle wie im Lobpreisgottesdienst auch im Fußballstadion oder im Rockkonzert einstellen können.[57] Das schmälert nicht ihren Wert; für den menschgewordenen Gott ist es ja gerade typisch, dass er in ganz menschlichen Vorgängen (Brot und Wein, Musik, Gemeinschaft ...) erlebbar wird. Es bewahrt nur davor, von solchen Erfahrungen seinen Glauben *abhängig* zu machen bzw. sie nur dann als gültig anzusehen, wenn sie einzigartig sind.

Apologetik kann hier behutsam klärend wirken. Denn natürlich ist es großartig, wenn Glaube durch intensive Erfahrungen *ausgelöst* oder *bestärkt* wird. Problematisch wird es nur, wenn sich das Repertoire des eigenen Glaubens niemals erweitert, der Verstand niemals auch nur eine Nebenrolle spielt.

Aufgabe 3: Die akademische Schwelle senken

Apologetik muss nicht kompliziert sein. Versteht man unter ihr grundsätzlich jeden Versuch, Glauben zu begründen und Kritik zu begegnen, kann sie auch ganz einfach beginnen.

Ein Beispiel: Man muss nicht Ludwig Feuerbach[58] oder Karl Marx[59] gelesen haben, um sich dem Einwand zu stellen, der eigene Glaube sei nur Ausdruck von Wunschdenken. Und man muss nicht Alvin Plantinga[60] kennen, um zu verstehen, wie man diesen Einwand widerlegen kann. Es braucht nur jemanden, der die sogenannte Projektionstheorie der Religionskritik des 19. Jahrhunderts aufschlüsselt und ihren zentralen Denkfehler aufzeigt. Das kann man auch in einfachen Sätzen tun:

„Glaube ist Wunschdenken?"

Das klingt so, als ob behauptet wird: „Glaubende Menschen *wünschen* sich einen Gott, weil sie mit ihrem Leben nicht zurechtkom-

---

57 Vgl. auch die Aussage von „Anke" in Tobias Faix, Martin Hofmann, Tobias Künkler, Warum ich nicht mehr glaube, S. 150f.

58 Ludwig Feuerbach, Das Wesen des Christentums (1841), in: Erich Thies (Hrsg.), Werke in sechs Bänden, Bd. 5, Frankfurt 1976.

59 Karl Marx, Thesen über Feuerbach (1845), in: Marx/Engels Werke 3, Berlin 1969.

60 Alvin Plantinga, Warranted Christian Belief, New York/Oxford 2000, S. 145-153.

men. Deswegen glauben sie an ihn. Aber das ist nur Wunschdenken; diesen Gott gibt es gar nicht."

Das ist aber ein Denkfehler. Denn dass man sich etwas *wünscht*, heißt ja nicht automatisch, dass es dieses Etwas *nicht gibt*.

Im Gegenteil. Oft zeigen uns unsere Wünsche gerade, wie die Wirklichkeit aufgebaut ist. Wir haben Hunger, wir brauchen als Menschen Nahrung – es gibt Nahrung. Wir haben das Bedürfnis nach Gemeinschaft, wir brauchen andere Menschen um uns herum – und es gibt auch andere Menschen.

Warum soll das beim Bedürfnis nach Gott auf einmal anders sein? Warum soll hier gelten: „Du wünschst dir einen Gott – *also* gibt es ihn nicht"?

Es könnte doch genau umgekehrt sein: *Wenn* es einen Gott gibt, der uns geschaffen hat – dann ist gerade zu *erwarten*, dass er das Bedürfnis nach ihm in uns eingebaut hat. Dass wir uns nach ihm sehnen. Das soll kein Beweis für Gott sein. Manche Menschen spüren dieses Bedürfnis ja gar nicht. Es zeigt aber, dass der Einwand „Glaube ist Wunschdenken, also falsch" unlogisch ist.

An den Kontext angepasst, kann so eine Argumentation auch Teil einer normalen Sonntagspredigt oder eines Inputs im Jugendkreis sein. Das müssen wir in unseren Gemeinden verstärkt einüben.

Aufgabe 4: Die kulturelle Schwelle senken

Apologetik ist Gespräch, sie braucht die Auseinandersetzung mit echten Menschen und ihren Fragen; mit engagierten Atheisten, religiös Gleichgültigen oder Andersgläubigen. Nur dann bleibt sie frisch und ihre Argumente bleiben brauchbar. Missionarisch wirksame Gemeinden erleben dies idealerweise regelmäßig. Denn wer andere Menschen wirklich überzeugen (und nicht nur überreden) will, wird sich gerade auch ihren Anfragen ehrlich stellen.[61] Ein Nebeneffekt: Es wird einen weniger verunsichern, wenn man ähnliche Fragen später

---

61 Ein hervorragendes Beispiel ist das Buch des New Yorker Pastors Timothy Keller, das aus Gesprächen mit Skeptikern im Umfeld seiner Gemeinde hervorgegangen ist und an deren Anfragen entlanggeht: Timothy Keller, Warum Gott? Vernünftiger Glaube oder Irrlicht der Menschheit?, Gießen 2014.

einmal auch bei sich selbst entdeckt. Mission ist immer auch Training für den eigenen Glauben.

Das setzt allerdings voraus, dass Gemeinden durchlässig sind für andere. Dafür müssen kulturelle Schwellen abgebaut werden – wie etwa christliche Insidersprache oder unausgesprochene Erwartungen an Gäste. Das ist ein eigenes großes Thema, soll aber hier zumindest angezeigt werden: Viele Gemeinden haben eine solche Durchlässigkeit noch vor sich. Damit gefährden sie aber auch den Glauben ihrer eigenen Mitglieder. Denn wenn diese keinerlei Berührung mit Menschen aus anderen Milieus und Glaubensrichtungen haben, kann sie eine spätere „Erstbegegnung" unnötig verunsichern. Das ließe sich vermeiden, wenn man von vornherein das Gespräch über den Glauben einübt – kritisch, ehrlich und engagiert.

Prof. Dr. Matthias Clausen, Jahrgang 1972, Theologiestudium in Wuppertal, Heidelberg und London, danach Reisesekretär bei der SMD, Vikariat in Essen. Ab 2006 wissenschaftlicher Mitarbeiter an der Universität Greifswald. Seit 2013 Karl-Heim-Professor für Evangelisation und Apologetik an der Evangelische Hochschule TABOR in Marburg und Hochschulevangelist bei der SMD.

Die Praxisidee „Thomasmesse" – ein Gottesdienst für Zweifler und andere gute Christen

Heike Dreisbach

Wie könnte ein konkretes Angebot aussehen, das die Erkenntnisse der Studie „Warum ich nicht mehr glaube" ernst nimmt? Was können Kirchen und Gemeinden tun, um den „Zusammenhang von Glaube, Zweifel und Identität" [62], der in den Interviews offenkundig wird, konstruktiv aufzugreifen?

Bei der im Folgenden dargestellten Gottesdienstform „Thomasmesse" werden Zweifel nicht ausgeblendet, sondern bewusst wertgeschätzt. Die Liturgie schöpft dabei aus den Quellen verschiedener christlicher Traditionen, um einengenden Tendenzen entgegenzuwirken. So kann der Horizont offen bleiben für individuelle Glaubenswege, ohne auf ein gemeinschaftliches Gottesdiensterlebnis zu verzichten.

Thomas, der Zweifler – der Jünger, der nur glauben konnte, was er selbst gefühlt und gesehen hatte (Johannes 20,24-30) – ist der Namensgeber der Thomasmesse, die in Finnland entstanden ist und inzwischen in vielen anderen europäischen Kirchen gefeiert wird. Der Begriff „Messe" weist darauf hin, dass in diesem Gottesdienst immer auch das Abendmahl gefeiert wird.

Nach einer Großevangelisation in Helsinki im Jahr 1987 übernahm ein Mitarbeiterteam, geleitet von zwei lutherischen Theologen, die Herausforderung, einen neuen Gottesdienst für die Stadt zu entwickeln. Am Anfang standen zwei Fragen: „Wie müsste ein Gottesdienst aussehen, zu dem ich meine kirchenfernen Freunde mitbringen kann?", und: „Was ist meine Gabe, die ich in den Gottesdienst einbringen kann?" [63]

---

62 Tobias Faix, Martin Hofmann, Tobias Künkler, Warum ich nicht mehr glaube, Witten, S. 174.
63 Rolf Sturm, Thomasmesse – Was ist das?, in: http://www.thomasmesse-siegen.de/infos.htm (letzter Zugriff am 4.2.15).

Am Ende eines kreativen Prozesses stand ein Konzept, das der traditionellen Grundstruktur eines christlichen Gottesdienstes folgt, einzelne Elemente jedoch neu interpretiert. Die Predigt sollte eher kurz sein, die musikalische Gestaltung modern (bevorzugt werden heute vielerorts z.B. Taizé-Gesänge). Der Gottesdienst sollte von einem Team vorbereitet und durchgeführt werden, in dem Ordinierte und Nichtordinierte gleichberechtigt zusammenwirken.

Eine Besonderheit, die die Thomasmesse von anderen neueren Gottesdienstmodellen unterscheidet, ist die sogenannte „offene Phase". Das heißt: Nach dem Verkündigungsteil haben die Gottesdienstfeiernden ungefähr eine halbe Stunde lang die Möglichkeit, selbst zu entscheiden, wie sie diese Zeit füllen möchten. Verschiedene Stationen, verteilt auf den gesamten Kirchenraum, sind dafür vorbereitet. Dort können z.B. Gebete aufgeschrieben, eine Klagemauer genutzt, Kerzen angezündet oder eine Segnung mit Salböl in Anspruch genommen werden. Es ist aber auch möglich, sich einfach still in eine Bank zu setzen und die besondere Atmosphäre, die oft durch Kerzenlicht und leise Hintergrundmusik geprägt ist, auf sich wirken zu lassen.

Ein Erfolgsmodell

In Helsinki erwies sich die Thomasmesse von Anfang an als außerordentlich erfolgreich. Sie ist es bis heute, wie sich auch ohne Finnischkenntnisse durch einen Besuch auf der Internetseite unmittelbar nachvollziehen lässt: www.tuomasmessu.fi. Insofern ist es nicht verwunderlich, dass die Thomasmesse relativ rasch international Nachahmung gefunden hat. Die erste Messe dieser Art fand in Deutschland 1993 in Winsen an der Luhe statt.

Im Evangelischen Kirchenkreis Siegen wird die Thomasmesse seit Oktober 2004 regelmäßig gefeiert[64]; in der ersten Zeit zunächst vier-, später dreimal im Jahr. Gottesdienstort ist die historische Nikolaikirche in der Siegener Innenstadt. Das Team der Thomasmesse Siegen arbeitet übergemeindlich und ausschließlich auf ehrenamtlicher Basis. Die meisten Teammitglieder kommen aus Gemeinden des

---

64 http://www.thomasmesse-siegen.de/ (letzter Zugriff am 7.4.15).

Evangelischen Kirchenkreises Siegen, einige wenige gehören zur katholischen Kirche oder zu einer freien Gemeinde. Die Zahl der Gottesdienstbesucher schwankt zwischen 100 und 200 Personen.

Mein Mann und ich gehören zum Gründungsteam der Thomasmesse Siegen. Bis 2014 haben wir dort in unterschiedlichen Funktionen mitgearbeitet.

Der kleine, aber feine Unterschied

Anders als bei vielen anderen Gottesdienstkonzepten für Kirchendistanzierte wird bei der Thomasmesse ganz bewusst darauf verzichtet, Menschen einzuordnen in die, die glauben, und die, die nicht glauben.[65] Augenfällig wird diese theologisch-seelsorgliche Grundentscheidung nicht zuletzt durch das Motto, das viele Thomasmesse-Teams im deutschen Sprachraum für ihre Öffentlichkeitsarbeit verwenden: „Thomasmesse – der Gottesdienst für Zweifler und andere gute Christen". Diese kleine provozierende Pointe ist gewollt. Und zwar nicht (nur) aus Marketing-Gründen. Jedenfalls haben wir es in Siegen so erlebt.

Wir haben in unserem Gründungsteam, bevor wir die erste Thomasmesse gefeiert haben, eine ausgesprochen anstrengende basisdemokratische Kultur entwickelt. Über alles Mögliche haben wir stundenlang diskutiert: Nehmen wir Stabkerzen oder Schwimmkerzen für eine bestimmte Fürbitten-Station? Passen liturgische Schals zu uns und unserem reformiert geprägten Umfeld? Genügt nicht ein Ansteckbutton, damit wir als Mitwirkende erkennbar sind? Soll es nach dem Gottesdienst Tee und Kekse geben oder reichen wir einen aufwendigeren Imbiss?

Es war von daher geradezu überraschend, wie unkompliziert wir uns darauf verständigen konnten, dass genau dieser Satz auch auf unseren Flyern und Plakaten abgedruckt werden sollte: „Thomasmesse Siegen – der Gottesdienst für Zweifler und andere gute Christen". Offenbar brachte diese Formulierung am besten auf den Punkt, was wir zuvor durch gemeinsames Beten, Bibellesen und beim Austausch unserer eigenen Erfahrungen erarbeitet hatten, nämlich:

---

65 Christian Schwark, Gottesdienste für Kirchendistanzierte. Konzepte und Perspektiven, Wuppertal 2006, S. 196.

- dass der Zweifel und der Glaube zusammengehören wie die zwei Seiten einer Münze;
- dass der Glaube in seinem Kern ein geheimnisvolles Geschenk Gottes und damit unverfügbar ist;
- dass Skepsis und Zurückhaltung mitunter lebenswichtig sind;
- dass sich Zweifel an der Wahrheit der christlichen Botschaft höchst selten allein auf die rein intellektuelle Ebene beschränken, sondern dass Vertrauen und Sich-einlassen-Können bzw. Nicht-Können tiefer wurzeln.

Bei einer Thomasmesse geht es deshalb höchstens am Rande um die argumentative Auseinandersetzung mit den Phänomenen Glaube und Zweifel. Vielmehr sollen die einzelnen Gottesdienstelemente Erfahrungsräume eröffnen: Wie fühlt sich das an: still sein, einfach nur dasitzen, den alten Kirchenraum wahrnehmen, das Licht, die Musik, die Anwesenheit der anderen? Oder: beten – ganz ohne Worte vielleicht. Sich hinknien, eine Kerze anzünden und dabei einem anderen Menschen in Gedanken Gutes wünschen. Oder an einer anderen Station Gott eine Art Brief schreiben. „Hilf meiner Schwester. Sie wird morgen operiert und hat solche Angst." Oder: „Gott, ich weiß nicht, ob es dich gibt. Aber wenn es dich gibt, dann möchte ich dich kennenlernen. Bitte gib mir ein Zeichen, wenn du mich hörst." [66]

Die offene Phase

Die unterschiedlichen Angebote der „offenen Phase" ermöglichen den Gottesdienstfeiernden, selbst zu bestimmen, wie sehr sie sich auf die Angebote einlassen wollen. Wer eher auf Abstand bedacht ist, wird vielleicht gerne die Station mit der Bildmeditation nutzen oder sich am Texte-Tisch umsehen: Wer weiß, vielleicht findet sich dort ein Zitat, ein Gedicht, das zur eigenen Situation passt?

---

66   Bei der Thomasmesse Siegen werden für die Fürbitten-Station verschiedenfarbige Zettel bereitgestellt. So können die Gottesdienstfeiernden entscheiden, ob ihr Gebet am Ende des Gottesdienstes in die allgemeine Fürbitte aufgenommen werden darf oder ob das Gebet in der späteren Fürbitte im geschlossenen Kreis des Thomasmesse-Teams aufgegriffen werden soll. Während dieser Gebetszeit nach der eigentlichen Thomasmesse wird immer wieder deutlich, mit welcher Intensität und Offenheit sich die Betenden an Gott wenden. Selbst dann, wenn sie unsicher sind, ob es diesen Gott überhaupt gibt.

Wer sich hingegen nach Nähe, nach persönlicher Zuwendung sehnt, für den passt möglicherweise das Angebot „Gebet für dich" oder die Segnung mit Salböl. Immer wieder haben wir erlebt, wie bewegend das für viele ist: ungeteilte Aufmerksamkeit zu erfahren. Gesehen, ja sogar berührt zu werden. Die Last ablegen zu können. Und sei es nur für diesen einen Augenblick.

Die unverfügbare Gegenwart Gottes

Jedoch: Bei aller guten Vorbereitung und liebevollen Gestaltung der einzelnen Angebote: Machbar sind diese Erfahrungen nicht. Das haben wir auch in unserer Siegener Thomasmesse immer wieder erlebt.

Das Wesentliche liegt in der Mystik der Thomasmesse: der nicht verfügbaren Gegenwart Gottes, der Begegnung mit dem unsichtbaren, auferstandenen Christus, der Berührung und Heilung, der Feier des lebendigen Gottes ... Das Wesentliche ist nicht machbar. Es geht darum, den Raum offen zu halten, in dem Gott erfahren werden kann. Die Thomasmesse beginnt mit Gebet und ist ohne Gebet nicht lebendig.[67]

Genau hier wird es in der Praxis nicht selten schwierig, vor allem, wenn die Thomasmesse, wie bei uns in Siegen, übergemeindlich organisiert wird und sich auf einzelne Termine im Jahr beschränkt. Es ist eben nicht leicht, als bunt zusammengewürfeltes Team ohne sonstige Berührungspunkte eine Kultur gemeinsamer Spiritualität zu entwickeln. Die Gefahr ist groß, dass sich bei der Vorbereitung gestalterische und technische Aufgaben immer wieder in den Vordergrund schieben. Sinnvoll erscheint es von daher, die Thomasmesse einzubinden in ein Netzwerk anderer gemeindlicher oder überregionaler Angebote, wie z.B. einer Citykirchenarbeit oder einem Begegnungscafé.

Denn das Miteinander im Team und gemeinsame geistliche Erfahrungen der Durchführenden sind wichtig, um den beschriebenen

---

67 Die sogenannten „Essentials der Thomasmesse", zusammengetragen anlässlich des ersten Vernetzungstreffens der deutschen Thomasmesse-Initiativen im Jahr 1998, fassen zusammen, was das Besondere einer Thomasmesse ausmacht (siehe: Tilmann Haberer, Die Thomasmesse: Ein Gottesdienst für Ungläubige, Zweifler und andere gute Christen, München 2002, S. 37ff).

Charakter der Thomasmesse zu bewahren und weiterzuentwickeln. Die gemeinsame innere Haltung, die es ermöglicht, in einer Atmosphäre von Offenheit und Wertschätzung Erfahrungsräume für die Begegnung mit Gott zu eröffnen, muss immer wieder neu erarbeitet werden. Ein Gottesdienstangebot für „Zweifler und andere gute Christen" zu gestalten, gelingt dann, wenn ich in einem guten Kontakt mit den eigenen offenen Fragen, mit der Vorläufigkeit meines eigenen Glaubens bleibe. Dies macht eine fortlaufende gemeinsame inhaltliche Arbeit im Team der Durchführenden unverzichtbar.

Eine weitere praktische Schwierigkeit bei der Thomasmesse besteht nach unserer Erfahrung in der Auswahl geeigneter Lieder. Viele moderne Worship-Songs klingen zwar eingängig, thematisieren aber vor allem die Innigkeit der eigenen Gottesbeziehung. Wer mit einer eher fragenden oder suchenden Gestimmtheit in den Gottesdienst kommt, fühlt sich davon erfahrungsgemäß schnell überfordert oder sogar abgestoßen. Am ehesten wird man wohl bei den sogenannten „Kirchentagsliedern" fündig. Gut geeignet sind außerdem Taizé-Gesänge. Für unsere Siegener Thomasmesse hat die Musikerin Liisa Wahler, die originellerweise aus Finnland stammt, eigens ein Lied geschrieben. Es trägt den Titel „Du bist da" und ist zu einer Art „Hymne" der Siegener Thomasmesse geworden. Das Lied soll all denen Worte leihen, die sich auf der Schwelle zwischen Glaube und Zweifel bewegen. In der zweiten Strophe heißt es zum Beispiel:

Ich höre dich nach mir rufen,
spüre, du lädst mich ein,
mach mich vertraut, in deiner Gegenwart zu sein.
Ich weiß, dass du den Glauben nicht mit einer engen Skala
misst,
du lässt ihn langsam wachsen.
Auch für Zweifel gibst du Raum,
lässt die Brücke nicht verbau'n,
wie ich bin, darf ich dazugehör'n. [68]

---

68   Der Text dieses Liedes ist auf den Programmblättern der Thomasmesse Siegen nachzulesen. Diese stehen im Downloadbereich der Internetseite www.thomasmesse-siegen.de bereit.

Alles in allem: Aus den vielen Rückmeldungen, die wir im Laufe der vergangenen zehn Jahre von den Besuchern der Thomasmesse bekommen haben, schließen wir: Es ist wohl vor allem diese spezielle Mischung aus Wertschätzung, Sensibilität und freundlicher Atmosphäre, die ansprechend wirkt und Menschen ermutigt, die Sache mit dem Glauben nicht einfach abzuhaken, sondern offenzubleiben für die Begegnung mit Gott. Von daher ist es bedauerlich, dass die Thomasmesse, zumindest in Deutschland, bislang eher ein Nischenphänomen darstellt. Eine Art Sonderprogramm abseits des üblichen Gemeindelebens.

Vielleicht ist die Bedeutung solcher Freiräume für die Entwicklung eines mündigen Glaubens bei den Verantwortlichen in Kirche und Gemeinde bisher zu wenig im Blick gewesen. Die Studie „Warum ich nicht mehr glaube" hat hier den Finger in die Wunde gelegt und gezeigt, wie fatal es sein kann, wenn Glaube sich verbindet mit Zwang und Enge. Das Beispiel der Thomasmesse mag dazu ermutigen, neue Formen zu finden und zu entwickeln, in denen etwas spürbar werden kann von der Freiheit und der Weite des Evangeliums, zum Wohl der Menschen und zur Ehre Gottes.

Weiterführende Literatur

Tilmann Haberer, Die Thomasmesse. Ein Gottesdienst für Ungläubige, Zweifler und andere gute Christen, München 2002.

Heike Dreisbach *ist Referentin für Erwachsenenbildung im Evangelischen Kirchenkreis Siegen und gehörte zum Gründungsteam der Thomasmesse Siegen (www.thomasmesse-siegen.de).*

Teil 2
Auf dem Weg der Einheit und Vielfalt

Viele Interviewpartner der Studie beklagten sich über eine beklemmende Atmosphäre des Misstrauens und viel zu viele ungeschriebene Regeln, die das Zusammensein in manchen Gemeinden prägten. Statt die Vielfalt des Glaubens zu feiern, werde immer wieder versucht, Kollektivlösungen zu finden, die für alle passend sein müssten.

Die Mitmenschen in ihrer Individualität ernst zu nehmen, scheint dabei eigentlich simpel. Aber es gibt nach Angaben der Befragten zu viel menschliche Religiosität und Gesetzlichkeit und zu wenig christliche Annahme. Am deutlichsten wurde dies, wenn es um die Begriffe Gnade, Liebe, Vergebung etc. ging; hier wurde immer wieder beklagt, dass dies nur fromme Vokabeln seien, die bei abweichenden Meinungen oder Lebensweisen außer Kraft gesetzt werden.

Die Autoren dieses zweiten Teils zeigen auf, dass richtig verstandene Offenheit und Vielfalt (jenseits einer passiven Beliebigkeit) gleichzeitig bereichernd und herausfordernd sein können. Der Weg zum mündigen Glauben ist kein einsamer, sondern einer, der in Kontakt bringt mit anderen, ganz unterschiedlich geprägten Menschen. Auch das Leben in einer pluralistischen Gesellschaft kann dafür positive Impulse geben.

Bei vielen Dekonvertiten ging die Erfahrung einer Enge mit einer Einheitskultur einher. Sie erlebten, dass in ihrer Gemeinde nur eine spezifische Art und Weise zu glauben als die richtige galt. „Verdächtige Vielfalt?" ist daher der Titel des Beitrags von **Peter Aschoff**. Er fragt sich, wie es zu dieser Monokultur kommt, welche Rolle dabei die pluralistische Gesellschaft spielt, was für und was gegen mehr Vielfalt in unseren Gemeinden spricht und wie diese Einheitskulturen verändert werden können.

Die beiden Soziologinnen **Michaela Baumann** und **Eleonore Eich** nehmen uns mit auf eine Denkreise zum Thema „Die Freiheit des Glaubens und die Grenzen der Gemeinde – soziologische Perspektiven". Sie stellen sich die spannende Frage, was für Auswirkungen die gesellschaftlichen Veränderungen auf die Strukturen in unseren christlichen Gemeinschaften haben. Anhand der Thesen des Religionssoziologen Peter L. Berger machen sie deutlich, dass der gesellschaftliche Pluralismus mehr Auswirkungen auf religiöse Gruppen hat, als diese gemeinhin selbst wahrnehmen. Diese können dann die Grundlagen für Machtmissbrauch und strukturelle Fehlentwicklungen sein. Wie dies umgangen werden kann, zeigen sie am Ende ihres Beitrags.

Das Thema geistlicher Missbrauch kam in unserer Studie häufiger vor, und es wurde dabei deutlich, dass es nicht nur an Personen liegt, sondern auch an Strukturen und Theologie. Gerade im Weltbild des religiösen Fundamentalismus kann man sich in einer unsicheren Welt beschützt fühlen, was jedoch immer auf Kosten der eigenen Mündigkeit geht. **Michaela Baumann** klärt in ihrem Beitrag „Auf der Suche nach Schutz und Anerkennung – über die unheilige Beziehung zwischen geistlichem Missbrauch und religiösem Fundamentalismus", was geistlicher Missbrauch überhaupt ist, welche Rolle religiöser Fundamentalismus dabei spielt und warum der für manche Christen sogar attraktiv ist.

Christina Brudereck beschreibt in ihrem Artikel „Reisen, zweifeln, staunen – wie mein Glaube sich entwickelt hat" ganz persönlich, wie es dazu kam, dass ihr Glaube gewachsen und gereift ist, und welche Rolle dafür das Fremde und Andere spielte. Sie berichtet von Reisen, existenziellen Fragen und davon, wie sie Grenzen erlebt und überwunden hat. Auch berichtet sie von Momenten des Staunens, aber auch des Scheiterns und wie sie weitergefragt und so zu einem noch tieferen Vertrauen gefunden hat.

Was in einer Gemeinde geschehen kann, wenn man Vielfalt im Glauben nicht als Bedrohung, sondern als Chance wahrnimmt und diese bewusst zulässt und fördert, zeigt **Heinrich Christian Rust** in seinem Beitrag „Gemeinde und Vielfalt – Chancen und Grenzen". Er berichtet von Erfahrungen in seiner Gemeinde entlang der fünf Bereiche spirituelle Kultur, Gemeinschaft, evangelistisches Christuszeugnis, sozial-diakonisches Zeugnis und Lehre.

Wie können wir am Fremden uns selbst erkennen? Dieser Frage geht **Bianca Dümling** in „Kulturelle Vielfalt als Chance und Herausforderung" nach. Neben der Darstellung der gesellschaftlichen und kulturellen Umbrüche argumentiert Dümling von der Bibel her und zeigt anhand der ersten Gemeinde in der Apostelgeschichte auf, dass christliche Gemeinschaft von Anfang an interkulturell war. Ganz praktisch beschreibt sie dann, wie es aussehen kann, wenn man voneinander lernt und so den eigenen Glauben weiterentwickelt.

In der Praxisidee „Zeit des Meisters" berichtet noch einmal **Christina Brudereck** von einem offenen Angebot für spirituell suchende Menschen. Diese werden eingeladen, sich auf Fremdes, ihnen Unbekanntes einzulassen, und dies auf eine Weise, die vielleicht manche Christen zunächst befremdet. Genau deshalb ist es eine Einladung an die LeserInnen, sich inspirieren zu lassen.

Verdächtige Vielfalt?

Peter Aschoff

*„Jenseits von Richtig und Falsch liegt ein Ort,
dort treffen wir uns."*

Dschalal ad-Din ar-Rumi

Ein Jahr vor dem Ausbruch des Dreißigjährigen Krieges, des letzten und verheerendsten Religionskrieges auf dem europäischen Kontinent, schrieb der Kroate Marko Gospodnetić, besser bekannt als Markantun de Dominis, damals Erzbischof von Split: „Omnesque mutuam amplecteremur unitatem in necessariis, in non necessariis libertatem, in omnibus caritatem." Dieser Satz ist als griffige Formel in die Kirchengeschichte eingegangen: „Im Notwendigen herrsche Einmütigkeit, im Zweifelhaften Freiheit, in allem aber Nächstenliebe." Sein jesuitischer Autor legte das Bischofsamt im Streit nieder, lehrte später in Oxford und Cambridge, bis er nach seiner Rückkehr von der Insel von der Inquisition verhaftet und bis zu seinem Lebensende in der Engelsburg eingesperrt wurde. Seine Bücher wurden nach seinem Tod 1624 verbrannt.

Ein solches Schicksal zeigt, dass es zu allen Zeiten die Versuchung gab, die notwendige Einheit zu erzwingen und die Liebe dabei zu vergessen beziehungsweise den Zwang als eine besonders „taffe" Form der Liebe auszugeben. Wie der dreigliedrige Spruch auch schön zeigt, ist der Ausschluss jeglichen Zweifels (oder psychologisch ausgedrückt: aller *Ambivalenz*) dabei oft das entscheidende Motiv: Es hat in möglichst allen Bereichen maximale Eindeutigkeit zu herrschen.

Funktionieren kann dies nur da, wo christliche Kirchen und Gemeinschaften über äußere oder innere Druckmittel verfügen, mit denen sie ihre „Schäfchen" (!) bei der Stange halten. Heute gelingt das nur noch über psychische Manipulation: indem man Feindbilder errichtet, Ängste und Vorurteile schürt, das Vertrauen der Menschen in das eigene Urteil schwächt und unkritische Loyalität einfordert.

Folglich sehen wir heute ebenjene ambivalente Entwicklung: Homogene Gruppen mit einem sehr „klaren" Profil (dazu zählen unter anderem auch manche Gemeindegründungen in der aufregenden Pionierphase) wirken oft ungemein anziehend auf Menschen.[69] Zugleich fliehen viele spätestens dann aus der Enge, die anfangs so viel Geborgenheit vermittelte, wenn sie die „Klarheit" in einen Konflikt stürzt, der nicht mehr aufzulösen ist. Auch hier spielt der Umgang mit Ambivalenzen eine Rolle. Das Scheitern einer Ehe zum Beispiel ist immer schlimm, aber wenn ein Gemeindepfarrer den Eindruck erweckt, „richtigen" Christen könne so etwas ja nicht passieren, ist es eine doppelte Katastrophe für die Betroffenen. Es potenziert den Schmerz und die Scham, die das Scheitern ohnehin schon mit sich bringt.

Ein normiertes Einheitschristentum?

Für viele, vor allem konservative Christen ist der zunehmende Pluralismus unserer Gesellschaft ein Reizthema. Das Fremde und Abweichende wird als Gefahr erlebt, nicht als Bereicherung. Wirklich bedrohlich ist freilich nicht die Andersartigkeit der anderen, sondern eine Gesellschaft, die immer weniger bereit ist, für ihre schwächeren Mitglieder zu sorgen, die sie nur noch als Kostenfaktor wahrnimmt und mit Verachtung behandelt. Wir alle leben in einer „Risikogesellschaft". Ständig werden uns Entscheidungen zugemutet und abverlangt, aber es gibt keine Garantie, dass der eingeschlagene Weg (in Beruf, Partnerschaft, aber eben auch in der Wahl religiöser Zugehörigkeit) zum anvisierten Ziel eines erfüllten Lebens führt. Zygmunt Bauman nennt das „die bittere Erfahrung [...] eines aus riskanten Entscheidungen bestehenden Lebens – stets unter dem Zwang, auf bestimmte Chancen zu setzen und andere zu vergeben; es ist die Erfahrung der jeder Entscheidung innewohnenden unabänderlichen Ungewissheit; der unerträglichen, weil mit niemandem geteilten Verantwortung für die unbekannten Konsequenzen jeglicher Wahl; der

---

69 „Es gewinnt, wer sich abgrenzt, weltweit. In Afrika, Lateinamerika und den Ländern Asiens ist das so – weil Abgrenzung und Profilschärfe im Kampf der Religionen um Menschen, Einfluss und geistige Ressourcen die größte Durchschlagskraft erzielen. Im reichen Westen ist das so – weil untergeht, wer sich nicht unterscheidet." M. Drobinski, SZ online vom 8.4.2012.

beständigen Furcht, sich die Zukunft und bisher nicht vorstellbare Möglichkeiten zu verbauen"[70].

In den letzten Jahren habe ich viel Zeit mit Menschen verbracht, die sich aus der Enge ihrer Glaubensrichtung gelöst haben. Manche haben nach einer Phase der Trauer und der Suche wieder in einer christlichen Gemeinschaft Fuß gefasst, andere sind auf Distanz geblieben. Der verlorene Glaube hinterlässt einerseits eine schmerzliche Lücke, anderseits führt kein Weg mehr zurück in die gefühlte Sicherheit des beschränkten Horizonts.

Es gibt freilich auch recht schwache Argumente für mehr Vielfalt in der Kirche: Wenn nach dem Motto „Jedem Tierchen sein Pläsierchen" Glaube und Spiritualität individualistisch in mehr oder weniger populäre Geschmacksrichtungen unterteilt werden, aus denen man sich mit allerlei Tests und Beratungsangeboten den persönlichen Mix zusammensucht, dann ist das mehr Marketing als geistliche Begleitung, mehr Anpassung als Widerstand gegen den totalen Konsum, mehr Rosinenpicken als Nachfolge.

Zu den starken Argumenten hingegen zählt die Beobachtung, dass Christen immer schon eine „hybride" Identität hatten: Sie „gehörten" an ihren sozialen Ort, aber nie vollständig, denn sie verstanden sich auch als Bürger des Reiches Gottes, das nie auf einen Ort, Menschenschlag und Stallgeruch begrenzt werden kann. Als solche Mischwesen können sie an den „Rudelkämpfen"[71], die in unseren Gesellschaften so häufig ausbrechen und eskalieren, nicht mehr teilnehmen.

Es gibt in der Theologie eine geistlose Christozentrik, die auf eine Uniformierung des Glaubens hinausläuft und einen Hang zum Totalitären oder Selbstbezüglichen aufweist. Schon Karl Barth verwies an dieser Stelle auf den Heiligen Geist: „Der Heilige Geist ist nun

---

70   Zygmunt Bauman, Unbehagen in der Postmoderne, Hamburg 1999, S. 326.
71   „Die traditionelle Definition von ‚Frieden' bezieht sich auf den Frieden zwischen Rudeln oder Klans, und so ist ‚Stammesgefühl' vielleicht die gefährlichste unserer Sünden. Es zersetzt uns tief im Wesen. Trotzdem wird Schwarmidentität fast überall als Tugend angesehen. […] Ich will damit nicht sagen, dass alle Kulturen und Glaubensbekenntnisse gleich sind, sondern dass es eine Gefahr gibt, die uns gemein ist, weil sie in unserer Natur liegt, und die wir abzuwehren lernen müssen. Die Loyalität gegenüber dem Rudel wird immer wieder mit Tugend verwechselt, obwohl – besonders wenn! – Menschen sich selbst als Rebellen sehen. Es tritt immer Rudel gegen Rudel an." Jaron Lanier in der Rede zum Friedenspreis des deutschen Buchhandels 2014.

92

einmal kein Gleichmacher. Und so kann die christliche Gemeinde, auch ganz abgesehen von der natürlichen Individualität ihrer Angehörigen und von deren Gefahren, keine Kaserne, können ihre Angehörigen nicht deren uniformierte Bewohner, kann ihr Tun nicht die Ausführung eines ihnen allen gleichmäßig eingedrillten Manövers sein."[72]

Das spirituelle Gegenbild zum normierten Einheitschristentum hat Madeleine Delbrêl im kritischen Blick auf den Rückzug vieler Katholiken aus der säkularen Gesellschaft zur Behauptung einer „reinen" Identität so formuliert: „Die Evangelisierung der Welt, ihr Heil ist die eigentliche Berufung der Kirche. Sie ist unaufhörlich auf die Welt hin ausgespannt, strebt zu ihr hin wie die Flamme zum Stroh. Aber diese Spannung wäre eine Überforderung für jemanden, *der nichts weiter als er oder sie selbst sein wollte.*"[73] Überall da, wo Christen in ihrem Alltag oder in ihrem gesellschaftlichen Engagement mit Menschen zusammenkommen und -arbeiten, die völlig anders denken und glauben, wird es für sie immer schwerer, deren Standpunkte ausschließlich unter der Rubrik „Irrtum", „Unglaube" oder „Lüge" zu verbuchen. So beginnt häufig ein Dialog, in dessen Verlauf viele entdecken, dass auch ihre eigenen Überzeugungen nicht so selbstverständlich sind, wie es den Anschein hatte.

Unverstellte Wahrnehmung

Der Glaube verändert sich nicht nur mit dem Lebensalter, sondern auch durch die immer vielfältigeren Lebenswege, die Menschen zurücklegen. Wo Klarheit im Sinne der ausschließenden Differenz verstanden wird, sind Kollisionen der Einzelnen mit den Werten und Regeln der Gruppe programmiert.

Vor einer Weile sprach ich mit der Referentin eines deutschen Bistums über eine Aufbruchsbewegung am Rand ihrer Kirche mit einem solch „scharfen" Profil und zum Teil schroffen Abgrenzungen. Ihre begründete und verständliche Kritik war, dass die dort propa-

---

72 Kirchliche Dogmatik IV, 3, S. 981.
73 Madeleine Delbrêl, Deine Augen in unseren Augen. Die Mystik der Leute von der Straße, hrsg. v. Annette Schleinzer, München, Zürich, Wien 2014, S. 214 (Hervorhebung von mir).

gierten Formen, plakativen Gewissheiten und die Intensität der Turbo-Frömmigkeit nicht nachhaltig genug waren. Sie wirkten attraktiv auf bestimmte Altersgruppen und in bestimmten Lebensphasen, ließen aber kaum Raum für Abweichungen, notwendige innere Distanzierungen und die ganz normalen Schwankungen, denen Menschen in ihrem Glaubensleben eben auch unterliegen. Wenn aber Zweifel oder Müdigkeit nur als Sünde oder Defizit thematisiert werden, wenn die Begeisterung der Frischverliebten oder Konvertiten das Maß aller Dinge ist und nicht darüber gesprochen werden kann, dass der Weg zu einer reifen Liebe immer auch den Verlust des anfänglichen Gefühlsrausches erfordert, dann bleibt auf Dauer nur die Alternative von Kampf oder Rückzug.

Was kann man anders machen? Immerhin geht es ja darum, die Kultur einer ganzen Gruppe von Menschen zu verändern. Dazu muss ein klares Signal der Verantwortlichen kommen, das zum Gespräch ermuntert, noch konkreter: zum guten Zuhören und vorsichtigen Urteilen. Oft haben ja die Hauptamtlichen schon lange ihre eigenen Fragen und Zweifel, die sie allerdings nie äußern, weil sie fürchten, die Gemeinde würde das nicht verkraften. Und auch wenn das gelegentlich zutrifft, gibt es viele Fälle, wo ein solches Eingeständnis die Tür zu größerer Weite öffnet.

Wo aber jeder Verlust von Gewissheiten zu Panik, Sprachlosigkeit oder Druck auf den Zweifler führt, da wird es schwer. Der erste Schritt zu mehr Gelassenheit besteht darin, das eigene Urteil möglichst lange zurückzustellen. Richard Rohr hat es gelegentlich als „nonduales Denken" bezeichnet und meint damit eine Lebenshaltung, die nicht sofort alles in Richtig und Falsch, Gut und Böse, Freund und Feind oder auch Gewinner und Verlierer einteilt, sondern sich um eine möglichst unverstellte Wahrnehmung bemüht. Ich denke dann oft an eine Zeile aus dem Song „Kinderleicht" von Purple Schulz: „Es ist, wie es ist, nicht hin oder her; nicht entweder oder, nicht weniger, nicht mehr; es ist, wie es ist, nicht ihr oder wir; es ist, wie es ist, es ist da, es ist hier."

Brian McLaren vertieft diese Haltung noch etwas in seinem Buch „Naked Spirituality": „Nicht, dass alles gut wäre. Weit gefehlt. Niemand [...] würde das sagen. Es gibt aber in allem etwas Gutes, oder das Potenzial, aus allem etwas Gutes zu machen. Nicht, dass alles gleich wäre. Weit gefehlt. Aber alles unterscheidet sich und gehört zugleich auch zusammen, alles kann erlöst, alles kann vergeben werden. Nicht, dass alles relativ wäre, ohne feste und festgelegte Identität, aber alles ist verwandt, also ist seine Identität irgendwie verwoben mit der Identität von allem anderen."[74] Wenn wir zu schnell urteilen und ausschließen, dann vergeben wir unzählige Möglichkeiten zum Guten.

In Paul Watzlawicks „Anleitung zum Unglücklichsein" ist von der Neigung vieler Menschen die Rede, Probleme dadurch zu lösen, dass man bekannte Strategien mit größerem Aufwand betreibt. Unsere bewährten Lösungen (das gilt auch in der Kirche) sind Anpassungsleistungen. Ändern sich die Bedingungen, dann funktionieren manche Lösungen irgendwann nicht mehr. Da wir jedoch dazu neigen, bewährte Lösungen als die *einzig möglichen* zu betrachten, verdoppeln wir eher die Anstrengung, als über andere Lösungswege nachzudenken. Beten ist prinzipiell eine gute Sache. Wenn man einem Zweifelnden allerdings nahelegt, seine Zweifel wegzubeten (womöglich um der eigenen Ratlosigkeit und anstrengenden Gesprächen aus dem Weg zu gehen), da wird das oft scheitern.

Großartige Ressourcen

Viele der Anpassungen, die es Christen ermöglicht haben, in der modernen Gesellschaft zu leben, sind heute, in der Krise der Moderne, an ihre Grenzen gekommen. Die persönlichen und institutionellen Krisen werden wir nicht durch „mehr desselben" lösen, sondern durch neue Anpassungen. Vielleicht sind diese Lösungen auch gar nicht so neu, wir haben sie bisher nur nicht zur Kenntnis genommen oder näher betrachtet. Die Schätze der Ökumene und der Geschichte sind zum Beispiel eine großartige Ressource. Wenn jemand mit der Vorstellung von der Erbsünde oder dem Sühnetod (oder genauer: dem „stellvertretenden Strafleiden") Christi Schwierigkeiten hat, dann tut es gut, zu entdecken, dass die Ostkirche Sünde als eine Art Krankheit und Erlösung als ein Heilwerden versteht, in dem Brot und Wein beim Abendmahl (und damit natürlich auch die Gemeinschaft

---

74 Übersetzt nach Brian McLaren, Naked Spirituality. A Life With God in 12 Simple Words, London 2011, S. 240.

um den Tisch des Herrn) als Heilmittel gelten. Plötzlich erscheint Gott als Arzt und Heiler und nicht als zorniger Potentat und gestrenger Richter.

Wem das zu exotisch ist, der kann es auch mit Martin Luther versuchen, der in seinem Freiheitstraktat vom „fröhlichen Wechsel" spricht und darin auf mystische Traditionen zurückgreift, die an den Film „Pretty Woman" erinnern, und man muss sich das ansteckende Lachen von Julia Roberts unbedingt dazu denken, wenn er schreibt: „Ist das nun nicht ein fröhlicher Hausstand, wo der reiche, edle, rechtschaffene Bräutigam Christus das arme, verachtete, böse Hürlein zur Ehe nimmt und sie von allem Übel befreit, mit allem Guten schmückt?"

Die Zweifel und Anfragen der anderen sind für mich – als Leiter, als Theologe, als glaubender Mensch – ein Geschenk. Sie führen mich geistlich auf neues, ungewohntes Terrain. Sie eröffnen mir die Chance, mich selbst auf den Weg zu machen und zu wachsen, während ich andere einen Abschnitt ihres Weges begleite. Ergebnisoffen – ohne vorab die Erfolgsaussichten zu bewerten oder überhaupt zu wissen, was „Erfolg" in einer solchen Situation bedeutet – und genau in dieser Offenheit und Verletzlichkeit auch authentisch. Das ist das Geschenk, das ich anderen machen kann. Schön auf den Punkt gebracht hat das Parker Palmer:

„Authentische Spiritualität will uns öffnen für die Wahrheit – was auch immer die Wahrheit ist, wohin auch immer die Wahrheit uns führt. Eine solche Spiritualität diktiert nicht, wohin wir gehen müssen, sondern vertraut darauf, dass jeder Weg, den wir mit Integrität gehen, uns zu einem Ort der Erkenntnis führt. Eine solche Spiritualität macht uns Mut, Vielfalt und Konflikt zu begrüßen, Ambivalenz auszuhalten und das Paradoxe anzunehmen."[75]

Peter Aschoff ist evangelischer Theologe. Er lebt in Erlangen und gehört zum Leitungsteam von ELIA, einer experimentellen Gemeinde in der Evangelisch-Lutherischen Kirche. Er bloggt zum Thema Glaube und Gesellschaft seit nunmehr zehn Jahren unter www.elia-erlangen.de/wordpress.

---

75 Parker J. Palmer, To Know As We Are Known. A Spirituality of Education, New York 1999, S. 67.

Die Freiheit des Glaubens und die Grenzen der Gemeinde – soziologische Perspektiven

Michaela Baumann und Eleonore Eich

Nachdem ich (Michaela) die Geschichten aus dem Buch „Warum ich nicht mehr glaube" gelesen hatte, war ich nicht überrascht. Ich kenne nämlich sehr viele solcher Biografien aus erster Hand, und ich könnte selbst eine in einem ähnlichen Stil erzählen. Außerdem gibt es aus soziologischer Sicht sehr viele Ähnlichkeiten bei den scheinbar so unterschiedlichen religiösen (Ausstiegs-)Biografien. Deswegen entschied ich mich, zusammen mit meiner Freundin und ehemaligen Kommilitonin Eleonore Eich eine Art Kommentar zu den Interviews mit „Entkehrten" zu schreiben. In unserem gemeinsamen Studium der Soziologie und der Religionssoziologie haben wir viel über die Bedingungen und Grenzen der Religion und des Glaubens in unserer heutigen Zeit nachgedacht und diskutiert. Da sie, anders als ich, aus einer liberalen landeskirchlichen Gemeinde kommt, hat der Austausch unserer unterschiedlichen Erfahrungen unsere Gespräche und das Wissen um die vielfältigen Möglichkeiten von Gemeinde und Glaubenspraxis sehr bereichert.

Es ist für uns sehr wahrscheinlich, dass religiöse Gruppen mit bestimmten strukturellen Merkmalen (die wir im Laufe dieses Artikels erläutern werden) in vielleicht irritierender Regelmäßigkeit eine schmerzhaft große Zahl ihrer erwachsenen Kinder nicht in Übereinstimmung mit ihrem Glauben halten können. Man wird nie verhindern – und wir möchten sagen, Gott sei Dank –, dass Menschen an den Punkt kommen, an dem sie den Glauben an den christlichen Gott aufgeben.

Die Glaubensfreiheit ist ein entscheidender Bestandteil unserer demokratischen und freiheitlichen Gesellschaft. Dennoch wissen wir, dass die Abkehr vom Glauben, oftmals dem Glauben der Kindheit und dem der eigenen Familie, meist ein einsamer und schwerer

Weg ist und selten als anregender Emanzipationsprozess erlebt wird. Für die Familien und die Gemeinden der Entkehrten ist dieser Prozess oft nicht nachvollziehbar und zudem häufig begleitet von großen Ängsten. Die Entkehrten entscheiden sich eben nicht für eine abweichende politische Orientierung, gegen eine Übernahme des Familienbetriebes etc. – sie entscheiden sich in den Augen ihres Umfeldes (Familie, Freunde, Gemeinde) potenziell gegen ein jenseitiges Leben im Himmel und für ein ewiges „Schmoren in der Hölle". Dies dramatisiert diesen Prozess erheblich und führt dazu, dass sich Beziehungen entscheidend verändern.

Beziehungen enden, werden unehrlich und man spielt sich etwas vor; Kontakte werden schwierig. Aus unserer Sicht – und meine (Michaelas) Erfahrungen bestätigen dies – können wir sagen, dass alle Beteiligten über so eine Situation nicht glücklich sind. Und wenn alle nicht glücklich sind, gibt es vielleicht genug Motivation, um an den Strukturen zu arbeiten, damit Kinder und Gemeindemitglieder nicht gehen müssen, sobald sie anfangen, ehrlich mit sich und mit ihrem Umfeld zu sein. Aus dieser Motivation heraus schreiben wir diesen Artikel.

Aus religionssoziologischer Sicht lässt sich folgende These aufstellen, um das Phänomen der „Entkehrung" zu erklären: Menschen müssen eine soziale Gruppe (z.B. eine Gemeinde) bzw. eine soziale Wirklichkeitskonstruktion (z.B. „Glaube" – aus soziologischer Sicht eine soziale Konstruktion von Wirklichkeit) verlassen, wenn a) der soziale Konsens innerhalb dieser Wirklichkeit nicht mit ihrem individuellen Erleben, Fühlen und Denken übereinstimmt und/oder b) eine zu starke soziale Kontrolle innerhalb einer Gruppe ausgeübt wird und dies dauerhaft als einschränkend erlebt wird. Das wollen wir uns nun näher ansehen.

Plausibilitätsstrukturen in einem pluralistischen Umfeld

Der Religionssoziologe Peter Berger[76] beschreibt, dass alle menschlichen Erfahrungen nur als Traditionen in organisierter Art und Weise gepflegt und z.b. an eine nächste Generation weitergegeben werden können. Religion und religiöse Erfahrungen stehen dabei einigen Herausforderungen gegenüber: So besteht eine Schwierigkeit in der Tatsache, dass religiöse Erlebnisse übernatürlich (transzendent) und somit außerhalb der Alltagswelt erfahren werden. Menschen bauen aber, auch aufgrund ihrer individuellen und kollektiven religiösen Erfahrungen, Traditionen auf. Die Übertragung und Übersetzung der übernatürlichen Erfahrungen in die Alltagswelt führt dabei fast zwangsläufig zu Veränderungen und Verzerrungen des Erlebten. Religiöse Institutionen setzen sich deswegen ihre eigenen Autoritäten, welche die übernatürlichen Erfahrungen lenken und bewerten – jemand muss schließlich entscheiden, was zu einer Tradition und an die nächste Generation weitergegeben wird. Traditionen werden dadurch zu religiösen Maßstäben. Das Außerweltliche, das „Heilige", wird in Form von Ritualen, Büchern, Institutionen und Ämtern für den alltäglichen Zugang geöffnet und kann so auch bewertet werden. Dadurch kann entschieden werden, was als legitimer Ausdruck einer religiösen Erfahrung gilt und was nicht. Dies ist ein Entwicklungsschritt, den jede religiöse Gruppe durchlaufen muss, wenn sie dauerhaft Bestand haben will. Eine Gruppe einigt sich somit auf einen sozialen Konsens, einen großen gemeinsamen Nenner, den alle Gruppenmitglieder teilen (müssen).

In religiösen Gruppen sind dies ganzheitliche Erklärungsmuster bezüglich des Lebenssinns. Beispielsweise enthält fast jeder religiöse Konsens nachvollziehbare Antworten auf die Frage nach dem „Leid" (Theodizee-Frage). Eine religiöse Gruppe hat also einen hohen Anspruch an ihren sozialen Konsens. Der geteilte soziale Konsens muss den Menschen plausibel erscheinen, er muss für sie im wahrsten Sinne des Wortes *Sinn machen*. Wenn der soziale Konsens keinen Sinn mehr macht, ist die Legitimierung der religiösen Autoritäten gefähr-

---

76 Peter L. Berger, Der Zwang zur Häresie – Religion in der pluralistischen Gesellschaft, Frankfurt am Main 1980.

det. Und wenn ein sozialer Konsens auf kollektiven Erinnerungen – statt auf eigenen Erfahrungen – beruht, ist er besonders durch sozialen Wandel gefährdet.

Säkularisierung und Pluralisierung üben intellektuellen Druck auf religiöse Denker aus. Jeder religiöse Konsens muss einen Weg finden, sich gegenüber den vielen alternativen Sinnstrukturen zu behaupten. Berger beschreibt, dass es für das religiöse Denken in der Moderne drei grundlegende Wahlmöglichkeiten gibt: die deduktive, die reduktive und die induktive Option. Die *deduktive* Option beschreibt die Bekräftigung einer religiösen Autorität im Hinblick auf die moderne Säkularisierung. Dies bedeutet konkret: Allen anderen Meinungen zum Trotz entscheide ich mich, einer Autorität zu folgen. Auf diese Weise verfestigen sich bewährte Gültigkeitskriterien. Die *reduktive* Option impliziert eine Uminterpretierung der religiösen Inhalte im Sinne der Säkularisierung. Ein Vorteil besteht hierbei in der Verminderung kognitiver Dissonanzen, wobei gleichzeitig stets eine Auflösung der Tradition oder zumindest ihrer Inhalte folgt. Was bei der deduktiven Option ein autoritäres Beharren auf dem Wahrheitscharakter einer bestimmten Tradition darstellt, ist in der reduktiven Option eine Festlegung der legitimierten Deutungsmuster übernatürlicher Erfahrungen innerhalb der Grenzen des säkularen Denkens.

Die *induktive* Option besteht darin, das autoritäre Moment aus der Tradition und Institution herauszunehmen, indem die übernatürliche, aber subjektive Erfahrung zur Autorität wird. Traditionen werden dabei als historische Reflexionen (und damit auch als Beweissysteme) auf übernatürliche Erfahrungen behandelt. Schwierig an der induktiven Option ist, dass ihr Umgang mit Wahrheit das menschliche Bedürfnis nach Sicherheit auf eine harte Probe stellt, da man sich an keinen festgelegten tradierten (und damit stabilen) religiösen Legitimationen orientieren kann. Das Individuum muss aus sich selbst, das heißt aus seinen subjektiven Erfahrungen, Gewissheit hinsichtlich der Plausibilität der religiösen Legitimation beziehen. Trotz dieser Schwierigkeit beschreibt Berger die induktive Option als den produktivsten Weg im Umgang mit den Herausforderungen der Moderne.[77]

---

77 Vgl. Peter L. Berger, Der Zwang zur Häresie, S. 76ff.

Die deduktive Option

In diesem Artikel interessieren uns zunächst vor allem Bergers Er-
läuterungen über die inhaltliche Gestaltung einer deduktiven Option von religiösem Denken in der Moderne, da wir der Meinung
sind, dass die meisten der interviewten Entkehrten sich von einem
Glaubenskontext abwenden, der einen deduktiven Umgang mit der
Moderne pflegt. Diese Option ist attraktiv, weil der Mensch heute
seinen Alltag selbst als tendenziell ernüchternd und vereinsamend
wahrnimmt, da alles, was er erlebt, an was er glaubt und woran er
sich hält, letztendlich relativ und instabil ist und er das auch weiß.
Dieser Aspekt der Säkularisierung innerhalb der Moderne wird als
einschränkend erlebt und kann zu neuen Bekräftigungen religiöser
Autoritäten führen.

Die deduktive Option geht auf Sehnsüchte nach Sicherheit und
Geborgenheit ein, welche in der modernen Gesellschaft oft unbe-
friedigt bleiben. Die Schwierigkeit liegt allerdings in der beständigen
Aufrechterhaltung ihrer Plausibilitätsstrukturen, da der Alltag eines
jeden Menschen durchdrungen ist von der Präsenz des Pluralismus.
Schule, Nachbarsfamilie, Bibliothek, Fernsehen – überall bieten sich
dem Mitglied einer Glaubensgemeinschaft alternative Sinnangebo-
te. Soziale Kontrolle und die Sicherstellung eines gemeinsamen sozialen Konsenses sind normalerweise die hauptsächlichen Prozesse
zur Stabilisierung der Plausibilität einer Gruppe. Religiöse Inhalte
müssen den Menschen in ihrem Alltagsleben präsent bleiben. Dies
geschieht in Form von Ritualen, welche sich sowohl auf der Hand-
lungsebene als auch auf der Kommunikationsebene abspielen. Diese
erinnern die Menschen regelmäßig an „das Heilige", und gleichzeitig erschaffen es die Menschen auf diese Weise immer wieder neu.
Somit existiert ein dialektisches Verhältnis zwischen der religiösen
Handlung und der religiösen Ideologie.[78]

Um die Plausibilitätsstrukturen in einem pluralistischen Umfeld
zu erhalten, neigen deduktiv orientierte Gruppen aus religionssoziologischer Sicht verstärkt zum Sektierertum, also zur Abschottung
von der Welt. Soziale Kontrolle mit dem Ziel der Abgrenzung kann

---

78   Vgl. Peter L. Berger, Zur Dialektik von Religion und Gesellschaft. Elemente einer
     soziologischen Theorie, Frankfurt am Main 1973.

zum Beispiel bedeuten, dass man seine Mitglieder dazu bringt, nicht zu viel Zeit mit Menschen zu verbringen, die den sozialen Konsens nicht teilen. Dies kann relativ harmlos aussehen, zum Beispiel durch leise Ermutigungen, sich die engsten Bezugspersonen (wie den eigenen Partner) aus der eigenen Gemeinde zu suchen und regelmäßig in den Gottesdienst zu gehen. Es kann aber noch deutlichere Abgrenzungsorientierungen zur säkularen Welt „da draußen" geben. Ich (Michaela) kenne Geschichten von Jugendlichen, die von Eltern oder Gemeindemitgliedern vor dem potenziell zu intellektuellen Studium gewarnt wurden oder vor anderen säkularen Einflüssen der modernen Gesellschaft, seien dies moderne Musik, Literatur, Philosophie oder – fast am schlimmsten – liberale Theologie.

Diese soziale Kontrolle ist angstgesteuert: Die Eltern oder Gemeindemitglieder haben die (begründete) Angst, dass der eigene soziale Konsens nicht mehr plausibel erscheint, wenn das Kind erst mal die frische Luft der weiten Welt schnuppert. Anstatt es aber vertrauensvoll darauf ankommen zu lassen und den sozialen Konsens auf die berechtigte Zerreißprobe zu stellen, wird dem Kind Angst gemacht, das eigene Seelenheil zu gefährden.

Doch die soziale Kontrolle einer religiösen Institution kann noch autoritärer aussehen: Wenn der soziale Konsens es zulässt, besitzen religiöse Autoritäten nahezu unbeschränkte Macht und Meinungshoheit bezüglich der Ausrichtung und Interpretation der Lebensethik ihrer Mitglieder. Es gibt die verschiedensten Spielarten, wie Mitglieder einer religiösen Gruppe die Möglichkeit der gegenseitigen sozialen Kontrolle für Manipulation, Machtspiele und Unterdrückung nutzen.

Warum akzeptieren Menschen diese soziale Kontrolle, diese Abschottung von Menschen, die nicht den sozialen Konsens teilen? Mit Bergers Worten: „Ein Widerstand (...) gegen eine religiös legitimierte Welt ist für den Einzelnen zusätzlich mit den Schreckensbildern eines Bündnisses mit den dunkelsten und schädlichsten Mächten des Universums verbunden."[79] Mit einem Aufstand gegen die Ratschläge der religiösen Gruppe sind existenzielle Ängste verknüpft. Die betroffenen Menschen wären nach einer Loslösung potenziell einsam

---

79   Peter L. Berger, Zur Dialektik von Religion und Gesellschaft, S. 39.

und zurückgeworfen in die Bedrohungen der Welt, welche ihnen verteufelt worden ist. Die Kosten und Risiken für ein Individuum, einen solchen Schritt zu wagen, sind dementsprechend sehr hoch und die religiös legitimierte Ordnung ist somit im Wesentlichen geschützt. „Wenn die gesellschaftlich definierte Welt mit der letzten Wirklichkeit des Universums identifiziert wird, dann wird ihre Leugnung zu Bosheit und Wahnsinn."[80]

Unserer Meinung nach erzählen die meisten Entkehrten davon, dass der soziale Konsens ihrer religiösen Herkunftsgruppe ihnen ab einem bestimmten Punkt ihrer Biografie nicht mehr plausibel erschien. Insbesondere bei einem deduktiven Umgang mit der Moderne hat die Gruppe viel Potenzial dazu, mit dem pluralistischen sozialen Konsens der modernen Gesellschaft zu kollidieren, sei es aus intellektueller, struktureller oder ethischer Perspektive.

Es finden sich nun viele verschiedene Varianten, wie dieser Abgrenzungsprozess aussehen kann. Zum einen kommen Menschen einfach an den Punkt, nicht mehr zu glauben, und finden dies auch nicht weiter schlimm. Vielleicht belächeln sie die eigene Vergangenheit, können aber problemlos ohne den Glauben weiterleben. Dies ist vor allem dann der Fall, wenn Menschen keine wichtigen Beziehungen beim Austritt aus der Glaubenswelt verlieren. Probleme treten in erster Linie dann auf, wenn Entkehrte das Gefühl haben, sich gegen den Widerstand der Eltern oder anderer sozialer Autoritäten freikämpfen zu müssen, um ihrem eigenen Denken und Fühlen treu zu bleiben. Wenn sie durch Angst vor der Welt zur sozialen Abschottung ermutigt oder durch religiös legitimierte soziale Kontrolle in ihrer persönlichen Integrität verletzt wurden, können sie sich um Jahre ihres Lebens betrogen fühlen.

Es kann (und soll) unseres Erachtens nach nie vermieden werden, dass Menschen den Glauben ihrer Kindheit verlieren oder sich von ihm lösen. Eine Glaubensgemeinschaft muss daher entscheiden, wie schwer es ihr sozialer Konsens einem jungen Menschen macht. Damit er in einem pluralen Umfeld plausibel bleibt, muss er langfristig in Einklang mit dem individuellen Denken und Fühlen bleiben. Der Griff zu einer Verschärfung der sozialen Kontrolle unter dem

---

80 Ebd.

Deckmantel der Fürsorge geschieht oft zu schnell, genauso wie die Methode der kollektiven Abschottung vor Andersdenkenden (auch wenn dies im Gemeindekontext meist eher positiv konnotiert ist). Was ist also zu tun?

Fragen zur persönlichen Reflexion

Auf der Basis dieser religionssoziologischen Ausführungen zu unserer Ausgangsthese, dass Menschen ihren Glauben verlassen müssen, wenn der soziale Konsens ihnen nicht mehr plausibel ist und/oder die soziale Kontrolle sie zu stark in ihrer Persönlichkeitsentfaltung einschränkt, stellt sich nun die Frage, wie konkret in Gemeinden sozialer Konsens hergestellt und soziale Kontrolle ausgeübt wird. Die folgende Liste von Fragen kann Anregungen zur individuellen oder gemeinsamen Reflexion darüber bieten und ist offen für Ergänzungen und Schwerpunktsetzungen.

Was ist der soziale Konsens in unserer Glaubensgemeinschaft?

- Welche Werte sind wichtig in unserer Gemeinde? Sind sich darüber alle einig? Wie weit prägen sie auch den Alltag außerhalb der Gemeinde?
- Was denken wir über die Moderne? Den Pluralismus? Andere Religionen? Haben wir Angst davor?
- Gibt es einen Ort, wo diese Werte und ihr Stellenwert für die Gruppe diskutiert werden?
- Kann sich etwas ändern? Was darf sich nicht ändern?
- Wie gehen wir mit Leuten um, die anders glauben, und mit denen, die nicht glauben? Können diese Menschen das vor allen Gemeindemitgliedern sagen? Wollen sie das sagen?
- Kann man über Zweifel reden? Welche und wie viele Zweifel werden akzeptiert?
- Was und wie viel verliere ich, wenn ich aus der Gemeinde austrete?

Welche Formen sozialer Kontrolle gibt es in unserer
Glaubensgemeinschaft?

- Kann man auch mal nicht zum Gottesdienst/zur Jugendstunde usw. kommen?
- Wer entscheidet was in der Gemeinde?
- Darf man dem Gemeindeleiter widersprechen?
- Kann man einen nicht gläubigen Partner haben? Was passiert, wenn Kinder oder Eltern sich vom Glauben abkehren?
- Wann wird jemand ausgeschlossen? Wie passiert das?
- Wie gehen wir mit neuen Leuten um? Wie gehen wir mit Ehemaligen um?
- Was passiert, wenn man unterschiedliche Meinungen hat?
- Erleben Mitglieder unserer Gemeinde die soziale Kontrolle vornehmlich als stabilisierend oder einschränkend?

Wie sich individueller Glaube in einer sozialen Gemeinschaft entwickeln kann

Nach der Analyse des sozialen Konsens in der Gemeinde und den Mechanismen sozialer Kontrolle kann sich eine Glaubensgemeinschaft die Frage stellen, ob sie damit zufrieden ist. Wir erinnern noch einmal an das Fazit der religionssoziologischen Überlegungen: Die Abkehr vom Glauben ist eine völlig legitime und nachvollziehbare Option in dieser Welt und kann und soll daher nicht vermieden werden. Religion muss immer freiwillig praktiziert werden. Es liegt in der Entscheidung der Glaubensgemeinschaft und in ihrem sozialen Konsens, wie dieser Weg abläuft und wie einschneidend er vom Individuum erlebt wird. Eine Verschärfung der sozialen Kontrolle oder eine Abschottung nach außen verhindern diese Option nicht, sie erhöhen nur die Kosten für den Austretenden und für die Bleibenden.

Je stärker der soziale Konsens von den Normen der Gesellschaft abweicht, desto stärker muss man diese Normen erklären. Wenn man keine überzeugenden Erklärungen hat, ist die Versuchung groß, die Schrauben sozialer Kontrolle anzuziehen. Und je mehr man das tut, desto größer ist die Gefahr, dass die Menschen nicht mehr freiwillig glauben, sondern aus Angst. Aus Angst aufgrund der sozialen

Kontrolle ihres Verhaltens und Denkens und des drohenden sozialen Ausschlusses bei Regelverstößen oder aus Angst vor dem aufgebauten Gottesbild und möglichen Kollisionen mit dem eigenen Verstand und Gefühl. Dass man Dinge, die man denkt und fühlt, nicht denken und fühlen darf.

Wir wollen an dieser Stelle dazu ermutigen, einen anderen Weg zu gehen. Berger nennt diesen den *induktiven* Umgang mit der Religion in einer pluralen Welt. Die Autorität liegt hierbei nicht mehr in der Tradition oder der Institution und ihren Leitungsorganen, sondern in der übernatürlichen und subjektiven Erfahrung des Einzelnen. Traditionen stehen dann also nicht mehr für sich selbst, sondern sind eine historische Reaktion und Reflexion auf diese Erfahrungen. Daraus folgen verschiedene Handlungsideen. Drei uns zentral erscheinende Anregungen haben wir im Folgenden formuliert.

1. Wir sollten akzeptieren, dass der soziale Konsens in einer Gemeinde – immer und immer wieder neu – verhandelt werden muss, insbesondere beim Generationenwechsel. Dies kann die Stabilität und Identität einer Gemeinde potenziell gefährden. Daher sollte man versuchen, dies aktiv anzugehen, und auf die verführerische Möglichkeit verzichten, auf autoritäre Strukturen zur Sicherung des sozialen Konsenses zurückzugreifen. Vielleicht war dies in der Vergangenheit die gängige Methode, aber Demokratie sieht anders aus. Wir sollten deswegen zunehmend demokratische Strukturen aufbauen, im Kleinen wie im Großen.

2. Wir sollten akzeptieren, dass wir in einer Welt leben, in der der Glaube an den christlichen Gott auch streitbar ist. Die Existenz Gottes kann nicht bewiesen werden. Es ist deswegen nicht dumm, sondern ehrlich, die Existenz Gottes anzuzweifeln. Wir sollten Raum für existenzielle Zweifel lassen, sonst müssen diese Zweifel heimlich gedacht oder unterdrückt werden. Wir sollten auch akzeptieren, dass die Bibel nicht eindeutig auslegbar ist. Erwachsenentaufe oder Kindestaufe, die Rolle der Frau in der Gemeinde, Wunderheilung, Himmel, Hölle und Fegefeuer – wir können nicht wissen, welche Deutung richtig oder

falsch ist, wir können es nur glauben. Deshalb sollten wir Diskussionen darüber zulassen und niemanden dazu zwingen – auch und gerade nicht aus falsch verstandener Liebe und Fürsorge heraus –, den Glauben zu übernehmen. Dies lässt der betroffenen Person keine Wahl, als sich zu distanzieren, sobald sie sich eine andere Meinung bildet.

3. Wir sollten darauf vertrauen, dass jeder Mensch seinen eigenen Weg gehen kann und wird, auch wenn dieser von den eigenen Vorstellungen eines gelungenen Lebens abweicht. Wir sollten deshalb Andersdenkende und Andersglaubende genauso wie Gleichdenkende und Gleichglaubende unterstützen. Dabei müssen wir nicht den eigenen Standpunkt aufgeben, sondern dürfen unsere Meinung und unsere Glaubensinhalte weiterhin behalten und kommunizieren.

Wir wünschen uns, dass Jugendarbeiter, Pastoren und Eltern ihren Kindern und Gemeindemitgliedern mit der Einstellung Voltaires begegnen können: „Ich mag verdammen, was du sagst, aber ich werde mein Leben dafür geben, dass du es sagen darfst."

Weiterführende Literatur

Peter L. Berger, Auf den Spuren der Engel. Die moderne Gesellschaft und die Wiederentdeckung der Transzendenz, Frankfurt am Main 1970.

Erich Geldbach, Protestantischer Fundamentalismus in den USA und Deutschland, Münster 2001.

Reinhard Hempelmann u.a. (Hrsg.), Panorama der neuen Religiosität. Sinnsuche und Heilsversprechen zu Beginn des 21. Jahrhunderts, Gütersloh 2005.

Hubert Knoblauch, Religionssoziologie, Berlin 1999.

Martin Riesebrodt, Die Rückkehr der Religionen. Fundamentalismus und der „Kampf der Kulturen", München 2001.

Max Weber, „Zwischenbetrachtung: Theorie der Stufen und religiöser Weltablehnung", in: ders., Gesammelte Aufsätze zur Religionssoziologie, 8. Auflage, Tübingen 1988.

Michaela Baumann, *Studium der Soziologie, Erziehungswissenschaften und Evangelischen Sozialethik in Marburg, anschließend mehrjährige wissenschaftliche Tätigkeit an der Erziehungswissenschaftlichen Fakultät der Universität Osnabrück, aktuell Dozentin in der Erwachsenenbildung.*

Eleonore Eich, *Studium der Soziologie, Systematischen Theologie und Friedens- und Konfliktforschung in Marburg, anschließend Aufbaustudium Buch- und Medienpraxis in Frankfurt.*

Auf der Suche nach Schutz und Anerkennung – über die unheilige Beziehung zwischen geistlichem Missbrauch und religiösem Fundamentalismus[81]

Michaela Baumann

Es soll in diesem Artikel um ein schwieriges Thema gehen: die Möglichkeit, dass der Glaube den Menschen nicht nur Hoffnung, Zuhause und Geborgenheit gibt, sondern, im Gegenteil, einschränkt, verängstigt, zu einem moralischen Doppelleben aufruft und somit auch ein Schädigungspotenzial für den Einzelnen und eine Gemeinschaft beinhalten kann. Dieses Schädigungspotenzial wurde u.A. in verschiedenen Publikationen der letzten Jahre als „geistlicher/religiöser Missbrauch" in christlichen Gemeinden beschrieben und thematisiert. Ich möchte in diesem Beitrag das Phänomen und die Diskussion um den geistlichen Missbrauch unter religionssoziologischer Sicht betrachten. Dabei verstehe ich geistlichen Missbrauch als eine logische soziale Begleiterscheinung zur Aufrechterhaltung einer fundamentalistischen Weltsicht in unserer heutigen Zeit. Unter diesem Gesichtspunkt möchte ich die Anziehungskraft des religiösen Fundamentalismus in der Dynamik einer pluralistischen Welt skizzieren. Christlicher Fundamentalismus ist dabei vom Evangelikalismus[82] vor

---

81 Teile des Textes sind erstmals unter dem Titel „Wenn das eigene Zuhause zu eng wird" erschienen in: Peter Aschoff, Tobias Faix, Thomas Weißenborn (Hrsg.), ZeitGeist 2. Postmoderne Heimatkunde, Marburg 2009.

82 Über den Begriff „evangelikal" und „Evangelikalismus" herrscht viel Uneindeutigkeit. Ähnlich wie der Fundamentalismus-Begriff wird er von vielen Menschen und Gruppen benutzt, die mit ihm jeweils unterschiedliche Konnotationen und Sinnzusammenhänge verbinden. So können z.B. einige charismatische Gruppierungen aufgrund bestimmter theologischer Kriterien als evangelikal bezeichnet werden. Dieselben Gruppen werden aber von anderen evangelikalen Gruppen als nicht evangelikal eingestuft. Ich halte mich im Folgenden an die Definitionen von Reinhard Hempelmann (derzeitiger Leiter der EZW in Berlin). Er versteht Evangelikalismus als eine Frömmigkeitsbewegung und nicht primär

allem hinsichtlich des Bibelverständnisses zu unterscheiden. Er kann jedoch als ein Typ evangelikaler Frömmigkeit verstanden werden, welcher sowohl inhaltlich als auch in seiner religiösen Praxis oftmals mit anderen Formen evangelikaler Frömmigkeit Überschneidungspunkte hat und dessen Einordnung demnach nicht immer einfach oder offensichtlich ist. Ich hoffe aufzeigen zu können, dass für jede christliche Gemeinschaft eine klare theologische Unterscheidung und Abgrenzung vom christlichen Fundamentalismus ein grundlegender Schritt zur Prävention von Formen geistlichen Missbrauchs darstellt.

Ich behaupte:

„Geistlicher Missbrauch" ist ein soziales Strukturprinzip im religiösen Fundamentalismus, und fundamentalistische Ideen sind sehr attraktiv für Gemeinden in unserer gegenwärtigen Welt.

Was ist geistlicher Missbrauch?

Der Diskurs zum „geistlichen/religiösen Missbrauch" ist in den letzten fünfzehn Jahren im deutschsprachigen Raum innerhalb der christlich-evangelikalen Szene entstanden. Er umfasst eine theologische *und* eine psychologische Diagnose eines als konflikthaft wahrgenommenen Phänomens innerhalb der Gemeinden. Die Thematisierung von geistlichem Missbrauch ist im Ursprung und in der gegenwärtigen Verbreitung ein Betroffenendiskurs. Der Diskurs muss in seinem besonderen Anliegen und Selbstverständnis, nämlich als

---

als ein theologisches Konzept. Die Bewegung ist für ihn gekennzeichnet durch eine persönliche und punktuelle Hinwendung zum Glauben (Bekehrung als Initiationsritus). Mit der Hinwendung zum Glauben ist eine Abkehr vom Sündersein und ewige Heilsgewissheit verbunden. Außerdem charakteristisch ist ein universales Zusammengehörigkeitsgefühl aller, die an Jesus Christus glauben, sowie das persönliche Engagement in Mission und Evangelisation (also die Werbung neuer Mitglieder) und die affirmative Bindung an die Bibel als inspiriertem Wort Gottes. Hempelmann ordnet sowohl die pfingstlichen als auch die charismatischen Gruppen hinsichtlich dieser Richtlinien als evangelikal ein, wobei innerhalb dieser einige zusätzliche Charakteristika auftreten (vgl. Reinhard Hempelmann, Panorama der neuen Religiosität. Sinnsuche und Heilsversprechen zu Beginn des 21. Jahrhunderts, Gütersloh 2005).

Unterstützung für Betroffene und als Inspiration für seelsorgerlich tätige Menschen, verstanden werden. Es gibt eine überwältigende Fülle an Material, welches sich insbesondere im Internet zu diesem Thema finden lässt. Eine Definition und Eingrenzung des Phänomens ist kaum möglich. Aus diesem Grunde stelle ich kurz die Definition einer zentralen Akteurin vor: Inge Tempelmann beschreibt, dass Menschen Opfer religiösen Missbrauchs sind, „wenn sie inmitten eines frommen Kontextes entweder Personen ausgesetzt sind, die Macht und Einfluss in eigennütziger Weise ausüben, oder wenn sie selbst verdrehten Interpretationen der Bibel sowie unbiblischen Gottesbildern Glauben schenken, sich dadurch prägen lassen und, durch sie beeinflusst, sich selbst unter Druck setzen (mit der naheliegenden Konsequenz, dass sie damit auch andere unter Druck setzen)"[83].

In ihren Definitionsversuchen von „geistlichem Missbrauch" betonen einzelne Autoren der Beiträge stets, dass dieses Phänomen überkonfessionell, das heißt in jeder Form der christlichen Tradition, vorzufinden ist (somit auch innerhalb der beiden deutschen Großkirchen). Entgegen dieser Selbsteinschätzung findet die Auseinandersetzung mit der Thematik in Deutschland innerhalb der freikirchlichen und somit vorwiegend evangelikalen Szene statt. Die Akteure benennen in ihren Beispielen Erfahrungen aus evangelikal geprägten Gemeinden und Institutionen, leiten ihre Definitionen von „geistlichem Missbrauch" aus diesen Erfahrungen ab, verwenden in ihren Beiträgen evangelikal tradierte Sprachformen und setzen bei ihren LeserInnen ein evangelikal geprägtes Frömmigkeitsverständnis voraus. Es wird deutlich: geistlicher Missbrauch wird vorrangig innerhalb des Evangelikalismus thematisiert.[84] Gründe hierfür liegen meiner Meinung darin, dass sich geistlicher Missbrauch im christlichen

---

83   Inge Tempelmann, Geistlicher Missbrauch. Auswege aus frommer Gewalt, Witten 2007, S. 15.

84   Wenn von Erfahrungen „geistlichen Missbrauchs" innerhalb der evangelischen oder der katholischen Kirche in Deutschland gesprochen wird, ist dies quantitativ eher die Ausnahme und weicht inhaltlich ab von a priori und selbst festgelegten Definitionen und Abgrenzungen. Gleichzeitig stützen sich die Diskursbeiträge inhaltlich auf Erfahrungen, welche sich immer auf Kirchen mit stark fundamentalistisch gefärbtem Frömmigkeitsverständnis beziehen, auch wenn sie sich auf die evangelische Landeskirche berufen. In der Beschreibung von Erfahrungen mit dem Katholizismus berufen sich die Diskursbeiträge vorrangig auf Fälle von sexuellem Missbrauch an Kindern durch Priester. Dies muss der Klarheit willen in einem separaten Diskurs thematisiert werden.

Fundamentalismus entfaltet und ehemalige Anhänger fundamentalistischer Gruppierungen oft in eine theologisch und glaubenspraktisch verwandte evangelikale Szene wechseln, ohne diesen Wechsel theologisch zu reflektieren: Sie individualisieren ihre vergangenen Erlebnisse (Pastor X war halt ein Machtmensch) und sehen nicht den Bezug zum fundamentalistischen Weltbild. Eine Individualisierung und Psychologisierung des Phänomens „geistlicher Missbrauch" hinsichtlich seiner Genese und seines Ursprungs konstruiert ein Weltbild, in welchem ein bestehendes religiöses Weltbild partiell aufrechterhalten werden kann.

Meiner Einschätzung nach beschreibt der Diskurs zum geistlichen Missbrauch die Folgen eines fundamentalistischen Bibelverständnisses im Kontext der pluralistischen Welt. In den Ratgebern ist von „Heilung", „Vergebung" und „psychologischer Aufarbeitung" als Loslösungsstrategie vom „geistlichem Missbrauch" die Rede. Dabei können diese drei Strategien selbst Teil eines fundamentalistischen Glaubensverständnisses sein. Hier beißt sich die Katze in den Schwanz. Deswegen plädiere ich ergänzend für eine Reflexion der theologischen Grundprämissen, welche die Handlungen, die wir heute als geistlichen Missbrauch bezeichnen, ermöglichen und legitimieren. Um diese „Diagnose" nachvollziehen zu können, lade ich zu dem gedanklichen Experiment einer soziologischen Betrachtung von Religion und religiösem Fundamentalismus ein.

Was meine ich, wenn ich von christlichem Fundamentalismus spreche?

Der christliche Fundamentalismus[85] ist aus religionssoziologischer Sicht ein deduktiver[86] Umgang einer religiösen Gruppe mit dem Pluralismus. Der christliche Fundamentalismus ist durch ein Bibelverständnis gekennzeichnet, welches auf der absoluten Irrtumsfreiheit

---

85   Ich muss an dieser Stelle auf eine Darstellung von Ursprung und Verbreitung des religiösen Fundamentalismus verzichten. Interessierte LeserInnen seien insbesondere an Erich Geldbachs Ausführungen in Erich Geldbach, Protestantischer Fundamentalismus in den USA und Deutschland, Münster 2001 verwiesen.
86   Siehe den anderen Artikel von Eleonore Eich und mir in diesem Buch.

und Unfehlbarkeit der Bibel gründet[87]. Daraus hat der christliche Fundamentalismus ein Programm entwickelt, welches sich in Abwehr und Abgrenzung zu diversen Formen der gesellschaftlichen Entwicklungen innerhalb der Moderne (Evolutionslehre, liberale Theologie, Feminismus etc.) positioniert. Der Theologe Heinz Streib[88] beschreibt das fundamentalistische Denken als Festlegung auf eine bestimmte Auslegungsstruktur, also auf einen bestimmten religiösen Stil, und nicht primär auf den Inhalt der religiösen Wahrheiten selbst. Auf diesem Wege immunisiert sich fundamentalistisches Denken hinsichtlich einer inhaltlich-argumentativen Auseinandersetzung. Fundamentalismus kreiert für Mitglieder ein Elite-Bewusstsein. Dies wird in einem dualistischen Weltbild deutlich, in welchem allen Nichtfundamentalisten das Christsein abgesprochen und die Welt allgemein in Gut und Böse unterteilt wird. Dementsprechend wird eine strenge Abgrenzung des eigenen Lebensstils von dem Lebensstil anderer Menschen angestrebt.

Religiöser Fundamentalismus ist laut dem Religionssoziologen Martin Riesebrodt[89] vor allem durch ein mythisches Geschichtsbild und eine rigide Gesetzesethik gekennzeichnet, welche darauf aus ist, eine bestimmte Vorstellung von Sozialmoral und Gesellschaft (wieder)herzustellen. Ein großes Thema in dem Theoriegefüge Riesebrodts sind die Geschlechterbeziehungen. Die untergeordnete Rolle der Frau und die Erhaltung patriarchaler Familien- und Organisationsstrukturen im Fundamentalismus sind ein zentrales Element und durchgängiges Motiv in den verschiedenen Strömungen weltweit. „Der fundamentalistische Typ hingegen ist gekennzeichnet durch die Idealisierung patriarchalischer Autorität als gottgewollte Norm. Er betont patriarchalische Unterordnung und Verantwortung sowie strikte Durchsetzung einer patriarchalischen Sozial- und Sexualmoral. Ungerechtigkeit gilt es als gottgewollt hinzunehmen in Erwartung eines zukünftigen Ausgleichs im Jenseits. Damit ist auch das

---

87 Theologen erinnern sich an dieser Stelle sofort an die sogenannte Chicago-Erklärung von 1978.
88 Heinz Streib, Antrittsvorlesung vom 21.5.97 in Bielefeld, http://wwwhomes.uni-bielefeld.de/hstreib/ (19.1.09).
89 Martin Riesebrodt, Fundamentalismus als patriarchale Protestbewegung. Amerikanische Protestanten (1910-28) und iranische Schiiten (1961-79) im Vergleich, Tübingen 1990.

Geschichtsbild des Fundamentalismus tendenziell an Endzeiterwartungen orientiert. Die ideale Ordnung wird in der Regel durch göttlichen Eingriff realisiert, nicht durch menschliches Handeln."[90]

Die Auswirkungen und die Durchsetzung einer „rigiden Gesetzesethik" innerhalb einer aufgeklärten Gesellschaft können auf individueller Ebene als einengend, manipulierend und vielleicht auch „geistlich missbrauchend" empfunden und bewertet werden. Es ist ebenso nachvollziehbar, dass die Erfahrung rigider sozialer Kontrollmechanismen – welche nötig sind, da der soziale Konsens einer Gruppe durch alternative Sinnkonzepte der Außenwelt stark gefährdet ist – legitimiert durch eine angstbesetzte fundamentalistische Ideologie durch den Einzelnen als einschränkend und belastend erlebt wird. Es geht also in der Auseinandersetzung mit geistlichem Missbrauch um die Auswirkungen und die Innenseite einer rigiden Gesetzesethik, entweder legitimiert durch einen rationalen Buchstabenglauben oder durch einen mehr erlebniszentrierten, charismatischen Erfahrungsglauben.

Was macht den Fundamentalismus so attraktiv?

Gewissheit

Der Theologe Reinhard Hempelmann beschreibt, dass die heutige Zeit in religiöser Hinsicht in den Menschen eine verstärkte Sehnsucht nach Gewissheit weckt. Der christliche Fundamentalismus kann dabei dieser Sehnsucht in zweierlei Form entsprechen. Eine Form ist die Vermittlung der Gewissheit durch den Glauben an die eindeutige Wahrheit, welche sich buchstäblich und unfehlbar in der Bibel manifestiert. Die andere Form ist die Vermittlung von Gewissheit durch besonders qualifizierte Erfahrungen mit dem Göttlichen selbst, besonders in der Form des Heiligen Geistes. Somit gibt es zwei verschiedene, wenn auch inhaltlich ähnliche Typen des christlichen Fundamentalismus. Hempelmann unterscheidet dabei zwischen einem *Wort*fundamentalismus und einem *Geist*fundamentalismus. In ihrem Schriftverständnis sind sich beide Ausprägungen in

---

90 Martin Riesebrodt, Die Rückkehr der Religionen. Fundamentalismus und der „Kampf der Kulturen", München 2001, S. 54.

vielerlei Hinsicht jedoch sehr ähnlich: „Biblizismus und Enthusiasmus können gesteigert werden und gewinnen dabei die Gestalten von Wort- und Geistfundamentalismus. Für beide Gestalten ist es charakteristisch, dass sie sich auf die biblische Tradition berufen und dabei von der wörtlichen Inspiriertheit der Bibel ausgehen, wobei das Bibelverständnis keineswegs einheitlich ist."[91]

Heimat

Nach Martin Riesebrodt ist ein wichtiger Aspekt die Einfachheit der fundamentalistischen Weltanschauung. Sie hält alternative und elementare Lösungen für die schwierigen Fragen der eigenen Identität in den zunehmend verworrenen Sozialbindungen bereit und befreit damit das Individuum von bestimmten grundlegenden Spannungen. Zudem weist Riesebrodt darauf hin, dass eine Rückbesinnung auf die Vergangenheit und auf vergangene Werte eine logische und naheliegende Reaktion von Menschen ist, um Enttäuschungen der Gegenwart zu verarbeiten. Insofern knüpfen fundamentalistische Ideologien an sowohl individuell wie auch kollektiv bewährte Konfliktlösungsstrategien an. Zusätzlich stellt Berger fest, dass bei vielen Menschen die Sehnsucht oder die Erinnerung an die Sicherheit stabiler Plausibilitätsstrukturen oft verknüpft sind mit Erinnerungen an die Traditionen eines Heimatlandes oder an die Geborgenheit der frühen Kindheit. Auch Heinz Streib[92] sieht im Fundamentalismus eine partielle Rückkehr zu kindlichen, und deswegen vertrauten Handlungsmustern: Der fundamentalistische Stil ist gekennzeichnet durch einen mythisch-wörtlichen Verstehungszugang zur Welt und eine starke Handlungsorientierung hinsichtlich Belohnung und Bestrafung, also hinsichtlich der Wünsche der jeweiligen Autoritätspersonen. Streib beschreibt, dass dabei ein Stilbruch besteht, denn Menschen mit fundamentalistischer Weltanschauung nehmen bei Fragen des alltäglichen Lebens einen differenzierten Stil in Anspruch, nicht nur kognitiv, sondern auch hinsichtlich der moralischen Reflexivität und Interpersonalität. Im Umgang mit grundlegenden Lebensbezügen und Sinndimensionen wird aber der frühkindliche Stil verwendet.

---

91   Reinhard Hempelmann, Panorama der neuen Religiosität, S. 422.
92   Heinz Streib, Antrittsvorlesung vom 21.5.97 in Bielefeld.

Anziehung trifft Unwissenheit

Wenn sich heute Menschen auf Gruppierungen mit fundamentalistischen Zügen einlassen und sich anschließend enttäuscht von diesen abwenden (und z.B. als „geistlich missbrauchend" kritisieren), sieht Hempelmann den Grund dafür darin, dass es den Menschen der heutigen Gesellschaft an grundlegendem Wissen über die mannigfachen konfessionellen Prägungen und Glaubensstile fehlt. Es fällt ihnen aus diesem Grund schwer, eine Unterscheidung zwischen authentischem christlichen Engagement und gesetzlichen Frömmigkeitsformen zu treffen.

Tanz den Tanz auf dünnem Eis?

Die Anziehungskraft des Fundamentalismus sagt viel über die Sehnsüchte und Fragen der Menschen in unserer Zeit aus, sie gibt Aufschluss über die Antworten, welche sie in der Religion suchen. Viele Aspekte des Fundamentalismus sind auch innerhalb etablierter Kirchen und Freikirchen nicht unbekannt. Muss die Suche nach Sicherheit und Wahrheit immer einhergehen mit einer angstvollen Abgrenzung und Verurteilung von Andersglaubenden und -denkenden? Es wird deutlich, dass eine Aufklärung über die Unterschiede zwischen Fundamentalismus und anderen Formen des Evangelikalismus hinsichtlich des Bibelverständnisses eine Spur sein kann, um tendenziell entmündigende und hierarchische Systeme von anderen unterscheiden zu können, auch wenn der Frömmigkeitsstil und die gängigen Sprachcodes ähnlich oder sogar identisch sind. Eine weitere Spur können religionspädagogische Ansätze sein, welche explizit eine „Erziehung zur Mündigkeit" in Fragen des Glaubens anstreben, zum Beispiel in Orientierung an Fowlers[93] Modell der Stufen des Glaubens. Insbesondere Jugendliche sollten stets ermutigt werden, Zweifel zuzulassen und moralische Werte nicht unhinterfragt zu übernehmen. Somit können sie erfahren, dass ein Mangel an absoluter Gewissheit in Glaubensfragen den Glauben nicht ad absurdum führen muss, sondern den Beginn eines Weges in das Geheimnis und die Tiefe des Glaubens darstellen kann. Gleichzeitig erleben sie die

---

93   James W. Fowler, Stufen des Glaubens.

Tragfähigkeit sozialer Beziehungen, die nicht zerbrechen, wenn Vorstellungen von Welt und Religion auf die berechtigte (Zerreiß-)Probe gestellt werden.

Die Postmoderne ist dünnes Eis. Weltanschauungen und Glaubensnormen können jederzeit einbrechen. Wie gelingt es, sich auf diesem Eis zu bewegen, ohne den Boden unter den Füßen zu verlieren? Was können lebensnahe Konzepte und Anknüpfungspunkte sein, um die stabilisierende Funktion einer „absoluten" Wahrheit unter Berücksichtigung der menschlichen Sehnsucht nach Sicherheit zu ersetzen? Diesen Fragen sollten sich die Kirchen und Gemeinden stellen. Nur so können sie sich auch für Menschen öffnen, welche (noch) nicht auf dem dünnen Eis der Postmoderne tanzen.

Michaela Baumann, *Studium der Soziologie, Erziehungswissenschaften und Evangelischen Sozialethik in Marburg, anschließend mehrjährige wissenschaftliche Tätigkeit an der Erziehungswissenschaftlichen Fakultät der Universität Osnabrück, aktuell Dozentin in der Erwachsenenbildung.*

Reisen, zweifeln, staunen – wie mein Glaube sich entwickelt hat

Christina Brudereck

Mein Glaube hat sich entwickelt durch Reisen. Grenzen. Fragen. Hingucken und Zuhören. Staunen. Neugier. Probieren. Äußere und innere Veränderungen gehen Hand in Hand. Was ich als Kind meinte, wenn ich Gott sagte, ist anders als das, was ich als Zwanzigjährige dabei dachte, als Dreißigjährige empfand, was ich heute sage. Und ich hoffe, es wird sich noch weiter verändern. Ich bin gleichwohl seit vielen Jahren ein Mensch mit Gottvertrauen. Ich nenne die jüdisch-christliche Tradition, die Kirche, den Protestantismus mein Zuhause. Ich erlebe, dass ich mich in dieser Erzählgemeinschaft bergen kann. Sie sagt: Gott ist Gott in Beziehung. Auch diese Entdeckung selbst ist gewachsen. Und hat sich weiterentwickelt. Beziehungen sind ihrem Wesen nach niemals statisch. So verbindlich sie sein können, sie sind auch immer etwas Vorläufiges, etwas menschlich Begrenztes.

Denn Gott – Gott ist wohl das Größte, was wir Menschen überhaupt sagen können. Gott. Der Ursprung, die letzte Größe, die ewige Liebe, die wilde, verrückte, enthusiastische Liebe, die heilige Geistkraft, die atmet in allem, was lebt – wir haben sie nicht. Wir haben sie niemals verstanden. Sie gehört nicht uns. Dieses unglaubliche Geheimnis des Glaubens – wir haben es niemals ganz erkannt. Wie könnten wir? Wir sind so begrenzt. Wir wissen nur wenig. Wir ahnen etwas. Wir finden eine Spur. Das ist wunderbar. Und ja, natürlich, wenn wir erleben, wie es uns trägt, inspiriert, versöhnt, wie es dem Leben dient, dann sind wir angeregt, das weiterzugeben. Aber wir wissen doch wenig. Und deshalb können wir nicht sagen: „Fertig! Mein Glaube ist zu Ende entwickelt. Mein Gottvertrauen bleibt für immer genau so, wie es jetzt ist." Wir können nicht beanspruchen, dass unsere Erkenntnis, unser Weg der einzige ist. Denn Gott führt uns weiter. In die Weite. Bringt uns auf den Weg, in die Fremde, wird uns fraglich und wirft uns ins Staunen.

Als Kind war Gott für mich da, wenn zu Hause Geschichten erzählt wurden. Gott war der Schöpfer einer großen, bunten, wunderbaren Welt. Gefeiert im Rhythmus der Jahreszeiten und der Kirchenfeste. Wie ging es von dort aus weiter? Wie wurde es weiter? Durch eine erste große Reise.

Reisen

Momentaufnahme: Eine weiße junge Frau aus Europa, behütet aufgewachsen und christlich erzogen, lernt Armut kennen, Apartheid, Rassismus. Gott wird fraglich.

Wenn nicht alle Kinder von Familie Mensch behütet sind, wie dann ich? Auf einmal war Gott nicht mehr satt, Gott hatte Hunger. Er war nicht mehr weiß. Gott bekam viele neue Eigenschaften. Gott war zu entdecken in den schwarzen, starken Müttern der Slums von Soweto. Unbestechlich, bedingungslos treu, engagiert. Ich mochte die kosigen Gottes-Namen meiner afrikanischen Freundinnen: große Schwester. Lieblingsfreundin. Alte, weise Mama. Brunnenbauer in der Wüste. Land der Versöhnung. Bank, die die Schulden erlässt. Ich lernte auch: Wenn Gott nur „lieb" ist, ist sie nicht Gott. Gott war einseitig. Auf der Seite der Unterdrückten. Der Zweifel war seitdem ein Bruder des Glaubens. Kein ungeliebter Verwandter, ein Bruder. Ich erlaubte den neuen Erfahrungen, mich zu verändern. Und weiter?

Momentaufnahme: Eine deutsche junge Frau, engagiert bei einer NGO, sitzt in einem jüdischen Café in Rosebank in Südafrika. Und lernt Menschen kennen, die dem tödlichen Naziregime ihrer Heimat entkommen sind.

Es ging direkt weiter. Mit Besuch aus Deutschland saß ich in einem Café im weißen Viertel Rosebank. Wir hatten uns viel zu erzählen und fingen munter an zu reden. Ich bemerkte nur aus dem Augenwinkel, wie die Dame am Tisch neben mir blass wurde, ja, wirklich fast grün im Gesicht. Und dann sagte sie sehr leise: „Ich wollte Ihre Sprache nie wieder hören!" Es war ein Schock. Ich war verunsichert.

Aber wir kamen ins Gespräch miteinander, und ich lernte eine Jüdin kennen, die 1933 aus Deutschland nach Südafrika geflohen war.

Fragen

Wenn das Land von Johann Sebastian Bach, Kölner Dom und Reformation die Shoa nicht hat verhindern können, ja sie zu verantworten und geplant hat, was dann? Wenn Christinnen und Christen in Deutschland nicht gefeit waren vor menschenverachtender Ideologie? Wenn die Theologie die „Kinder Israel" beständig ersetzte durch die Kirche? Wenn „die Juden" zu Feinden des Christus gemacht wurden, was dann? Auf einmal war Gott kein Christ mehr. Und bekam wieder neue Eigenschaften. Gott wurde erzählt in den Geschichten des Widerstandes und der Treue. Gott wurde einseitig. Die Rauchwolken von Auschwitz wurden zur Wolkensäule in den erschreckenden Erinnerungen von Kezia und Jakob.

Und mein Glaube an Gott? Meine Theologie? So irritierend vieles war, ich begrüßte das Neue. Entdeckte Gott darin. Stellte andere Fragen. Was ist Schuld? Wer ist schuld? Wie sprechen wir über Sündenböcke? Wie machen wir sie? Wie reden wir über Täterinnen und Täter? Wie über Opfer? Wer darf sie machen? Was, wenn wir beides sind? Wie bewahre, würdige ich die jüdischen Wurzeln? Was bedeutet es, dass die Wurzeln den Baum tragen?

Zurück in Deutschland wurde der jüdisch-christliche Dialog bedeutend für mich. Gott war mit einem Schlag älter geworden. Er hatte eine Nummer auf dem Unterarm. Gott war das große Trotzdem. Und Gott war das Wort. Lebendig überliefert im faszinierenden hebräischen Alephbet. Voller Geheimnisse, plötzlich zu entziffern. Schöpferisch aktiv bis heute. Gott war Gott in Beziehung. Nicht stumm. Trotz allem nicht stumm. Ich fühlte mich beschenkt. Das andere hatte mich bereichert.

Reisen, Fragen, Staunen

Reisen: Der eigene Glaube wird durch die Begegnung herausgefordert. Jeder Person, die sich wünscht, dass ihr Glaube an Weite gewinnt, sage ich: Unternehmen Sie eine weite Reise! Nach Bethlehem. Nach Jerusalem. Paris. Kalkutta. In ein Land, das Ihnen fremd ist. Nach Indien. Ghana. Java. Wo Sie Fragen stellen müssen. Auf Gastfreundschaft angewiesen sind. Wo Sie vielleicht als Christin in der Minderheit sind. Die Fremde stellt uns infrage, ist verunsichernd, irritierend. Selbstverständlichkeiten verschwinden. Gleichzeitig bedeutet Fremde Bereicherung, Horizonterweiterung. Gott überrascht uns.

Dass ich reich bin und satt, prägt meinen Glauben. Dass ich im Westen aufgewachsen und zur Schule gegangen bin. Dass ich gesund bin, laufen kann, dass ich Arbeit habe, prägt meinen Glauben. Dass ich eine Frau bin, prägt meinen Glauben. Was ich bin und wer ich bin, wer Sie sind, einflussreich, klug oder einsam, prägt auch Ihr Denken von Gott. Daher sind wir auf Gemeinschaft angewiesen, damit wir Gott nicht einsperren und auf unsere Erfahrungen reduzieren. Und je weiter diese Gemeinschaft ist, desto weiter Gott ...

Wenn von außen etwas Neues, Fremdes, anderes in Ihr Leben kommt – und Sie erlauben nicht, dass es Ihr Innen berührt, hinterfragt, verändert –, wird es auf Dauer eine große Diskrepanz zwischen Außen und Innen geben. Daher müssen Außen und Innen einen ständigen Dialog führen. Wenn es anders wurde – anders als geplant, als gewohnt, als gedacht – ,wird der Glaube herausgefordert. Daher müssen unsere innersten Überzeugungen und die äußersten Fragen in Konktakt sein.

Reisen Sie! Auch in Gedanken. Und in die Nachbarschaft. Fragen Sie sich: Kenne ich nur die Argumente der Gleichgesinnten oder auch die der anderen? Lese ich, was mich bestätigt? Oder auch, was herausfordert, irritiert? Leiste ich mir Verunsicherung? Begegnung mit dem Fremden? Gibt es einen Dialog zwischen Gemeinde und Umgebung? Zwischen Gewohnheit und Nachbarschaft? Wie oft kommt Besuch? Von ganz woanders? Gastprediger? Aus dem Ausland? Aus den USA? Aus Indien? Afrika? Sind Frauen dabei? Kennt meine Gemeinde ihre Nachbarschaft? Die Lokal-PolitikerInnen? Aller Parteien? Die Synagoge? Die Moschee? Üben wir freie Meinungsäußerung? Irrtumsfähigkeit? Demokratie? Verändern unsere Gebete die Stadt? Und verändert die Stadt unsere Gebete?

Grenzen, Krisen, Scheitern, Fragen

Momentaufnahmen: Eine engagierte Gläubige bleibt kinder-
los. Eine kommunikative Frau scheitert mit ihrer Ehe. Eine be-
lesene Reiselustige kommt an ihre Grenzen.

Gebete wurden nicht erhört. Reichte der Glaube nicht? Gebote hielten nicht. War das Gewissen nicht stark genug? Das Leben ging weiter mit Brüchen und Scheitern. Und wieder bekam Gott neue Eigenschaften. Wurde Liebhaber. Meister. Künstler. Hüter der inneren
Stärke. „Rechtfertigung" klang nicht mehr nach Theologie, sondern
wirklich nach Rettung. Das große Dach der Kirche bot Platz auch für
Fehler, Trauer und Zweifel. Viele Gleichgesinnte, Suchende pilger-
ten mit. Eine große Entdeckung hieß: Gott hat auch mit Schmerz zu
schaffen. Jesuanische Tiefe erweiterte meinen Glauben.

Momentaufnahmen: Eine Erzählerin hört einem Freund zu,
dessen Vater plötzlich gestorben ist. Im Trauergespräch wird
klar, dass der Vater eine Tochter missbraucht hat. Eine Theolo-
gin wird gebeten, Geschiedene zu trauen. Immer öfter. Und
hört einer Mutter zu, deren Tochter sich als lesbisch geoutet
hat und die sich jetzt zerrissen fühlt zwischen dem, was sie
als religiös geboten ansieht, und der Liebe zu ihrer Tochter.

Reisen ins eigene Herz. Reisen in die Dilemmata und Glückser-
fahrungen anderer Menschen. Hochzeiten. Tiefpunkte. Abschiede.
Ringen um die Liebe. Die Solidarität mit denen, die an Grenzen
gekommen sind, wächst. Und weitet weiter. Ich sage jetzt oft: „Willkommen, wer auch immer du bist. Was auch immer du glaubst. Wen
auch immer du liebst. Wo auch immer du dich befindest auf deiner
Lebensreise."

„Namaste" habe ich in Indien gelernt, verbunden mit einer kleinen Verneigung, bedeutet: Ich entdecke Gott in dir. Wo wir Gott
nicht festlegen, haben wir die Chancen, ihm zu begegnen in den
vielen Bildern, den Menschen, die Gott geschaffen hat. Ja tatsächlich: Andere Menschen bringen andere Seiten Gottes zu mir.

Reisen, Krisen, Staunen

Weitere Reisen. Und die eskalierenden Konflikte dieser Welt reisen immer mit. Schülerinnen entführt. Sanktionen beschlossen. Soldaten entsandt. Dass oft Religionen an den Krisen beteiligt sind, ist für mich immer wieder irritierend, beschämend, schwer. News aus Gaza, Israel, Berlin, der Ukraine. Kirche und Staat, Religion und Politik, religiöse Metaphorik, Opfer, Kreuzzug, Gut und Böse. Trotzdem, trotzig oder gerade deswegen – ich suche immer wieder heilige Stätten auf. In Birmas größter Stadt Yangon pilgere ich zur großen Schwegadon-Pagode. Ich bete mit den Worten meiner Tradition. In der Donnerstags-Ecke, denn Buddhisten meditieren geordnet nach persönlichem Geburts-Tag. Ich fühle mich fremd, offensichtlich nicht einheimisch, gleichzeitig verbunden mit den anderen Donnerstagskindern um mich herum. Eine ganz erstaunliche Erfahrung.

Am Abend erreicht mich die Nachricht, die Synagoge in meiner Heimatstadt Essen sei Ziel eines Anschlages gewesen. Ich beschließe spontan, am kommenden Tag die Synagoge von Yangon zu besuchen. Im buddhistischen Birma leben die drei abrahamitischen Religionen harmonisch zusammen. Wie eine große Familie; es wird sogar untereinander geheiratet. Liegt es daran, dass sie so wenige sind? Keine Macht haben? Dass ihr Umfeld so friedlich ist? Ich erlebe, konträr zu allen Nachrichten, dass Dialog möglich ist. Die Hardliner bestimmen die Nachrichten, aber es gibt auch die anderen; selbst wenn sie kaum wahrgenommen werden.

Ich habe beim Reisen immer wieder erlebt, willkommen zu sein. Ich vertraue auf das Potenzial, das allen großen Glaubenstraditionen innewohnt. Auf die Werte, die unser Schatz sind: Gastfreundschaft, Gerechtigkeit, Frieden, Freiheit, Respekt vor dem anderen. Ich habe unterwegs Gleichgesinnte getroffen, aus allen Religionen, und Menschen guten Willens. Und ich meine, die Sanften haben die Aufgabe, wahrnehmbar zu werden und für das Potenzial des Glaubens zu werben. Ich habe oft gehört: „Fürchte dich nicht!" Gehe ich zu weit?

Vertrauen, Staunen, Mir-etwas-gefallen-Lassen

Habe ich ein Kriterium dafür, wie weit ich gehen werde? Nun, für mich ist wichtig, dass die Antwort auf die Frage nach einer Grenze mit Jesus von Nazareth verbunden ist. Weil er mein persönlicher Zugang zum Gottvertrauen ist. Für mich ist auch bedeutend, dass die Antwort sich biblisch begründen lässt. Möglichst an zentraler Stelle, nicht als Nebenthema. Denn die Bibel hat für mich Autorität. Sie ist uns allerdings als Sammlung von Schriften anvertraut, die Unstimmigkeiten und offene Widersprüche kennt. Ich gehe davon aus, dass die AutorInnen das beabsichtigt haben, um der Vielfalt willen. Daher müssen wir diskutieren, abwägen, gewichten.

Mein Kriterium, das ich an Weite und Wahrheit, Weite und Grenze anlege, sollte also für mich jesuanisch und innerbiblisch zentral sein. So lande ich bei dem, was meine Erzählgemeinschaft das höchste Gebot nennt. Glaube gipfelt für mich in der Liebe. Ich meine, ohne Liebe können wir zwar religiös sein, aber ohne Liebe verpassen wir Gott. Liebe – das meint nicht Kitsch, nicht gute Gefühle oder schludrige Toleranz, die alles mitmacht. Liebe meint nicht Einlullen, nicht Opium. Ich meine wirkende Liebe. Gottesliebe, Nächstenliebe, Selbstliebe, Entfeindungsliebe. So wie Jesus von Nazareth sie uns ans Herz legt: „Liebe Gott, deinen Nächsten wie dich selbst und liebe deine Feinde."

Aber die Liebe ist nicht nur das höchste Gebot oder größter Appell. Die Liebe ist auch Gottes innerstes Wesen. Liebe wie Feuer. Leidenschaft. Respekt vor dem Größten. Die Nähe zu den anderen, Solidarität und Empathie. Die Zuneigung für uns selbst. Und Liebe auch dann, wenn sich alle feind sind. Liebe, die grenzenlos ist.

Das fasziniert mich an Jesus: Er macht mir möglich, dass ich wieder sehe, wer der Mensch nach Gottes Bild ist. Ein Mensch vollkommen in Beziehung. So menschlich, dass es göttlich ist. Weil er sich vertrauensvoll verbunden weiß mit seinem Ursprung. Weil er seine Nächsten liebt, alles für sie gibt, immer zugänglich und liebevoll. Weil er sich selbst liebt, auf sich achtet, ruht, isst, teilt, seine Ideale ernst nimmt. Und weil er seine Feinde liebt und mit einschließt in seine Vergebung.

Ich meine: Wenn ich Gott liebe und es nicht dazu führt, dass ich andere Menschen lieb gewinne, dann stimmt was nicht. Und wenn ich Gott liebe und mich selbst nicht lieb gewinne, dann stimmt was nicht. Und wenn ich Gott liebe und meine Feinde hasse, beleidige, schikaniere, ausschließe, richte, foltere, umbringe, statt auf das Konzept der Entfeindungsliebe Gottes zu vertrauen, wenigstens zu hoffen, dann stimmt was nicht.

Ich werde weiter zweifeln. Scheitern ganz sicher auch. Ich will staunen. Die Andersartigkeit weiter willkommen heißen. Gott entdecken. Mir die grenzenlose Liebe gefallen lassen. Mich überraschen lassen. Beschenken. Und ich werde weiter pilgern. Meine nächste Reise geht nach Sarajevo. Ich werde orthodoxe Christen treffen, Muslime, Katholikinnen und Juden. Der erste Tagesordnungspunkt ist ein gemeinsames Gebet. Es findet auf einer Brücke statt. Von dort aus wird es dann weitergehen.

Christina Brudereck spricht und reimt, reist und schreibt und verbindet dabei Theologie und Lyrik, Spiritualität und Kultur. Sie lebt in Essen als Mitglied der evangelischen Kommunität Kirubai und engagiert sich im CVJM e/motion, einem Gemeinde-Kultur-Projekt mitten im Ruhrgebiet.

Gemeinde und Vielfalt – Chancen und Grenzen

Heinrich Christian Rust

„Wenn das hier Gottes Leute und Zeugen der Liebe und Gerechtigkeit Gottes sein sollen, dann kann ich an diesen Gott nicht mehr glauben!"

Peter (38 Jahre) war in einer kleinen evangelikalen Gemeinde aufgewachsen. Nun hatte sein Leben eine Wende genommen. Seine Ehe war nach zwei Jahren zerbrochen und nun stand er da. Alle in der Gemeinde schauten ihn mitleidig an. Aber eigentlich gaben sie Peter zu verstehen: „Solche wie du gehören hier eigentlich nicht her. Wir sind doch Christen." Zunehmend fühlte er sich fremd in dieser so familiär-bedrängenden kleinen Christenschar. Alle wussten besser, wie er sein Leben eigentlich hätte meistern sollen. Schließlich entschloss er sich, die Gemeinde zu verlassen und nach einer Alternative Ausschau zu halten. Heute ist er Kirchenvorsteher in einer evangelisch-lutherischen Gemeinde. War die Gemeinde daran schuld, dass Peter beinahe seinen Glauben an einen liebenden Gott verloren hätte? Wie eng oder wie breit muss eine Gemeinde in ihrer Lehre, ihrer Struktur aufgestellt sein, damit möglichst viele, ja, alle sich darin auch zu Hause fühlen können?

Die Gemeinde Jesu Christi ist eine „analogielose Größe". Sie ist einmalig, weil in ihr Gesetzmäßigkeiten und Energien des in Jesus angebrochenen Gottesreiches wirksam sind. Da ist beispielsweise der Schwache stark, der Dienende prädestiniert zu leiten und die Kinder sind Vorbilder. In der Gemeinde Jesu Christi gilt vorrangig das Prinzip der Gnade. Das, was nach den Maßstäben dieser Weltzeit geradezu unwichtig und nebensächlich zu sein scheint, kann im Reich Gottes einen herausgehobenen Stellenwert bekommen. Die Fremdheit der Christengemeinde in dieser Welt ist nicht primär in ihrer jeweiligen kulturellen Ausprägung begründet, sondern darin, dass sie in einer Art Wohngemeinschaft mit Christus lebt (Epheser 3,17; Johannes 17,16), innerlich in der Ewigkeit beheimatet ist (Hebräer 13,14). Befremdlich hingegen ist es, wenn eine Gemeinde ihre kulturelle Prägung wie ein Ewigkeitsgut pflegt und dabei möglicherweise ihre innere Verankerung im Evangelium verliert.

Bewusstes Hinterfragen

Ich selbst bin in einer kleinen niedersächsischen Baptistengemeinde aufgewachsen. Ich dachte, dass der frühe sonntägliche Gottesdienst, die Einrichtung von Kinder-, Jugend-, Chor-, und Frauenarbeit vom Evangelium vorgegeben seien. Ich stellte nicht die Frage, ob es für das Reich Gottes nützlich sei, dass wir einen hauptamtlichen Pastor beschäftigten oder unsere baptistische Identität zuweilen mehr hochhielten als das Bemühen um die Einheit des Leibes Christi. Es war mir nicht bewusst, wie stark die Art des Gemeindeaufbaus in vielen Kirchen und Freikirchen in Deutschland von der im 19. Jahrhundert auflebenden Vereinskultur beeinflusst war, und dass es für die Form der generations- und zielgruppenorientierten Gemeindearbeit kaum biblische Vorgaben gibt. Es wurde mir jedoch immer mehr bewusst, dass es in der Verantwortung jeder neuen Generation liegt, das ewig gültige Evangelium von Jesus Christus und die Botschaft vom Reich Gottes neu in die jeweilige Kultur zu übersetzen.

Im Klartext: Die kulturelle Ausprägung der Gemeinde Jesu Christi wird immer wieder neu auf den Prüfstand kommen müssen, wenn wir die Salzkraft und das Licht des Evangeliums nicht verlieren wollen. „Ein kulturfreies Evangelium wird es niemals geben. Und doch stellt das Evangelium, selbst ganz und gar in kulturell geprägten Formen ausgedrückt, alle Kulturen infrage, einschließlich derjenigen, in der es sich zum ersten Mal darstellte."[94]

Nun leben wir in einer sich rasant wandelnden Kultur. Die zunehmende Globalisierung und die markanten weltweiten Krisen und Herausforderungen sowie der sich anbahnende Kollaps bewährter sozialer Systeme stellen die Gemeinde Jesu neu vor die Frage, wie sie das Evangelium einerseits bewahren und andererseits neu in diese hektische, transformative Kultur umsetzen kann. Der Aufruf „Zurück zu den Vätern" oder die Verortung der Christen im bürgerlichen

---

94 Lesslie Newbegin, Den Griechen eine Torheit. Das Evangelium in unserer westlichen Kultur, Neunkirchen-Vluyn 1989, S. 22.

Konservativismus überzeugt mich immer weniger. Das Evangelium ist nicht nur kulturfrei, nein, es kann sogar kulturprägend werden und somit eine progressive Hoffnungs- und Kontrastgemeinschaft zum Wut- und Protestbürgertum hervorbringen.

Noch sind die gegenwärtigen kulturellen Umbrüche nur schwerlich als eine homogene Bewegung auszumachen. Der Begriff der „Postmoderne" liefert mit all der dazugehörigen soziologischen Literatur allerdings eine Art vorläufiges Geländer, um sich in unserer Zeit zurechtzufinden. Es gibt Konturen dieser postmodernen Kultur, die offensichtlich sind. Dazu gehören beispielsweise die globalisierte Migrationsbewegung und die damit verbundene Auseinandersetzung mit einer Kulturvermengung. Welche Werte sollen gelten, wenn in einem Land nicht mehr eine einzige Religion, sondern unterschiedliche Religionen ihre Daseinsberechtigung haben wollen?

Ebenso offenbar sind die gravierenden Veränderungen in der Informationskultur, die globale Digitaltität. Wo ereignet sich Leben und wo werden die Veränderungen geboren und welche Funktion hat das digitale Netz für die Gemeinde Jesu Christi im 21. Jahrhundert? Wie können wir als Christen modellhaft die Einheit in der Vielfalt leben? Dieses sind nur einige Fragestellungen, die sich aus dem Nachdenken auf dem Weg zu einer Kultur des verantwortlichen Glaubens stellen.

Gemeinde Jesu als missionarische Existenz

Das wache Wahrnehmen der Entwicklungen in der Welt und das verantwortliche Mitgestalten sind nur möglich, wenn wir als Gemeinde zunehmend verankert und beheimatet sind bei dem „Anfänger und Vollender des Glaubens", bei Jesus Christus (Hebräer 12,2). Die Besinnung auf den missionarischen Auftrag kann zu einer treibenden Kraft für die zukünftige Gestaltung des Leibes Christi werden. Wohlgemerkt: Es geht dabei nicht nur um die Einführung neuen Liedgutes oder neuer Formen von Gemeindeversammlungen. „Es ist eher so, dass sich die grundsätzliche Ausrichtung unserer Gemeinden existenziell verändern muss: weg von dem Gedanken der kulturellen ‚Erneuerung', hin zu einer durch und durch missionarischen Gestalt,

also von einer Konzentration auf die ‚Insider' hin zu denen, die draußen stehen."[95]

Ich stimme dieser Aussage zu und bin davon überzeugt, dass die
Neubesinnung auf die missionarische Existenz der Gemeinde Jesu
das größte Schwungrad für eine evangeliumsgemäße Neuausrichtung der Kirche ist. Es ist jedoch auch sinnvoll, genauer zu fragen,
worin denn die Mission besteht. Gottes Ziel mit dieser Welt ist nicht
nur soteriologisch zu definieren. Damit meine ich, dass das Ziel der
christlichen Mission nicht nur darin besteht, dass Menschen in den
Himmel kommen, sondern dass sie hier auf der Erde christusgemäß
leben können. Es geht nicht nur um eine Neubesinnung auf unseren Auftrag, sondern auch um das Entwickeln eines Lebens in dieser Welt. Wir brauchen nicht nur Kurse zur Evangelisation, sondern
ethische Orientierung; Orte der Spiritualität, der Freude und Vitali-
tät, die uns ausrichten auf Gottes Wirklichkeit. Wir brauchen eine
Neubesinnung auf die „Kräfte der zukünftigen Welt" (Hebräer 6,5),
die diese gegenwärtige Welt prägen werden. Die neue Konzentration
auf den missionarischen Auftrag der Gemeinde muss Hand in Hand
mit einer Neuerfahrung der Kraft des Evangeliums gehen. Es geht um
eine „Kontrastgesellschaft"[96], die Salzkraft und Licht für diese Welt
ist, und nicht um eine arbeitswütige Mannschaft, die bei aller Mission das Leben aus dem Blick verliert.

Orientierungshilfen

Hilfreich erweist sich die Orientierung an den fünf Grundsäulen einer gesunden missionarischen Gemeinde. Sie sind neu bzw. wieder-
entdeckt durch die Veröffentlichungen von Rick Warren[97], werden
allerdings in der Missiologie schon seit vielen Jahrzehnten diskutiert.
Die Gemeinde Jesu Christi lebt ihre Mission, indem sie das Anliegen Gottes, seine Mission, mit aufnimmt. Das äußert sich in der Anbetung (Leiturgia), der Gemeinschaft (Koinonia), der Evangelisation
(Martyria), der Diakonie (Diakonia) und der Lehre (Didaskalia). Ein-

---

95 Michael Frost, Alan Hirsch, Die Zukunft gestalten. Innovation und Evangelisati-
    on in der Kirche des 21. Jahrhunderts, Glashütten 2008, S. 11.
96 Gerhard Lohfink, Wie hat Jesus Gemeinde gewollt? Zur gesellschaftlichen Di-
    mension des christlichen Glaubens, Freiburg i.Br. 1982.
97 Rick Warren, Kirche mit Vision. Gemeinde, die den Auftrag lebt, Asslar 1998.

heit und Vielfalt in der Gemeinde zeigen sich somit auch in diesen fünf missionarischen Grundausrichtungen.

Seit einigen Jahren tue ich meinen Dienst als Pastor in der Braunschweiger Friedenskirche, einer stark wachsenden und lebendigen großen baptistischen Gemeinde. Beispielhaft sollen hier einige Beobachtungen vorgestellt werden, wie sich die Vielfalt und die Einheit der Gemeinde in den fünf missionarischen Ausrichtungen gegenwärtig niederschlagen und wo wir auch Grenzerfahrungen machen. Wenn ich heute diese Entwicklungen beschreibe, so kann ich selbst nur staunen, wie aus kleinen Anfängen etwas Großartiges entstanden ist. Die Größe einer Gemeinde ist dabei nicht entscheidend, sondern das brennende Herz, die Leidenschaft der tragenden Mitarbeiterschaft, die gemeinsam eine Vision von der Vielfalt der Gemeinde hat.

Vielfalt in der spirituellen Kultur einer Gemeinde

Die Wiederentdeckung der Spiritualität ist ein Kennzeichen unserer gegenwärtigen westlichen Kultur. Nun ist Spiritualität sicher zu einer Art Containerbegriff geworden, und wir müssen uns vergegenwärtigen, was wir darunter verstehen wollen. Christliche Spiritualität ist gekennzeichnet vom Heiligen Geist, der als Geist Jesu in den Christen wohnt (Römer 8,17). Es geht um eine ganzheitliche Erfahrung, die sich im Gebet und in den Gottesdiensten – aber auch im Alltag des Christen – zeigt.

Wir sind davon begeistert, dass wir in der Gemeinde eine möglichst breite und christuszentrierte Frömmigkeit leben können. Seit vielen Jahren haben wir sonntags mehrere gottesdienstliche Angebote, die ganz bewusst eine unterschiedliche spirituelle Kultur aufnehmen. So haben wir einen eher kontemplativen, besinnlich-ruhigen Gottesdienst, in dem auch kirchliche Choräle oder ganze Kantaten unter Begleitung eines Orchesters ihren Platz haben. Liturgische Elemente und Bekenntnisse kommen darin vor. Wir erreichen Menschen, die Taizégesänge lieben und für die Zeiten der Stille nicht bedrohlich sind. Dieser Gottesdienst beginnt um 9.30 Uhr. Um 11.30 Uhr startet ein zweiter Gottesdienst, der viele neuere Formen aufnimmt und auch Menschen erreicht, die kaum kirchliche, traditionelle spirituelle Ausdrucksformen kennen. Es gibt ein breites Liedgut und zudem simultane Übersetzungen in mehrere Sprachen und Gebärdendolmetscher. In diesem Gottesdienst erreichen wir eine zunehmende Anzahl von Migranten und Menschen aus verschiedenen Nationen und Kulturen.

Am Sonntagabend laden wir dann vor allen Dingen junge Erwachsene und kirchenferne Menschen zu unserem Fiesta-Gottesdienst ein. Er beginnt mit einer gemeinsamen Zeit beim Austausch im Foyer mit Kaffee und Kuchen. Um 18 Uhr starten wir mit einer intensiven Zeit der Anbetung mit neuen, vorwiegend englischsprachigen Liedern. Es gibt viel Freiheit – auch Zeiten des Hörens auf Gott, Zeiten der Weitergabe von Erfahrungen und geistlichen Impulsen. Im Anschluss an den Fiesta-Gottesdienst schließt sich ein Gemeinschaftsteil im Bistro bei einem Snack an. – Auch nach dem ersten und zweiten Gottesdienst gibt es jeweils ein Gemeinschaftsangebot durch ein Kirchencafé oder ein gemeinsames Mittagessen.

Ebenfalls laufen am Sonntag parallel die Kindergottesdienste. Unter der Woche gibt es weitere gottesdienstliche Veranstaltungen, welche wiederum andere Formen der Spiritualität aufnehmen, wie zum Beispiel Gebetsgottesdienste oder Segnungsgottesdienste.

In allen Gottesdiensten haben wir in den Predigten die gleichen lehrmäßigen Aussagen, allerdings in der Weitergabe jeweils abgestimmt auf die jeweiligen Gottesdienstteilnehmer (Beispiele, Aufbau der Predigt, Didaktik sind unterschiedlich). So bleibt die Gesamtgemeinde in der lehrmäßigen Ausrichtung gut beieinander, hat aber die Möglichkeit der verschiedenen gottesdienstlichen Kulturen.

Auch im konkreten Einbezug von charismatischen Ausdrucksformen haben wir einen Lernprozess durchlaufen, der uns ermutigt. So erleben wir, dass in allen Gottesdiensten und Aktivitäten der Gemeinde auch alle Charismen zum Einsatz kommen, allerdings nicht immer in der gleichen „Verpackung". Ein Charismatiker ist eben nicht gleichzusetzen mit einem gefühlsorientierten, enthusiastischen Christen, der mehr oder weniger ekstatische Äußerungen von sich gibt, sondern er kann (und sollte) auch in einer ruhigen und geordneten Weise sein Charisma einbringen. Auch in den Gebetsveranstaltungen fördern wir diese Vielfalt.

Es ist für uns ermutigend zu sehen, wie über all die Jahre durch diese bejahte und gewollte Vielfalt die Gemeinde enger zusammengewachsen ist. Die Identität der Gemeinde und das Zugehörigkeitsgefühl werden nicht durch die Gottesdienstkultur geprägt, sondern durch die in ihr erfahrene Gottesnähe und die gemeinsame missionarische Ausrichtung. In jedem Gottesdienst gibt es die Möglichkeit, Segnungsgebete in Anspruch zu nehmen. Es gehört zu unseren Erwartungen, dass die Gäste und Freunde unserer Gemeinde, die in den Gottesdiensten sind, eine tiefe Erfahrung mit dem lebendigen Gott machen und dass sie von Christus den Ruf in die Nachfolge hören.

Vielfalt in der Gemeinschaft

Gemeinschaft ist in einer zunehmend auseinanderfallenden Gesellschaft ein sehr hohes Gut. Sie kann sich nicht auf eine gemeinsame Gottesdiensterfahrung beschränken. Das wäre entschieden zu wenig und würde zu einer Eventorientierung führen. Zur Gemeinschaft gehören Partizipationsstrukturen, die es dem Einzelnen ermöglichen, sich seinen Bedürfnissen und Begabungen gemäß einzubringen und mitzugestalten. Gemeinschaft setzt ein gegenseitiges Wahrnehmen und Anteilgeben voraus. Es ist unsere Erfahrung, dass die Kleingruppe hierfür eine gute Möglichkeit bietet.

Wir haben in der Gemeinde etwa 50 bis 60 Kleingruppen, die allerdings auch ganz bewusst unterschiedliche Ausprägungen haben. Es gibt Gruppen, die sich wie eine große Familie verstehen; andere sind projektorientierter oder durch das gemeinsame Lernen beim Bibelstudium geprägt. Es gibt sozial homogenere Kleingruppen (z.B. Hauskreise für Teenager oder Gebetsgruppen für Mütter; Gebetskreise in jeweiligen nationalen Sprachgruppen) und viele heterogene Gruppen, bei denen sich Menschen aus unterschiedlichen sozialen Kontexten und Kulturen finden. Zudem entwickeln wir zunehmend Gruppen, die für eine bestimmte Zeit im Sinn einer Lebenshilfe-Gruppe unterwegs sind (zum Beispiel Menschen, die in einer Trennungs- bzw. Scheidungszeit leben; Singles).

Es ist unsere Erfahrung, dass es eine zunehmende Anzahl von Menschen gibt, die zwar ein hohes Bedürfnis nach Gemeinschaft haben, aber durch eine brüchige soziale Entwicklung geradezu unfähig sind, die Gemeinschaftsform einer Gruppe zu leben. Einige wünschen sich anonymere Formen der Gemeinschaft, andere eine intensivere Art. Wir haben Patenschaften, Zweier- und Dreierschaften oder auch kommunitäre Formen von Gemeinschaft (Mehrfamilienhaus), die wir weiter fördern wollen.

Die hohe Mobilität in der Gesellschaft erschwert es, dass Menschen in einem gleichbleibenden Wochenrhythmus zusammenkommen können. So sind Gemeinschaftsformen gefragt, die zwar eine hohe Verbindlichkeit haben, jedoch auch ein hohes Maß an zeitlicher Flexibilität ermöglichen.

In den öffentlichen Gemeindeveranstaltungen pflegen wir unsere Willkommensstruktur durch die Aufmerksamkeit für Gäste und Freunde. Dennoch sind hier auch Grenzen gesetzt, besonders durch unterschiedliche nationale Prägungen. Nicht für jeden ist eine wohlgemeinte Umarmung angenehm und nicht jeder möchte gleich angesprochen werden. Der gegenseitige Respekt und auch die Würde des anderen sollten im Blick bleiben.

Eine multikulturelle und internationale Gemeinde ist wie ein missionarischer Magnet in einer Gesellschaft, die sich immer mehr zerteilen will, obwohl sie durch die Migrationsbewegungen und Globalisierung immer mehr zusammengeschoben wird. Dieser gesellschaftlichen Zerreißprobe ist am besten durch eine ungeheuchelte Nächstenliebe und Barmherzigkeit zu begegnen. Dazu gehört es, dass wir neu beachten wollen, welche Bedeutung die Gastfreundschaft hat. Hier lernen wir als Deutsche sehr viel von unseren Freunden aus anderen Nationen. Das Charisma des Teilens wird in Zukunft in einer Gemeinde der Vielfalt eine noch höhere Bedeutung haben.

Vielfalt im evangelistischen Christuszeugnis

Die klassische evangelistische Sonderveranstaltung hat in unserer Gemeinde keinen hohen Stellenwert. Während wir früher in sogenannten Evangelisationen besondere Jahresveranstaltungen mit speziellen Evangelisten gehabt haben und dadurch Menschen in die Nachfolge Jesu gerufen wurden, so kommen heute die meisten Menschen durch persönliche Kontakte, durch Gebetserfahrungen oder durch die erfahrene Gottesnähe bei der sonntäglichen Verkündigung zum Glauben. Es ist unser Wunsch, dass die Gemeinde nicht nur Missionsveranstaltungen vorbereitet, auf die sich dann aller evangelistischer Eifer konzentriert, sondern dass die Gemeinde selbst Mission ist.

Jeder einzelne Christ ist ein „Brief Christi" (2. Korinther 3,3), der gelesen wird. Das Bewusstsein, dass unsere Alltags-, Berufs- und Familienerfahrungen ein starkes Christuszeugnis sind, drückt sich in dem Wort „missional" aus. Es bezeichnet einen missionarisch-evangelistischen Lebensstil, zu dem wir die Mitglieder ermutigen und schulen. Dieser ist die Grundlage für alle weiteren speziellen Events.

Als besonders gutes Instrument erleben wir auch den Alpha-Kurs, bei dem Christen ihre Freunde zu Gemeinschaftsabenden mit einer klaren evangelistischen Ausrichtung einladen. Zudem haben wir regelmäßig Konzerte unterschiedlicher Art. Musik und Kunst spielen in unserer Gemeinde schon seit einiger Zeit eine besondere Rolle, weil wir davon überzeugt sind, dass dadurch Menschen gut angesprochen werden können. Wir haben uns hierbei nicht nur auf klassische Konzerte beschränkt, die regelmäßig stattfinden, sondern auch auf Gospelchormusik oder auf moderne Musik. Auch eine Theatergruppe erreicht mittels der darstellenden Kunst Menschen für das Evangelium. Themenabende, Dinnerabende und vieles andere mehr bieten darüber hinaus ein breites Spektrum von evangelistischen Ansätzen.

Es ist uns ferner bewusst, dass die Gründung und Bildung neuer Gemeinden eine evangelistische Stoßkraft haben kann. Aus diesem Grund unterstützen wir Gemeindegründungsaktivitäten und haben durch die Anstellung eines Pastors für Gemeindegründung hier einen Akzent gesetzt. Bei aller Breite des evangelistischen und missionalen Angebots in der großen Gemeinde werden wir dennoch nicht alle Menschen ansprechen können. So ist es unser Wunsch, dass sich weitere Gemeinden bilden, die diese Vielfalt noch erweitern.

Vielfalt kann sich ferner auch darin zeigen, als Gemeinde das digitale Netz nicht nur zur Selbstdarstellung, sondern als missionarisch-evangelistische Möglichkeit zu nutzen. Dazu haben wir einen eigenen Arbeitsbereich (Diakonat) eingeführt, bei dem die Angebote im Netz koordiniert werden. Gottesdienste werden über Livestream im Netz übertragen; einzelne Schulungseinheiten und persönliche Lebenszeugnisse können modulweise abgerufen werden. Zudem haben wir interaktive digitale Plattformen, wo Themen des Lebens und das evangelistische Zeugnis ihren Platz haben. Wir gehen davon aus, dass eine Gemeinde, die im digitalen Netz gut vertreten ist, auch eine breitere Möglichkeit für das evangelistische Zeugnis hat. Dazu kommt auch die Nutzung von öffentlichen Sendern oder TV-Beiträgen.

Vielfalt im sozialdiakonischen Zeugnis

Es ist keine neue Erkenntnis, dass Menschen in besonderer Not auch eine zunehmende Offenheit für die Sinnfrage und für eine Erfahrung mit Gott haben. Wir helfen und dienen Menschen an unserem Ort und in unserer Umgebung aber nicht nur deshalb, sondern weil wir davon überzeugt sind, dass Gott ein Liebhaber der Menschen ist und dass das Dienen ein Ausdruck des authentischen Lebens mit Gott ist. Dabei haben wir beobachtet, dass die Vielfalt der sozialdiakonischen Aktivitäten für die Integration unterschiedlicher Menschen in der Gemeinde ein zentrales Element sein kann.

Diese Dimension der missionalen Existenz der Gemeinde ist uns in den vergangenen Jahren besonders wichtig geworden. So haben wir die meisten sozialdiakonischen Projekte und Aktivitäten in einem „Netzwerk der Nächstenliebe" gebündelt. Bislang sind etwa fünfzehn Projekte entstanden, u.a.: eine Kinderkrippe, eine Arbeit unter Flüchtlingen, offene Jugend- und Kinderarbeit, ein Jugendzentrum, eine Musikschule, ein Familienzentrum, mehrere Beratungsstellen für Ehe- und Lebensfragen, das Angebot einer Schwangerschaftskonfliktberatung oder auch Schuldnerberatung. Weiterhin haben wir Besuchsdienste aufgebaut, um Menschen in Not oder auch in Senioren- und Altenheimen unserer Umgebung zu begleiten und zu besuchen.

In der sozialdiakonischen Arbeit suchen wir ganz bewusst die Zusammenarbeit mit anderen Trägern und mit den Organen der Stadt. Hier stoßen wir auch an Grenzen, denn der Bedarf ist enorm hoch. Zudem haben wir eine Fülle von Ideen, die wir gern noch umsetzen möchten, um Menschen in unserer Stadt im Namen Jesu zu dienen.

Um die Ortsgemeinde juristisch nicht zu überfordern, haben wir

135

die meisten Projekte in die Rechtsform des Vereins (e.V.) geführt, wobei die inhaltliche Verzahnung und Zusammenarbeit mit der Ortsgemeinde gewährleistet sein muss. Das erleichtert das Erstellen von Haushalten oder auch die Personalverwaltung in diesem Bereich. Unsere Erfahrungen sind diesbezüglich äußerst positiv und wir merken, wie sich Türen in die Stadt und zu ihren Menschen öffnen.

Etwa 15 Prozent aller unserer Mitarbeiter sind in diesem sozialdiakonischen Bereich vorranging ehrenamtlich tätig. Das vielfältige und breite sozialdiakonische Engagement erfährt auch Grenzen, wenn wir mit Organisationen und Menschen zusammenarbeiten, die das Zeugnis von Christus nicht mittragen. Wir wollen uns bei unseren Diensten nicht „den Mund verbieten lassen". Gleichzeitig wollen wir die Diakonie auch nicht auf ein Sprungbrett für das evangelistische Zeugnis reduzieren. Wir wollen reden, wenn wir gefragt werden, aber auch so leben, dass wir gefragt werden.

Vielfalt in der Lehre

Zugegeben, diese Überschrift könnte den einen oder anderen verwirren. Muss die Lehre nicht klar und eindeutig sein? Selbstverständlich! Darum sind wir bemüht und wir wollen alle unsere lehrmäßigen Ausrichtungen und Bekenntnisse immer wieder an dem für uns verbindlichen Zeugnis der biblischen Schriften ausrichten. „Vielfalt" bezieht sich hier nicht in erster Linie auf die Inhalte, sondern auf die Gestalt der Lehre. Lehre kann sich ja nicht allein auf die Sonntagsverkündigung beschränken. Wir bieten daher Seminarwochen an – etwa im Stil einer christlichen Heimvolkshochschule. Während zwei Wochen pro Jahr laufen parallel etwa 5 bis 10 Seminare, zu denen man sich anmelden kann. Zudem haben wir Glaubenskurse oder auch Kurse zu bestimmten Lebensfragen. Diese Kurse werden langfristig koordiniert; zurzeit sind es im Jahr ca. 50 Stück. Sie sollen dazu beitragen, dass Menschen geschult werden und „im Lernen" bleiben.

Ein besonderes Anliegen ist uns auch die Schulung und das Training von unseren Mitarbeitern und leitenden Verantwortlichen. Wir bieten Mentorenschaften an oder durch ein theologisch-missionarisches Studienzentrum des „Instituts für Gemeinde und Weltmission"

(IGW), das in der Gemeinde beheimatet ist, die Möglichkeit, an Vorlesungen teilzunehmen. Es ist uns ein Anliegen, dass Menschen in ihrer Mitarbeit gut gefördert werden, dass wir eine Mitarbeiterkultur pflegen, die von Wertschätzung, Freude und Freiwilligkeit gekennzeichnet ist.

Die Vielfalt der Gemeinde in ihren unterschiedlichen missionalen Ausprägungen könnte dann ihre Grenzen erfahren, wenn die Gemeinde nicht durch eine gute gemeinsame Leitung und Lehre zusammengehalten wird. Ein Schlüssel dafür, dass Einheit und Vielfalt beieinanderbleiben, liegt u.a. darin, dass leitende Mitarbeiter in Demut und Liebe auch Kompetenzen abgeben, weil sonst die eigenen Grenzen zu den Grenzen der Vielfalt in der Gemeinde werden können.

Dr. Heinrich Christan Rust *lebt mit seiner Frau Christiane in Braunschweig. Dort ist er leitender Pastor der Braunschweiger Friedenskirche. Zuvor war er Gemeindepastor in Hannover und Referent für missionarischen Gemeindeaufbau im Bund Evangelisch-Freikirchlicher Gemeinden in Deutschland. Rust ist Autor zahlreicher Bücher zum Thema und Dozent an unterschiedlichen Ausbildungsinstituten.*

Kulturelle Vielfalt als Chance und Herausforderung

Bianca Dümling

Ein Spaziergang durch Berlin: Mädchen mit Kopftuch schlendern durch die Straße. Vor einem Kiosk unterhalten sich Männer afrikanischer Herkunft. Im Park grillen Großfamilien neben jungen Leuten aus aller Welt. Gläubige strömen aus dem „Sri Ganesha"-Hindutempel. Die Kuppeln der russisch-orthodoxen Kirche stechen zwischen den Häuserblöcken hervor. Gegenüber dem Görlitzer Bahnhof steht die Umar-Ibn-Al-Khattab-Moschee.

Deutschland verändert sich demografisch, die kulturelle und religiöse Vielfalt nimmt zu. Geschäfte verkaufen Produkte aus aller Welt. Cafés und Restaurants laden zu einer kulinarischen Weltreise ein. Auf den Straßen erklingen Sprachen, die nur wenige auseinanderhalten können. Ungefähr 20 Prozent der in Deutschland gemeldeten Menschen besitzen einen Migrationshintergrund. Jedes dritte Kind unter fünf Jahren kommt aus einer solchen Familie.[98]

Weit über 50 Prozent der eingewanderten Bevölkerung gehören einer christlichen Kirche an.[99] So wird die kirchliche Landschaft in Deutschland durch syrisch-orthodoxe Gläubige, kongolesische Kimbaguisten, finnische Lutheraner, brasilianische Pfingstler, koreanische Presbyterianer oder polnische Katholiken bereichert. In urbanen Zentren zeichnet sich ab, dass die meisten, die sonntags einen Gottesdienst besuchen, einen Migrationshintergrund besitzen.

Der weltweite Leib Christi ist in unserer Nachbarschaft angekommen. Darin liegt ein großer Reichtum und ermöglicht interkulturel-

---

98 Vergleiche www.bpb.de/nachschlagen/zahlen-und-fakten/soziale-situation-in-deutschland/150599/migrationshintergrund-iii (letzter Zugriff am 21.2.2015).

99 Deutschlandweit gibt es keine genaue Statistik. Im Land Hessen gehören 74 Prozent der Menschen mit Migrationshintergrund einer christlichen Kirche an. Je nach Bundesland variiert der Prozentsatz, aber es ist davon auszugehen, dass er weit über 50 Prozent liegt. Vergleiche Hessisches Ministerium der Justiz, für Integration und Europa (Hrsg.): Integration nach Maß – der hessische Integrationsmonitor 2010, S. 103f.

le Gemeinschaft vor Ort. Doch wie kann sie heute gelebt werden? Stärkt die Begegnung mit einem fremden Frömmigkeitsstil den eigenen Glauben oder erzeugt sie Verunsicherung? Führt die aktive Auseinandersetzung mit der kulturellen und religiösen Vielfalt zu einem mündigen Glauben oder vielleicht gerade zur Dekonversion? Diese Fragen werden in den nächsten Abschnitten erörtert.

Kulturelle Vielfalt in der Bibel

Zuerst ein Blick in die Bibel, ein Buch voller Migrationsgeschichten und interkultureller Begegnung. Das Alte Testament zeugt davon, wie Migration, Flucht und Vertreibung immer wieder zum Segen für die Menschheit wurden. Die Geschichten von Abraham, Josef oder Rut sind nur einige Beispiele. Vielfalt ist von Gott gewollt und initiiert.

Das Pfingstwunder verdeutlicht die interkulturelle Grundlage der urchristlichen Gemeinde. Der Heilige Geist ermöglicht es Menschen aus aller Welt, die zum Schawuot nach Jerusalem kommen, das Evangelium in ihrer Muttersprache zu hören (Apostelgeschichte 2,9-11). Aus den in Jerusalem ansässigen Judenchristen, die alle einen unterschiedlichen kulturellen Hintergrund hatten, formte sich die erste Gemeinde:

> *Die nun sein Wort annahmen, ließen sich taufen; und an diesem Tage wurden hinzugefügt etwa dreitausend Menschen. Sie bleiben aber beständig in der Lehre der Apostel und in der Gemeinschaft und im Brotbrechen und im Gebet. (…) Alle aber, die gläubig geworden waren, waren beieinander und hatten alle Dinge gemeinsam. Sie verkauften Güter und Habe und teilten sie aus unter alle, je nachdem es einer nötig hatte (Apostelgeschichte 2,41-45).*

Diese Verse skizzieren das Wesen der interkulturellen Gemeinschaft im Leib Christi, die auch auf den Ausgleich von materiellen wie spirituellen Ressourcen unter den Mitgliedern abzielte.

Vom Anfang der christlichen Gemeinschaft schwenkt nun der Blick zur eschatologischen interkulturellen Gemeinschaft. Jesus beschreibt sie als ewige Tischgemeinschaft: „Und es werden kommen von Osten und von Westen, von Norden und von Süden, die zu Tisch sitzen werden im Reich Gottes" (Lukas 13,29). Johannes verweist auf die interkulturelle Anbetung:

> *Danach sah ich, und siehe, eine große Schar, die niemand zählen konnte, aus allen Nationen und Stämmen und Völkern und Sprachen; die standen vor dem Thron und vor dem Lamm, angetan mit weißen Kleidern und mit Palmzweigen in ihren Händen, und riefen mit großer Stimme: Das Heil ist bei dem, der auf dem Thron sitzt, unserm Gott und dem Lamm (Offenbarung 7,9-10).*

Der Leib Christi startete als interkulturelle Gemeinschaft und wird als solche in Ewigkeit bestehen. Deshalb gibt es für die Zwischenzeit keine Alternative, außer an ihrer eschatologischen Vision festzuhalten und diese in allen Lebensbereichen anzustreben.

Eine große Herausforderung

Der Abstand zwischen Anspruch und Wirklichkeit ist jedoch sehr groß. Schon die urchristlichen Gemeinden scheiterten immer wieder daran, Gemeinschaft interkulturell zu leben (man denke an den Konflikt bei der Witwenspeisung, Apostelgeschichte 6). Paulus ermahnte sie deshalb, einander zu ertragen, betonte die Zusammengehörigkeit des Leibes Christi und predigte Einheit in Vielfalt. Dabei wurde deutlich, dass die eigene Kraft zwar nicht ausreicht, der Heilige Geist aber dazu befähigt, Gemeinschaft interkulturell zu leben (2. Korinther 12; Epheser 4; Galater 3; Kolosser 3). Gleichzeitig liegt es in der Verantwortung des Einzelnen, diese aktiv zu gestalten.

Die entscheidende Grundlage ist die Anerkennung, dass der Leib Christi berufen ist, Gemeinschaft interkulturell zu leben, und dass es dazu trotz aller Herausforderungen keine Alternative gibt.

Im heutigen Kontext entstehen interkulturelle Gemeinschaften auf vielfältiger Weise. Die praktische Erfahrung zeigt, dass fünf grundlegende Aspekte zu beachten sind, damit interkulturelle Gemeinschaft gelingen kann:

Interkulturelle Gemeinschaft ...

(1) entsteht durch persönliche Beziehungen.

(2) verlangt Kontinuität, damit sich die Beziehungen entwickeln können.

(3) setzt sich aus Menschen mit unterschiedlichem kulturellen Hintergrund im gleichen Verhältnis zusammen. Sie darf nicht von einem kulturellen Hintergrund, vor allem nicht dem einheimischen, dominiert werden.

(4) lebt von Gleichberechtigung. Entscheidungen oder inhaltliche Impulse werden nicht von denen bestimmt, die sich besser artikulieren können oder mehr Ressourcen haben.

(5) beinhaltet Austausch und Ausgleich materieller wie spiritueller Ressourcen. Jeder ist gebend und empfangend zugleich. Materielle Ressourcen übertrumpfen dabei nicht soziale oder spirituelle.

Der „dritte Raum"

In der Praxis wird interkulturelle Begegnung oft mit der Integration interkultureller Elemente in deutsche Abläufe gleichgesetzt. Das Bedürfnis vieler Deutscher, Kontrolle über alle Aspekte des Lebens auszuüben, ist sehr verbreitet. Die Unterschiede zwischen deutscher Struktur und interkultureller Flexibilität scheinen oft unüberbrückbar und führen zu Frustration und Missverständnissen. Traditionelle Strukturen, sowohl deutsche als auch im Migrationskontext, lassen nur wenig Raum für gleichberechtigte interkulturelle Gemeinschaft. Dafür ist es nötig, den eigenen kulturellen Kontext zu verlassen und in einen Zwischenraum zu treten. Homi Bhabha beschreibt diesen als „dritten Raum"[100], der niemandem gehört und gleichberechtigt gestaltet werden kann.

Gemeinsam werden neue Wege der Begegnung und Zusammenarbeit ausgehandelt. Dabei geht es nicht darum, die eigene kulturelle Prägung aufzugeben, sondern diese einzubringen, ohne zu dominieren, was vielen Deutschen schwerfällt. Den „dritten Raum" gleichberechtigt zu gestalten, bedarf der Bereitschaft, sich bewusst

---

100 Homi K. Bhabha, Die Verortung der Kultur, Tübingen 2000.

mit Menschen auf den Weg zu machen, die anders denken, fühlen und glauben. Einander zuzuhören, ohne zu bewerten, erweist sich als grundlegend, um Beziehungen zu bauen, Vertrauen zu gewinnen und Vorurteile abzubauen. Fremdheit zuzulassen und auszuhalten sowie von anderen zu lernen, ist ebenfalls entscheidend. Interkulturelle Gemeinschaft lebt von Buße, Vergebung und Versöhnung auf persönlicher, aber auch struktureller Ebene.

Solch ein „dritter Raum", in dem Gemeinschaft interkulturell gelebt werden kann, eröffnet sich in Freundschaften, Seminaren, Bibel- und Gebetskreisen, Vorbereitungsteams oder Musikgruppen. Außerdem gibt es Orte, die sich bewusst als „dritte Räume" verstehen, zum Beispiel die Stiftung „Himmelsfels" in Spangenberg, das Café „Why Not?" in Hamburg oder das Stadtnetzwerk „Gemeinsam für Berlin".[101]

Obgleich die Gemeinschaft hauptsächlich im „dritten Raum" gelebt wird, gehört es daneben auch dazu, den Kontext, die Gottesdienste der anderen zu besuchen, um sich gegenseitig einen tieferen Einblick in die Lebenswelt zu geben.

Keine Dominanz

Obwohl es angestrebt wird, ist auch der „dritte Raum" nicht frei von der vorherrschenden gesellschaftlichen Dynamik. Durch den Zugang zu Ressourcen, die sprachliche Überlegenheit und organisatorische Effizienz neigen Deutsche leicht dazu, den „dritten Raum" zu dominieren.

Interkulturelle Begegnung findet eben nicht im luftleeren Raum statt und ist durch soziokulturelle, rechtliche sowie ökonomische Einflüsse geprägt. In Deutschland herrscht ein großes Machtungleichgewicht zwischen Bürgern mit und ohne Migrationshintergrund. Der ungleiche Zugang zu Ressourcen, sozioökonomische Unterschiede, strukturelle Diskriminierung und Alltagsrassismus bestimmen die Beziehungen zueinander oft auch im christlichen Kontext. Diese gesellschaftliche Realität muss reflektiert werden.

Ein Beispiel dafür ist die Begegnung mit Flüchtlingen. Flüchtlin-

---

101 Weitere Information gibt es unter: www.himmelsfels.de; www.why-not.org; www.gemeinsam-fuer-berlin.de (letzter Zugriff am 22.4.15).

ge suchen Sicherheit und Hilfe, die ihnen unbedingt zu gewähren ist. In den letzten Monaten gab es wunderbare Beispiele dafür, wie dies praktisch gelebt wird. Dabei darf aber nicht vergessen werden, dass gerade Flüchtlinge eine unglaubliche Lebenserfahrung mitbringen. Ihre Geschichten zeugen von Mut und Stärke, Entschlossenheit und Überlebenswillen, von denen Deutsche sehr viel lernen können. Werden Flüchtlinge nur als bedürftig gesehen, verpasst man, sich von ihnen beschenken und bereichern zu lassen. Wohltätiges Handeln alleine reicht nicht aus, um Gemeinschaft interkulturell zu leben. Gemeinschaft beruht auf Gegenseitigkeit.

So verfügen zwar viele Migranten und Flüchtlinge kaum über materielle Ressourcen, sind dafür aber reich an sozialen und spirituellen Ressourcen. Deshalb bietet interkulturelle Gemeinschaft einen unglaublichen Reichtum und ein großes Lernfeld, das den eigenen Glauben auf unterschiedliche Art stärken kann, trotz aller Herausforderungen.

Lernen von Glaubenserfahrungen

In Deutschland ist die soziale Absicherung und Lebensqualität sehr hoch. Deutsche Bürger sind in der Regel gut versorgt. Für viele Migranten und Flüchtlinge sieht es ganz anderes aus. Sie kämpfen häufig mit finanziellen und sozialen Schwierigkeiten und treffen aufgrund ihrer Herkunft auf viele strukturelle Herausforderungen. Dennoch oder gerade deshalb halten sie an Gottes Verheißungen fest und setzen ihre ganze Hoffnung auf ihn. Sie erwarten und vertrauen, dass Jesus Gebete beantwortet, Krankheiten heilt und ganz konkret im Alltag eingreift. In ihren Geschichten ist Gottes Handeln und seine Versorgung immer wieder zu erkennen. Die Erfahrung der Geschwister aus aller Welt gibt Hoffnung und kann den Glauben derer stärken, die ihre Geschichten hören.

Kultur des Dialoges

Um Gemeinschaft interkulturell zu leben, braucht es einen ständigen Dialog. Es gibt keine einheitliche (Gemeinde-)Kultur, an die sich jeder anzupassen hat. Das Gefühl, nicht dazuzugehören, wird nicht vermittelt, da jeder sowieso anders ist. Die kulturell geprägte Interpretation der Bibel führt dazu, dass Perspektiven, die von den einen für selbstverständlich gehalten werden, von den anderen hinterfragt werden. Gleichzeitig eröffnet es den Raum, Neues über Gott zu entdecken. Ehrliche Gespräche können entstehen, da nichts unter dem Deckmantel „einer" Kultur verschleiert wird. Die kreative Spannung zwischen dem gemeinsamen Ergründen von Themen und der Unterschiedlichkeit kann neue Freiheit schenken und den Glauben stärken.

Lernen von der anderen Lebenspraxis

Es gibt klassische Beispiele, die aufgeführt werden, wenn es darum geht, was Deutsche von Migranten lernen können: Flexibilität und Gastfreundschaft. Oder was Migranten von Deutschen lernen können: Pünktlichkeit, Organisation und Effizienz. Die Stärke einer interkulturellen Gemeinschaft ist es, beides zu verbinden, ohne das eine dominieren zu lassen.

Bevor eine deutsche Gemeinde beispielsweise ein Projekt beginnt, muss jedes Detail geklärt sein und es braucht mehrfache Absicherung. Diese hohen Hürden können neuen Ideen oft im Weg stehen. Im interkulturellen Kontext besteht mehr Flexibilität, Projekte werden gestartet, ohne jedes Detail geplant zu haben. Vieles ist provisorisch und entsteht im Moment, basiert nicht auf materiellen Ressourcen, sondern auf Gottvertrauen und Improvisation. Dies kann jedoch auch dazu führen, dass Projekte sich nach kurzer Zeit auflösen, da wichtige Details nicht beachtet wurden. In der Zusammenarbeit liegt eine Kraft, die es noch zu entdecken gibt und neue Türen des Erlebens und Glaubens öffnen kann.

Festhalten an der eschatologischen interkulturellen Gemeinschaft

Gott steht zu seinen Verheißungen. Die eschatologische interkulturelle Gemeinschaft ist eine davon. Dieser auf der Spur zu sein, öffnet neue Räume der Gottesbegegnung für alle Menschen. Jesus betet:

„Ich bitte aber nicht allein für sie, sondern auch für die, die durch ihr Wort an mich glauben werden, damit sie alle eins seien. Wie du, Vater, in mir bist und ich in dir, so sollen auch sie in uns sein, damit die Welt glaube, dass du mich gesandt hast" (Johannes 17,20-21). Die Gottesbegegnung im „Eins-Sein" geht an keinem ohne Auswirkung vorüber und stärkt den Glauben.

Interkulturelle Kompetenz in einer multireligiösen Welt

Gemeinschaft interkulturell zu leben, ist ein hoher Anspruch und es braucht einige Voraussetzungen und Kompetenzen, damit diese gelingt und Glauben gestärkt werden kann. Das Miteinander von Christen mit und ohne Migrationshintergrund fördert ihre interkulturelle Kompetenz in einer pluralistischen und multireligiösen Welt. Die Begegnung mit Menschen anderer Kulturen fordert ferner eine aktive Auseinandersetzung mit der eigenen ethnischen und christlichen Identität. In einer interkulturellen Gemeinschaft ist es nicht möglich, einfach „mitzulaufen", das zu glauben, was alle anderen in der Gemeinde glauben, nur um eines Tages zu erkennen, dass der Glaube der anderen eigentlich nichts mit dem eigenen Leben zu tun hat. Diese Auseinandersetzung kann entscheidend dazu beitragen, einen mündigen Glauben zu entwickeln.

Gleichzeitig ist interkulturelle Gemeinschaft jedoch selten perfekt und darf nicht idealisiert werden, deshalb stärkt nicht jede interkulturelle Begegnung den Glauben automatisch. Jede Kultur, jede Tradition, jeder Mensch hat Schattenseiten, aber trotz dieser Unvollkommenheit liegt großes Potenzial darin, das kaum ausgeschöpft ist. Dennoch gibt es einige Projekte und gemeindliche Initiativen, die zeigen, dass sich Menschen auf den Weg gemacht haben und dass dritte Räume geschaffen wurden, um Gemeinschaft interkulturell zu leben.

In Deutschland liegt noch ein langer Weg vor dem Leib Christi, auf dem alle voneinander lernen müssen. Wir Deutschen stehen vor der Herausforderung, materielle Ressourcen und Repräsentationsmacht abzugeben und den Reichtum, den Migranten mitbringen, anzunehmen. Die Geschwister aus aller Welt dürfen sich nicht entmutigen lassen, trotz sprachlicher und kultureller Barrieren das einzubringen, was Gott ihnen gegeben hat. Gleichzeitig gilt es dabei zu lernen, auf den kulturellen Kontext in Deutschland zu achten. Am Ende zählt, die Vision der eschatologischen interkulturellen Gemeinschaft nicht aus dem Blick zu verlieren und darauf zu vertrauen, ihr jeden Tag ein Stück näher zu kommen. In dieser Gemeinschaft wirkt der Geist Gottes, in der Einheit der Christen liegt die Verheißung, dass die Welt glaubt, dass der Vater Jesus Christus in die Welt gesandt hat (Johannes 19,21).

Dr. Bianca Dümling *ist seit vielen Jahren in der interkulturellen Arbeit tätig – zuerst bei der Stiftung Himmelsfels, dann beim Emmanuel Gospel Center in Boston, USA. Gleichzeitig promovierte sie zum Thema „Migrationskirchen in Deutschland. Orte der Integration" an der Universität Heidelberg. Seit 2014 ist sie Leiterin der interkulturellen Zusammenarbeit des ökumenischen Stadtnetzwerks „Gemeinsam für Berlin" und stellvertretende Leiterin des „Berliner Institut für Urbane Transformation".*

Praxisidee – Zeit des Meisters

Christina Brudereck

Meine eigene Suche nach Gott, meine Sehnsucht und meine Fragen haben mich oft mit Menschen zusammengebracht, die ebenfalls pilgern und Gott in ihrem Leben aufspüren wollen. Privat geschieht viel im Gespräch. Beruflich habe ich versucht, Orte und Formate zu erfinden, die an die spirituelle Suchbewegung unserer Zeit anknüpfen können. So ist auch die Idee, das Projekt, „Zeit des Meisters" entstanden.

Mitten in der Fußgängerzone zieht mich das große offene Portal einer Kirche an. Ich trete ein und finde mich in einer anderen Welt wieder. Es ist still. Dunkler als draußen, aber bunte Fenster und eine Menge Kerzen schaffen ein besonderes Licht. Ich höre leise Musik, rieche einen besonderen Duft. In den Bänken sitzen einzelne Menschen und beten oder lesen. Einige knien auf Gebetsbänken. Andere bewegen sich langsam durch den Raum.

Was kann man hier erleben?, frage ich mich und entdecke in den nächsten Minuten den Raum. Der Ton einer Klangschale unterbricht mich und ich fühle mich gerufen. „Zeit des Meisters" – dieser Titel ist mir vor der Kirche aufgefallen und begegnet mir drinnen auf Flyern und den Textheften, die in den Bänken liegen. Ich öffne eins und verfolge mit, wie ein Gebet gesprochen wird.

„Zeit des Meisters" ist ein Angebot für spirituell Kreative. *Suchende, religiös Interessierte, oft belesen, weit gereist. Sie sollen sich in einer Kirche wiederfinden können.* In einem offenen sakralen Raum mitten in der Stadt, mitten im Leben (oder auch: *auffindbar* am Rand der Stadt). In einer Kirche, einer Kapelle, die ein Dach für die Seele bietet. Einem Erfahrungsraum für Gebet, Meditation und Stille. Einem Ort, der eine Insel der Ruhe ist. Der Gelegenheit gibt, innezuhalten, nach innen zu sehen, Heiligem nachzuspüren. In der Innenstadt von Essen im Ruhrgebiet, in Hannover-Linden, in Pirna, in Berlin-Schöneberg. *In einer Industriestadt, einem Ort für Touristen, einem Szene-Stadtteil in der Hauptstadt.*

Von 9 Uhr früh bis 20 Uhr spät (während der Ladenöffnungszeiten) gibt es jeweils zur vollen Stunde ein Gebetsangebot, in Anlehnung an die Tradition klösterlicher Stundengebete. Zum Beispiel ein Morgengebet, ein Schöpfungs-, ein Friedensgebet. Das Gebet der Zweifel. Ein Atemgebet. Eine Meditation zum inneren heiligen Raum. Das Gebet mit den Perlen des Glaubens. Am Schluss des Tages das Gebet für Familie Mensch. Der Gedanke der Achtsamkeit ist bedeutend. Das bewusste Atmen. Die Idee von Verwobenheit. Die Mitarbeitenden haben entschieden: „Wir erklären nicht. Wir schaffen einen Raum für Erfahrung. Wir feiern ein Geheimnis."

Ablauf

Jeweils zur vollen Stunde läutet der Ton der Klangschale das nächste Gebet ein und hilft dabei, still zu werden, dem leiser werdenden Ton nachzuhören und dabei selbst zur Ruhe zu kommen. Die Sprecherin oder der Sprecher (eine Person aus dem Team) verneigt sich kurz zur Begrüßung. Texthefte liegen in den Bänken und auf den Plätzen vor den Kniebänkchen und Yogamatten, so können die Gebete, wenn gewünscht, mitgesprochen und mitverfolgt werden.

In der folgenden 10- bis 15-minütigen Gebetszeit gibt es verschiedene Impulse: Texte aus der Mystik, Liedzeilen von Jochen Klepper. Gebete und Impulse aus verschiedenen Traditionen, aus dem Judentum, dem Christentum, dem Buddhismus, dem Sufismus. Texte von Dietrich Bonhoeffer, Martin Buber, Jalal od-Din Rumi, Thich Nhat Han. Texte aus der Bibel. Zeit zum Schweigen und bewusstem Atmen. Kleine Lieder aus Taizé, gemeinsam gesprochene Texte. Zum Beispiel heißt es im Mittagsgebet:

Ich bin auf der Suche nach der Mitte.
Ich möchte ins Zentrum des Ganzen finden.
Ich mache mich auf die Reise nach innen.
Ich würde gerne Zusammenhänge verstehen,
die Einseitigkeit hinter mir lassen,
die Lebenskunst der Balance lernen.
Meine Sehnsucht zieht mich.
Dabei vertraue ich mich Gott an.
Ich öffne mich für Eindrücke aus der Anderswelt.

Ich wünsche mir die Haltung der Aufmerksamkeit.
In der Mitte des Tages
mache ich mich auf die Suche
nach der Mitte meines Lebens.

„Zeit des Meisters" wird von einem „Kloster auf Zeit"-Team begleitet, von einer Gruppe Ehrenamtlicher, von Menschen aus der Gemeinde oder von ihrem Rand, die ihrer eigenen Suche nachgehen wollen. Sie nehmen für eine Woche oder einige Tage Urlaub oder richten ihren Alltag für diese Zeit so ein, dass sie zum Beispiel täglich nach der Arbeit in die Kirche kommen. Die Teammitglieder nutzen diese Zeit für sich selbst, ihre Anwesenheit, ihre Beteiligung beim Sprechen der Texte und beim Singen trägt gleichzeitig zur Stimmung in der Kirche bei und bietet den Gästen Orientierung.

Viele Chancen und Möglichkeiten

In einer Woche kann viel passieren. Menschen kommen zufällig oder verabredet, über den ganzen Tag verteilt. Menschen, die neugierig sind, angelockt durch die Presse oder durch das große Banner außen an der Kirche, eingeladen von Freundinnen und Freunden; sie kommen einmalig vorbei oder sie kommen wieder. Was sie lockt: in der eigenen Stadt ein Kloster erleben. Mit großer Freiheit und Freiwilligkeit ausprobieren, welche Elemente des Glaubens sie erfüllen. Beteiligt zu sein ohne Zwang. Kommen und gehen zu dürfen. Worte zu entdecken, Gesten und Bilder/Zeichen, die sie inspirieren.

Es duftet nach Räucherstäbchen. Die Musik im Hintergrund ist eine Mischung aus Gregorianik, Taizé, Händel, Zen-Connection, Sting und Seal. Man kann sitzen, schweigen, durch die Kirche gehen, Bilder ansehen, auf dem großen Büchertisch stöbern, ein Buch mit auf einen Platz nehmen, lesen, im Gästebuch blättern, eine Kerze anzünden oder nach dem Vorbild eines der Teammitglieder ein Kniebänkchen ausprobieren oder eine Yogamatte.

Im Gästebuch kann man lesen:

„Eine Oase der Stille mitten im Lärm der Stadt."

„Danke, ich brauchte einen Raum zum Weinen."

„So gelingt mir der Wiedereintritt in den Glauben."

Ganz praktisch

Eine Woche, das sind 91 Stundengebete. Etwa 840 Teelichte. 40 Räucherstäbchen. 30 Päckchen Taschentücher. Viele frische Blumen. Wir haben erlebt: dass Weite uns öffnet. Dass die Kirche ein Dach für die Seele bieten kann. Dass viele weinen. Dass viele dankbar sind, die eigenen mystischen Wurzeln wiederzuentdecken. Dass die Anknüpfungspunkte aus verschiedenen Traditionen wie offene Fenster wirken. Dass aus pilgernden Einzel-Seelen eine singende, betende, schweigende, hoffende Gemeinschaft wird.

Christina Brudereck spricht und reimt, reist und schreibt und verbindet dabei Theologie und Lyrik, Spiritualität und Kultur. Sie lebt in Essen als Mitglied der evangelischen Kommunität Kirubai und engagiert sich im CVJM e/motion, einem Gemeinde-Kultur-Projekt mitten im Ruhrgebiet.

Teil 3
Auf dem Weg in Familien und Gemeinden

Der Glaube unserer Interviewpartner wurde vor allem in ihren Familien und Gemeinden geprägt. Gerade hier kann sich der Glaube entfalten und entwickeln. Gleichzeitig können aber auch Probleme auftreten, die den einen oder anderen am Weitergehen hindern.

Die Autoren in diesem Teil greifen einige zentrale Themen auf, bei denen es mit Blick auf die Familie und Gemeinde immer wieder zu Herausforderungen kommt. Sie setzen sich damit auseinander, wie sich eine Atmosphäre schaffen lässt, die ermutigt, gemeinsam auf dem Weg zum mündigen Glauben zu bleiben. Dabei werden sowohl eher organisatorische Themen wie eine gute Begleitung von Ehrenamtlichen, aber auch ganz persönliche wie Erziehung angesprochen.

Andreas Malessa nimmt das „Eltern-Kinder"-Thema in seinem Beitrag „Deiner Mutter bricht das Herz! – wenn Kinder nicht mehr gläubig leben" auf und bietet betroffenen Eltern drei „Herzschrittmacher" an, die ihnen helfen sollen, mit den unterschiedlichen Entwicklungen ihrer Kinder umzugehen.

Wilhelm Faix widmet sich einem wichtigen und zugleich oftmals vernachlässigtem Thema: „Kinder im Glauben erziehen". Nah an den gesellschaftlichen Umbrüchen und deren Auswirkungen auf die Familie und mit vielen praktischen Beispielen beschreibt Faix, wie Glaube in der Familie eine sichtbare Gestalt bekommen kann. Dabei geht er auch auf vermeintliche Hindernisse ein und stellt neun sehr praktische Hilfestellungen zur christlichen Erziehung für Eltern vor.

Viele ehemalige Christen berichteten von einem problematischen Umgang mit Macht in Kirchen und Gemeinden. Dort, wo Macht missbraucht und ggf. Glaube instrumentalisiert wird, wird die Entwicklung eines gesunden, mündigen Glaubens erschwert oder verhindert. Diesem Thema widmet sich **Martina Kessler** in ihrem Beitrag „Machtfallen in Gemeinden". Ganz praktisch gibt sie Hinweise, wie man mit Machtmenschen umgehen kann, wie man vermeiden kann, in die Opferrolle zu kommen oder in dieser verhaftet zu bleiben, und welche Rolle institutionelle Strukturen in dieser Hinsicht spielen.

Auf dem Hintergrund vieler Erfahrungen als Leiter sowie als Berater von Gemeindeleitungen stellt **Christopher Rinke** vor, wie eine „verantwortungsvolle Leitungskultur" gestaltet und gefördert werden kann. Er betrachtet dabei auch die Kluft zwischen Anspruch und Umsetzung und macht klar, dass die Verantwortung oft größer ist und weiter reicht, als Leitende sich manchmal bewusst sind. Schließlich reflektiert er, was konkrete Wege sein können, um Menschen nachzugehen, die die Gemeinde und vielleicht auch ihren Glauben verlassen haben, weil sie in der Gemeinde verletzende Erfahrungen gemacht haben.

Die Studie „Warum ich nicht mehr glaube" zeigte an vielen Stellen auf, dass das ehrenamtliche Engagement bei jungen Menschen so eng mit dem Glauben verzahnt sein kann, dass die Beziehung zu Gott bei Problemen mit der Gemeinde, Herausforderungen im jeweiligen Dienstbereich oder bei Überlastung ernsthaft Schaden nimmt. **Edith Höll** bietet aus ihrer Tätigkeit als Pfarrerin, Seelsorgerin und Ehrenamtsmanagerin „Ehrenamtliche – gefördert oder überfordert?" Einblicke, warum dies so ist und wie sich ein achtsamer Umgang mit Ehrenamtlichen gestalten lässt.

Jennifer Paulus lädt zu einem neuen Blickwinkel auf Sexualität im Rahmen christlicher Jugendarbeit, ja in Gemeinden überhaupt in ihrem Beitrag „Sexualität und Gemeinde – eine neue Perspektive" ein. Einer oft dominierenden Verbotskultur und der damit verbundenen Sprachlosigkeit stellt sie die Chancen einer ganzheitlichen Bildung gegenüber, die Jugendliche dazu befähigt, sich selbst und die eigene Sexualität jenseits moralisierender Unterdrückung im Spiegel biblischer Schöpfungstheologie wahrzunehmen.

152

„Deiner Mutter bricht das Herz!" – wenn Kinder nicht mehr gläubig leben

Andreas Malessa

Die Tochter einer evangelikalen Paartherapeutin und Seelsorgerin arbeitet in einem Sexshop und verkauft dort Dildos und Porno-DVDs. Der Sohn einer „Homeschooler"-Familie (die ihre Kinder aus Glaubensgründen nicht in öffentliche Schulen schicken, weil im Fach Biologie Evolutionstheorie statt Kreationismus unterrichtet wird) ist heute glamourös im Showgeschäft tätig. Die Tochter eines in den 70er-Jahren prominenten „Jesus People"-Predigers bekam drei Kinder von zwei Ex-Männern, bevor sie 30 war. Die Fälle sind nicht erfunden. Ich bin mit allen drei Elternpaaren befreundet.

Dass Kinder *beruflich* das Gegenteil von dem machen, was sich ihre Eltern wünschten (Ingenieurssohn wird Balletttänzer, Musikertochter wird Bankkauffrau) – geschenkt! Hat's immer gegeben.

Dass sich Kinder *lebensweltlich* ein diametral entgegengesetztes Milieu suchen zu dem, in welchem sie groß wurden (Alt-68er-Tochter heiratet Bundeswehroffizier, Sohn eines CSU-Granden lebt auf ostdeutschem Öko-Bauernhof) – auch geschenkt! Hat es immer gegeben und wird es auch immer geben.

Dass erwachsene Kinder *ethisch* andere Prioritäten setzen als ihre Eltern es gerne hätten – ein Dauerbrenner seit Jahrhunderten (Nikotin-, Alkohol-, Cannabiskonsum, Mediennutzung, Masturbation, vorehelicher Sex, Ehe ohne Trauschein, Umgang mit Geld, Beziehungspflege zu Verwandten und Freunden, Wertschätzung preußischer Tugenden etc.). Diese Bruchlinien bringen immerhin zigtausende Ratgeber-Autoren, Seelsorger, Coaches und Hilfswerk-Mitarbeitende in Lohn und Brot.

„Nun ja, wir sind mit vielem nicht einverstanden, aber Hauptsache, sie sind glücklich und kriegen ihr Leben halbwegs auf die Reihe", höre ich dann die Väter und Mütter seufzen.

Dass Kinder aber *geistlich* den Glauben, das Christsein, die kirchliche Bindung, das missionarisch-diakonische Engagement ihrer

Herkunftsfamilie ablehnen und ablegen wie einen verschlissenen Wintermantel – das tut frommen Eltern weh. Weil es im Kern eine Geringschätzung oder gar Ablehnung ihres Welt- und Menschenbildes, ihrer Weltanschauung und Werteordnung darstellt. Selten explizit formuliert, oft aber implizit vorgelebt.

Drei Herzschrittmacher

Die letzte soziologische Mitglieder-Untersuchung der EKD vom 7. März 2014 („Engagement und Indifferenz") hat statistisch belegt, was empirisch überall zu besichtigen ist: Gottesdienste und kirchliche Veranstaltungen werden von immer weniger und immer älteren Menschen besucht. Nur die Hälfte der 14- bis 21-Jährigen bezeichnet sich als „religiös geprägt", und ob diese Hälfte tatsächlich noch Tisch- und Abendgebet, tägliche oder gelegentliche Bibellese und sonntäglichen Gottesdienstbesuch praktiziert, sei dahingestellt. Unter den nominell noch als Mitglieder registrierten jungen Protestanten „schließen 20 Prozent der Unter-30-Jährigen eine Taufe ihrer künftigen Kinder aus" (epd vom 9.3.14). Heißt doch wohl: Sie werden religiös-rituell nicht mehr das tun, was ihre Eltern taten.

Das Wort „Traditionsabbruch" geht kirchlich Bediensteten zwar immer bedauernd, meist aber erstaunlich leicht von den Lippen. So wie man „Grippewelle" sagt oder „verregneter Sommer". Gibt's halt, kannste nix machen. Dabei steckt im viel zitierten „Traditionsabbruch" doch ein massiver Vorwurf an die Eltern, oder nicht? Je engagierter die in ihrer Gemeinde sind, umso deutlicher hören sie den.

Gläubige Väter und Mütter „springen im Dreieck", sprichwörtlich. Drei Herzschrittmacher geben nämlich unaufhörlich Impulse: der Selbstzweifel, der Selbsterhaltungstrieb und die Elternliebe.

1. Der Selbstzweifel fragt: Was haben wir falsch gemacht, dass unsere Kinder unseren Glauben nicht wenigstens nachahmenswert finden? War unser Christsein so abstoßend, dass sie Gott, Jesus, der Bibel, der Gemeinde und jeder christlichen Ethik den Rücken kehrten, sobald sie erwachsen wurden? Waren und sind wir so schlechte Zeugen des Evangeliums, dass unsere Kin-

der nicht zwischen der Abnabelung von uns und der Abkehr von Gott unterscheiden konnten?

2. Der Selbsterhaltungstrieb sagt: Wir dürfen nicht den Rest unseres Lebens mit Grübeln und Grämen verbringen. Wir werden unsere Gemütskräfte nicht in familiären Glaubenskriegen aufreiben. Unsere nervlichen und seelischen Kräfte schwinden auch so schon, altersbedingt. Abnabelung geschieht von beiden Seiten, also ziehen wir einen Strich. Liebe erwachsene Kinder, ob ihr an Jesus als Erlöser glaubt, ob ihr noch betet, Bibel lest und zur Kirche geht, woraus ihr eure Alltagsmoral bezieht und wie ihr damit klarkommt – das geht uns nichts mehr an! Wir machen jetzt eine Mittelmeer-Kreuzfahrt auf den Spuren des Apostels Paulus, Israel, Malta und so, mit Morgenandachten und Lobpreismusik. Mission accomplished, Feierabend!

3. Die Elternliebe sagt: Genau das funktioniert ja nicht. Es sind doch unsere *Kinder*! Wir wollen sie ver-stehen, ihnen bei-stehen, zu ihnen stehen! Solidarisch, loyal, respektvoll. Wir wollen an ihrem Leben, also auch an ihrem Denken und Fühlen, teilhaben. Ihre Glaubenszweifel, ihre Gottesferne, ihre Verletzungen oder gar Wut wollen wir ernst nehmen. Wir werden gegenüber neugierigen oder ehrlich besorgten Nachfragen gläubiger Freunde den Glaubensverlust unserer Kinder schönreden. Und unseren heimlichen Schmerz verschweigen.

Haben gläubige Eltern ungläubiger Kinder das Pech, in einer Gemeinde am rechten Rand des evangelikal-charismatischen Spektrums zu leben, unter fundamentalistischen Konservativen, wird ihnen möglicherweise der Selbstzweifel zur Bußübung hochstilisiert, („Ihr habt offenbar nicht genug für sie gebetet!"), der Selbsterhaltungstrieb als Sünde angekreidet („Wer *sein* Leben liebt, wird es verlieren") und die Elternliebe als mutlose Lauheit vorgeworfen („Wer nicht alles verlässt um Christi willen ...").

Auch das ist keineswegs erfunden: Ein Kirchengemeinderats-Vorsitzender wurde zum Rücktritt gezwungen, weil seine Tochter unverheiratet mit ihrem Freund zusammenlebte. Begründung war

1. Timotheus 3,5: „Denn wenn jemand seinem eigenen Haus nicht vorzustehen weiß, wie soll er für die Gemeinde Gottes sorgen?"

In solchen Kreisen wird den gläubigen Eltern ungläubiger Kinder bestenfalls Mitleid entgegengebracht, wenn ihre Kinder krachend scheitern, wenn sie persönlich und beruflich Schiffbruch erleiden, wenn die Eltern zur Rettung sozialer Katastrophen eilen müssen. Da scheint es nämlich einen (vermeintlich) ursächlichen Zusammenhang zwischen Gottlosigkeit und Lebensuntüchtigkeit, Sünde und Unglück, Schuld und Schicksal zu geben.

Das Problem

Die Mehrheit der glaubensfernen Kinder aus frommen Elternhäusern aber – Gott sei's gedankt – landet ja weder im Knast noch im Puff, sondern lebt privat glücklich, beruflich erfolgreich und finanziell zufrieden in der „bürgerlichen Mitte". Die meisten meistern ihr Leben. Nur halt ohne Jesus. Ohne jene Gläubigkeit, die ihre Eltern oder Schwiegereltern gern bei ihnen sähen.

Ist solche positiv-bürgerliche Lebensbewältigung unter den *gläubigen* Gleichaltrigen, „also denen „mit" Jesus, jedoch *nicht* der Fall, tut sich für Strengreligiöse und Moralisten ein Problem auf, das sie ihrerseits nur ungern thematisieren: „Bibeltreue" garantiert kein gelingendes Leben. „Linientreue" ist kein Garant für stabile Lebensverhältnisse. „Glaubensgehorsam" erzeugt nicht immer Persönlichkeitsreife und Charakterstärke.

Dass in „frommen" Landstrichen mit vergleichsweise hoher Evangelikalendichte *weniger* ungewollte Schwangerschaften, Gewalt in der Familie, sexueller Missbrauch, Rosenkrieg-Scheidungen und Sorgerechtsprozesse stattfinden als in „entkirchlichten" Regionen Deutschlands, ist weder demografisch noch soziologisch nachgewiesen. Atheisten und Liberale sollten sich aus Anstand aber jegliche Häme verkneifen, denn dahinter stehen oft himmelschreiende Dramen. Aber die kalte Empirie ist nun mal: Jungen und Mädchen, die möglichst früh möglichst schnell heirateten (um z.B. dem Verdikt „Kein Sex ohne Trauschein!" zu gehorchen) oder ihren Partner ausschließlich nach dem Kriterium der Gläubigkeit aussuchten, führen nicht immer die glücklicheren Ehen.

Kommen die „religiös ausgewanderten" glaubensfernen Kinder besser im Leben zurecht als manche „im Vaterhause Gebliebenen", dann wäre vonseiten der Gemeinde Barmherzigkeit mit beiden Elterngruppen angesagt, finde ich.

„Gott lässt seine Sonne aufgehen über Böse und Gute und lässt regnen über Gerechte und Ungerechte", sagt immerhin Jesus selbst in der Bergpredigt (Matthäus 5,45). Wen das im Innersten ärgert („dass es dem Gottlosen so gut geht", Psalm 73,3), kann ja ehrlicherweise nur dann auf „ihr Ende mit Schrecken" hoffen (Psalm 73,19), wenn es nicht seine eigenen Kinder sind.

Eine unzufriedene Mutter

Es gibt eine Mutter im Neuen Testament, die mit der religiösen Entwicklung, den politischen Überzeugungen und dem generellen Benehmen einer ihrer Söhne ganz und gar nicht zufrieden war: Maria.

In Matthäus 13,55-56 werden vier leibliche Brüder Jesu namentlich genannt sowie „seine Schwestern", Plural. Laut Bibel hat Maria also fünf Söhne und mindestens zwei Töchter geboren. Weil aber 367 n. Chr. die lebenslange Jungfrauschaft Marias zum Dogma erhoben wurde, heißen die in katholischen Bibelübersetzungen „Vettern und Cousinen".

Jesus ist als Kind mit seinen Eltern auf dem großen Passahfest im Jerusalemer Tempel und – gerät im Menschengewühl irgendwie aus den Augen. „Sie meinten aber, er wäre unter den Gefährten, und kamen eine Tagereise weit und suchten ihn unter den Verwandten und Bekannten. Und da sie ihn nicht fanden, gingen sie wieder nach Jerusalem und suchten ihn. Und es begab sich nach drei Tagen, da fanden sie ihn im Tempel sitzen" (Lukas 2,44-46). Einen Tag hin, einen zurück, drei Tage suchen. Mit Smartphone wär das nicht passiert. Eine hypervorsichtige „Hubschraubermutti" war Maria offenbar nicht ...

Man kann sich als Bibelleser des 21. Jahrhunderts die Befremdlichkeit dieses Textes abmildern, indem man ihn zu jenen „Kindheitslegenden Jesu" zählt, die im 3. Jahrhundert wucherten und z.B. im „Thomasevangelium" zitiert werden. (Im Streit verflucht das Kind Jesus einen ärgerlichen Spielkameraden „und sogleich verdorrte der

Knabe und starb daselbst.") Dann bedauert man kopfschüttelnd, dass die Geschichte vom 12-jährigen Jesus im Tempel nicht in die „Apokryphen" aussortiert wurde, sondern im Lukasevangelium steht. Zumal das Interesse des Autors allzu durchsichtig ist: Jesus habe sich schon früh als „Sohn Gottes" verstanden.

Man kann den Text aber auch als lebenskluge Fortschreibung der Weihnachtsgeschichte von der „heiligen Familie" wertschätzen; sich freuen, dass er im Kanon des Neuen Testaments steht und einen, wie ich meine, großen Trost enthält: dass Kinder nicht notwendigerweise „verloren" sind, wenn die Eltern sie aus den Augen verloren haben. Dass wir zwar verantwortlich sind für unsere Kinder, sie aber nie nur *unsere* Kinder sind, sondern zuallererst und zuletzt *Gottes* Kinder. Auch dann, wenn sie nicht da sind, wo sie unserer Meinung nach hingehören.

„Und als sie ihn sahen, entsetzten sie sich. Und seine Mutter sprach zu ihm: Mein Sohn, warum hast du uns das getan? Siehe, dein Vater und ich haben dich mit Schmerzen gesucht" (Lukas 2,48). Kinder merken selten, welche Schmerzen sie ihren Eltern zufügen, weil sie – übrigens bis in die Jahre der Adoleszenz hinein – Folgen und Nebenwirkungen, Langzeitkonsequenzen und Kollateralschäden ihres Verhaltens entweder gar nicht oder völlig anders voraussehen und einschätzen. Eltern sollten deshalb ihre Schmerzen und Sorgen nicht in Schuldgefühle der Kinder umwandeln. Elternsein ist wunderschön, weil Kinder uns Glücksmomente schenken wie niemand sonst auf der Welt und weil wir sie auf eine Art lieben wie niemanden sonst auf der Welt. Kinder sind aber auch der ultimative Härtetest der Liebe, weil wir sie weder besitzergreifend „haben" noch für unsere eigene Stabilität „halten" dürfen.

Gute Erziehung, das ist, wenn man jahrelang konsequent daran arbeitet, verzichtbar zu sein und nicht mehr gebraucht zu werden. Schmerzärmer ist der Schöpfungsauftrag Gottes nicht. Nur *den* lieben, von dem wir lebenslang gebraucht werden? Nur solche Wesen lieben können, die nie erwachsen, selbstständig und unabhängig werden? Dann sollten wir bitte keine Kinder zeugen, sondern uns kleine Hunde kaufen. Die garantieren eine lange Liebe an kurzer Leine.

Loslassen

Eltern, die ihre jung erwachsenen Kinder auf allen vier Ebenen gesegnet „loslassen" können – beruflich, lebensweltlich, ethisch und geistlich –, machen im besten Falle eine erstaunliche Erfahrung: Die *lebensertüchtigende Substanz* ihrer frommen Erziehung bleibt den Kindern meist erhalten und entfaltet sich sogar noch. Die Begriffe „Sozialkompetenz", „emotionale Intelligenz", „Urteilsvermögen", „Teamfähigkeit", „Lebenserfahrung", „Reife" beschreiben nur unzureichend, was da aus dem Elternhaus alles mitgebracht und zur eigenen Lebensbewältigung genutzt wird. „Pfarrers Kinder, Müllers Vieh geraten selten oder nie", lautet ein altdeutsches Sprichwort. Es wird ständig verkürzt zitiert. Vollständig heißt es : „… aber wenn sie wohlgeraten, hört man weit von ihren Taten!"

Lang ist die Liste all der unprominent erfolgreichen Wissenschaftler, Künstler, Pädagogen, Politiker und Journalisten, die von sich sagen, bei aller kritischen Distanz zum Glauben „viel Gutes mitgenommen zu haben" aus ihrem christlichen Elternhaus. Prominent wurden die Pfarrerskinder unter ihnen. Lessing und Telemann, C.G. Jung und Albert Schweitzer, Angela Merkel – um nur einige wenige zu nennen. Berühmt wurde auch der Satz einer „missratenen" Pfarrerstochter: „Es ist verrückt", sagte RAF-Terroristin Gudrun Ensslin im Gefängnis Stuttgart-Stammheim, „das Einzige, was dir in der Isolationshaft noch auswendig einfällt, sind die ollen Bibelsprüche. Der Herr ist mein Hirte und so was."

Andreas Malessa *ist Hörfunk- und Fernsehjournalist mehrerer ARD-Sender, Theologe und Buchautor. Er ist verheiratet, hat zwei erwachsene Töchter und lebt bei Stuttgart.*

Kinder im Glauben erziehen

Wilhelm Faix

Kinder, die in einer christlichen Familie aufwachsen, werden auch christlich sozialisiert. Dass nicht alle Kinder eine christliche Erziehung positiv erleben, zeigt u.a. die Studie „Warum ich nicht mehr glaube"[102]. Wenn man die Berichte liest, dann fallen zwei Aspekte auf, die im Zusammenhang mit unserem Thema bedeutungsvoll sind: Es wird häufig berichtet, dass das Elternhaus bewusst christlich war und dass Wert darauf gelegt wurde, dass eine persönliche Beziehung zu Gott gepflegt wurde.

Eltern sollte das nachdenklich machen. Ich möchte darum zwei Vorbemerkungen zu meinen Ausführungen machen.

1. Es kommt offensichtlich nicht nur darauf an, dass Eltern „bewusste" Christen sind, sondern auch darauf, wie sie den Glauben leben und vermitteln.
2. Es gibt keine objektive oder neutrale Glaubensvermittlung. Jedes Kind ist eine individuelle Persönlichkeit und reagiert darum unterschiedlich auf den christlichen Glauben, wie er von den Eltern gelebt (oder auch nicht gelebt) wird. Was ein Kind als positiv empfindet, kann beim andern negative Reaktionen auslösen.

Ich beginne darum mit einigen grundlegenden Hinweisen, sozusagen Leitlinien für Eltern, wenn es um die Frage einer christlichen Erziehung geht. Im Anschluss daran versuche ich aufzuzeigen, wie diese Leitlinien in die Praxis umgesetzt werden können.

Leitlinien für eine christliche Erziehung

1. Ein transparentes Leben führen. Kinder sollen am Leben der Eltern teilnehmen können. Die Kinder lesen die Bibel am Leben der Eltern, bevor sie sie selbst lesen können bzw. selbst in der Bibel lesen.

---

102 Tobias Faix, Martin Hofmann, Tobias Künkler, Warum ich nicht mehr glaube, S. 109; 113.

*Was tun wir, damit unsere Kinder an unserem Leben und Glauben
teilnehmen können?*

2. *Gemeinsam leben.* Die Individualisierung des Lebens erfordert
eine bewusste Entscheidung der Eltern, ihr Familienleben so zu gestalten, dass es möglichst viele gemeinsame Momente gibt. Ziel des
Familienlebens ist es, das Leben miteinander zu teilen. Das gilt für
alle Lebensbereiche, weil der Glaube unteilbar ist.
  *Wie sieht bei uns der Tagesablauf aus? Welchen Lebensstil pfle-
gen wir? Wie viele gemeinsame Momente gibt es noch? Inwieweit ist
auch der Vater eingebunden?*

3. *Rituale.* Rituale helfen, das Leben zu entschleunigen (entstressen)
und es zur Ruhe kommen zu lassen. Rituale eignen sich besonders
gut, um Glauben zu leben.[103]
  *Was für Rituale praktizieren wir in unserer Familie? Welche Rituale
möchten wir einführen? Was müsste sich ändern, damit das Abendritual zur Entspannung führt und zu einem geistlichen Aufatmen wird?*

4. *Gespräche.* Das Gespräch miteinander gehört zu den wichtigsten
Elementen familiären Lebens. Jeder Vater und jede Mutter sollte sich
darum viel Zeit für die Kinder nehmen, um mit ihnen ihre Freuden,
Sorgen oder was auch immer zu teilen. Dafür sollten Eltern immer
Zeit haben, auch wenn sie „eigentlich" keine Zeit haben. Miteinander im Gespräch sein bedeutet vor allem, zuzuhören, und nicht, Anweisungen zu erteilen. Ein Vater und eine Mutter können ihre Empathie darin zum Ausdruck bringen, dass sie ihren Kindern zuhören, sie
verstehen lernen und dann erst helfende Antworten geben.
  *Wie viel Zeit nehmen wir uns als Vater und Mutter für unsere Kin-
der, um ihnen zuzuhören?*

5. *Leben lernen.* Das Leben ist vielfältig, vielschichtig und komplex
geworden. Es gibt keine heile „fromme" Welt. Kinder müssen lernen, dass es nicht nur unterschiedlichen Wohlstand gibt, sondern
auch unterschiedliche Glaubensauffassungen, Religionen, Gottes-

---

103 Vgl. Wilhelm Faix, Cornelia Mack, Morgens, mittags, abends. Kinder lieben Rituale, Holzgerlingen 2008.

bilder, ethische Werte etc. Leben lernen bedeutet: in diesem pluralen Angebot einer säkularen und multireligiösen Welt einen eigenen Glaubensstandpunkt zu finden und diesen offen und selbstbewusst zu leben.

Was tun wir, um unseren Kindern dabei zu helfen, im ethischen und religiösen Pluralismus den Glauben zu leben, ohne sie unter Druck zu setzen?

6. *Lehren.* Die Lehre hat in der christlichen Gemeinde einen besonderen Platz. Lehre wird allerdings oft dahin gehend verstanden, dass es um kognitive Wissensvermittlung biblischer Inhalte geht. So findet sich in christlichen Erziehungsbüchern immer wieder die Betonung, dass Eltern ihre Kinder lehren sollen. Darunter versteht man, dass man den Kindern altersentsprechende biblische Inhalte über Worte vermittelt. Ist aber Lehren so zu verstehen?

Wenn wir die gern genannten Stellen aus 5. Mose 4,9; 6,4-9; 11,18-21 im Kontext des biblischen Zusammenhangs verstehen, dann wird deutlich, dass Kinder über das Leben gelehrt werden. Gerade diese Mose-Stellen machen deutlich, dass es nicht um kognitive Wissensvermittlung geht, sondern um ein ganzheitliches Leben aus dem Glauben heraus.

Wie verstehen wir Lehre? Was muss sich in unserem Verständnis von Lehre ändern, um dem biblischen Lehrverständnis gerecht zu werden? Wie hat Jesus seine Jünger gelehrt? Was können wir daraus lernen?

7. *Generationenfamilie.* Die heutige Familie ist eine Kleinfamilie. Das bedeutet, dass alle Fragen des Lebens und Glaubens auf wenigen Personen ruhen. Der Mensch als Schöpfung Gottes aber ist in seinen Fähigkeiten und Begabungen begrenzt und braucht darum Ergänzung und Beistand. Das bedeutet, dass die isolierte Kleinfamilie mit den Herausforderungen einer offenen Gesellschaft alleine überfordert ist. Sie braucht eine Vernetzung mit vielen anderen Personen (Großeltern, Freunden, Gemeindegliedern etc.), die sie stützen und ihr beistehen. Diese Sicht der Generationenfamilie (die Bibel spricht vom „Haus") ist uns verloren gegangen. Wir brauchen eine neue Sicht für das Miteinander der Generationen, besonders wenn es um die Erziehung im Glauben geht.

Was können wir tun, damit die Kleinfamilie aus der Isolation herausfindet? Wie können wir ein neues Verständnis für die Generationenfamilie bekommen?

8. Gemeinde. Die Gemeinde soll und kann eine unterstützende Funktion für die Familie sein. Familie und Gemeinde sollten sich in der Frage der Erziehung zum Glauben ergänzen. Das Gemeindeprogramm für die Kinder darf auf keinen Fall das Glaubensleben in der Familie ersetzen, sondern nur ergänzen. Auf diese Weise bekommt die Familie Unterstützung durch die Gemeinde, um ihr Familienleben aus dem Glauben heraus besser gestalten und leben zu können.

Wie verstehen wir als Eltern Gemeinde? Ist die Gemeinde so strukturiert, dass sie sich als Unterstützung und Ergänzung zur Familie versteht?

9. Evangelium. Das Evangelium ist die Frohe und frei machende Botschaft Gottes für uns Menschen. In einer Familie, in der das Evangelium zu Hause ist, herrscht eine Atmosphäre der Freiheit, der Versöhnung und Vergebung. Gesetzliches Christentum mit Verboten und Druck, um dem Willen Gottes zu entsprechen, hat da keinen Raum. Dort, wo das Evangelium aus der Kraft des Heiligen Geistes gelebt wird, ist das Halten der Gebote nicht schwer (1. Johannes 5,3). Eltern, die diesen Glauben leben, haben auch keine Angst, dass ihre Kinder von ihrer Umwelt verführt werden, weil sie der Auferstehungskraft Jesu mehr trauen als den „Verführungen" der Umwelt. Solche Eltern leben eine offensive Glaubenserziehung und keine Abschirmpädagogik.

Wie verstehen wir als Eltern das Evangelium? Wie vermitteln wir unseren Kindern die froh machende Botschaft von Jesus? Was beherrscht unser Denken: die Siegeskraft Jesu, die auch in unseren Kindern lebt, oder die Angst, dass unsere Kinder verführt werden könnten, wenn wir sie nicht genügend beschützen?

Im Glauben erziehen, wie macht man das?

Es klingelt. Frau Heller öffnet die Tür. Emma und Lena wollen Hannah zur Schule abholen. „Hannah, beeil dich! Du wirst schon abgeholt." Hannah kommt zur Tür, den Ranzen halb über der Schulter. „Wir schreiben heute eine Mathearbeit und sind total aufgeregt", meint Emma zu Hannahs Mutter. „Ja, ich weiß. Hannah ist ganz nervös. Mathe macht sie ja gar nicht gerne", erwidert Frau Heller. Die Mädels wollen losstürmen. „Wartet!", ruft Frau Heller, „ich möchte noch ein Gebet sprechen." – „Herr Jesus, begleite die Mädels in die Schule und hilf ihnen bei der Mathearbeit. Nimm ihnen die Nervosität, damit sie sich besser konzentrieren können", betet Frau Heller. Dann zischen die drei Freundinnen ab zur Schule.

Dieses Beispiel soll deutlich machen, dass Glaube ganz natürlich im Alltag gelebt werden kann. Die Betonung liegt auf natürlich. Nur wenn das Kind und die Freundinnen es als ganz normal empfinden und nicht als aufgesetzt oder peinlich, ist solch ein Vorgehen sinnvoll. Der gelebte Glaube der Eltern ist entscheidend für die Glaubensentwicklung der Kinder. Natürlich sind auch die Sonn- und Feiertage wichtig, weil sie in besonderer Weise Inhalte des christlichen Glaubens zur Sprache bringen; darum gehört die Teilnahme an den verschiedenen Angeboten der Gemeinde für Kinder und Erwachsene zu den Selbstverständlichkeiten der Familie und zur Glaubenserziehung.

Ein Blick auf die Gesellschaft

Wenn es um die Frage der Erziehung geht, müssen wir zuallererst die Gesellschaft in den Blick nehmen, denn Familie und gesellschaftliche Entwicklung gehören eng zusammen. Was für Trends beeinflussen das Miteinander der Familie und den Erziehungsstil der Eltern? Es sind vor allem die Individualisierung, die Medialisierung und die Konsumgesellschaft. Die Individualisierung führt vielfach (wie Studien es belegen) zur Überforderung der Eltern, das Konsumangebot setzt Eltern unter Druck, den Kindern möglichst viele Wünsche (Markenartikel, neuste Smartphones etc.) zu erfüllen, die Medien verunsichern Eltern in ihrem Erziehungsverhalten. Die Praxis der christlichen Erziehung sieht entsprechend unterschiedlich aus. Die eine Familie verlässt sich darauf, dass die Gemeinde ihren Kindern den rechten Glauben vermittelt. Andere Eltern sind der Meinung, dass sich das Kind erst für Jesus entscheiden muss, bevor es ein christliches Leben führen und sich den christlichen Bedingungen reibungslos anpassen kann. Wiederum andere Eltern sehen im nichtchristlichen Umfeld viele Gefahren für ihre Kinder. Sie versuchen sie durch Abschirmung davor zu bewahren.

Wenn wir die Bibel befragen, wie die Glaubensvermittlung zur damaligen Zeit aussah, dann werden wir sehr schnell feststellen, das sowohl im Alten wie auch im Neuen Testament der Glaube über die Lebensform weitergegeben wurde (vgl. 5. Mose 6,4-6; 2. Timotheus 1,5; 3,15; Epheser 5,21–6,9), also über das gemeinsame Leben. Nehmen wir die biblischen Texte als Leitlinien unserer Glaubenserziehung, dann kann die Glaubensvermittlung nicht im Einhalten von Einzelanweisungen bestehen („Das darfst du!" – „Das darfst du nicht!"), sondern in der gemeinsamen Lebensgestaltung aus dem Glauben heraus.

Wie kann das aussehen?

Glaube in sichtbarer Gestalt

Wenn wir davon sprechen, „Kinder im Glauben zu erziehen", geht es nicht um irgendwelche großen Aktionen oder Erkenntnisse, die den Kindern beigebracht werden müssen. Es geht vielmehr um die Gestaltung unseres Lebens. Das spricht der Apostel Paulus im Kolosserbrief 2,6 deutlich an, wenn er schreibt: „Wie ihr nun den Herrn Christus Jesus angenommen habt, so lebt auch in ihm." Mit anderen Worten sagt uns Paulus: Gestaltet euer Leben so, wie Jesus es euch vorgelebt hat. Jesus stand in enger Verbindung mit seinem Vater im Himmel – ob er mit seinen Jüngern durchs Land wanderte oder mit seinen Gegnern diskutierte, ob er sich der Kranken und Leidenden annahm oder sich die Not der Hoffnungslosen anhörte. Sein Leben war überzeugend authentisch.

So soll auch unser Glaube an Gott eine sichtbare Gestalt haben. Die Kinder sehen am Leben ihrer Eltern, was Glauben heißt. Die Eltern sind ihr Vorbild. In der Pädagogik spricht man vom Modelllernen. Die Kinder schauen sich den Glauben von den Eltern ab.

In 5. Mose 6,4-9 lesen wir, dass der Gottesglaube im gesamten Tagesablauf (Tag und Nacht) gegenwärtig sein soll und die Kinder in diesen gelebten Glauben der Eltern mit hineingenommen werden sollen. Paulus betont an mehreren Stellen seiner Briefe, dass wir als Christen ein modellhaftes Leben führen sollen, damit die Menschen, mit denen wir zusammenleben, erkennen können, wer dieser Gott ist, an den wir glauben, und was für Auswirkungen der Glaube hat (Philipper 3,17; 1. Thessalonicher 1,6-7; Epheser 5,1-2).

Konsequenzen für das Familienleben

Ein Kleinkind lernt über die fünf Sinne (Sehen, Hören, Fühlen, Schmecken, Riechen). Ein Glaube, der ganzheitlich gelebt wird, drückt sich darum auch durch die fünf Sinne aus. Ich möchte versuchen, das ganz praktisch zu beschreiben.

Zum Beispiel drückt das Tischgebet vor (und nach) dem Essen die Dankbarkeit aus, dass wir jeden Tag genügend zu essen und zu trinken haben. Wie diese Praxis gestaltet wird, kann ganz unterschiedlich aussehen. Man kann ein gebundenes Gebet sprechen, zum Beispiel: „Segne, Vater, diese Speise, uns zur Kraft und dir zum Preise. Dank sei dir dafür. Guten Appetit." Manche Familien fassen sich dabei an den Händen und sprechen das Gebet gemeinsam. Man kann aber auch ein kurzes freies Gebet sprechen, das jeweils von einem Familienmitglied gebetet wird. Andere Familien lieben den Gebetswürfel. Auf solch einem Würfel stehen sechs Gebete. Ein Kind würfelt und betet dann das Gebet, das sichtbar auf dem Würfel zu sehen ist.

Im Laufe des Tages gibt es viele Gelegenheiten für ein Kind, die Glaubenshaltung seiner Eltern zu erleben. Das zeigt sich daran, wie sie mit Angriffen, Misserfolgen und eigenem Versagen und Fehlern umgehen, wie sie über andere Menschen sprechen, ob sie die Not anderer sehen und helfen. Immer wieder gibt es auch Ärger, Zorn, böse Worte und Streit, dann ist Versöhnung und Vergebung angesagt.

Nicht nur zwischen den Kindern, sondern auch zwischen den Eltern oder den Personen, die mit im Haushalt leben. Kinder müssen sehen, wie die Eltern Konflikte miteinander austragen, Lösungen finden und sich bei Streit auch wieder versöhnen. Bei uns in der Familie war es selbstverständlich, dass nach Zoff und bösen Worten eine Aussprache mit Versöhnung noch vor dem Schlafengehen stattgefunden hat.

Im Alltagsgeschehen vollzieht sich der Glaube, und damit auch die Erziehung zum Glauben. Wenn zum Beispiel ein Anruf mit der Nachricht kommt, dass Oma oder Opa oder ein Bekannter oder Freund schwer erkrankt ist, können die Eltern (oder ein Elternteil) spontan für diese Person beten. Oder wenn das Kind aus dem Kindergarten oder der Schule kommt und von einem Streit oder ungerechter Behandlung berichtet, dann sollten die Eltern im Gespräch zur Klärung beitragen und nach einer Lösung mit dem Kind suchen und das Kind ermutigen, dafür zu beten. Sind es positive Erlebnisse, von denen das Kind erzählt, ist das ein Grund, Gott ein Dankeschön zu sagen. Auf diese Weise erleben die Kinder, dass der Glaube sich im konkreten Alltag vollzieht und bewährt.

Natürlich sind auch Gespräche über den Glauben von großer Wichtigkeit. Wenn das kleine Kind fragt: „Woher kommen die Blumen und Steine?", dann kann die Mama oder der Papa etwas von der Schöpfung erzählen. Bei Schulkindern entstehen Fragen nach den unterschiedlichen Lebensauffassungen und ethischen Werten. Die Freunde unserer Kinder glauben vielleicht nicht an Gott oder sagen sogar, dass es Gott nicht gibt. Andere Kinder nehmen es mit der Wahrheit nicht so genau oder haben eine „radikale" Einstellung bestimmten Dingen oder Menschen gegenüber. Über alle diese unterschiedlichen Lebensauffassungen und Fragen gilt es zu reden. Eltern sollten sich Zeit nehmen, mit den Kindern zu sprechen. „Wenn dein Kind dich fragt …", so lesen wir schon in 2. Mose 13,14 und 5. Mose 6,20, dann sollen wir antworten. Wie wir auf die unterschiedlichen Fragen (die nicht immer leicht zu beantworten sind) eingehen, zeigt, wieweit wir aus der Weisheit Gottes leben und Gottes Wort verinnerlicht haben.

Die Auswirkungen

Warum das wichtig ist, zeigen einige Aussagen von jungen Menschen, die aus einem christlichen Elternhaus kommen und die ich dazu befragte, wie sie ihre Glaubenserziehung rückblickend sehen. Folgende Antworten bekam ich, die Eltern zum Nachdenken bringen sollten:

> „Mich hat gestört, dass Glaube und Familienleben bei uns getrennt wurden. Das habe ich nicht verstanden."

> „Bei uns in der Familie hat der praktische Glaubensvollzug gefehlt."

> „Ich hatte von meinen Eltern den Eindruck, dass sie nur am Sonntag Christ waren, darum bin ich nur widerwillig in die Gemeinde mitgegangen."

> „Es war alles positiv bei meinen Eltern, was den Glauben betraf, aber es wurde nie nachgefragt, meine Eltern setzten immer alles voraus, was den Glauben betraf und wie man ihn leben sollte. Das hat mir viele Schwierigkeiten gebracht und meinen Zugang zum Glauben gehemmt."

> „Meine Eltern waren gläubig, aber ich habe nichts von ihrem Glauben mitbekommen. Als meine Mutter mir mal sagte (als ich in der Pubertät Schwierigkeiten machte), dass sie für mich jeden Abend beten würde, da habe ich es ihr schlichtweg nicht geglaubt, weil ich es mir nicht vorstellen konnte und es nie erlebt habe, wie der Glaube bei meiner Mutter praktisch aussieht."

> „Ich habe nie verstanden, warum meine Eltern nie über ihren Glauben mit mir gesprochen haben."

Diese Aussagen von jungen Menschen machen deutlich, dass Glaube und Leben zusammengehören und unsere Kinder es wünschen, dass wir mit ihnen den Glauben ganz praktisch leben. Denn Glaube ist keine reine Verstandessache. Glauben und Denken gehören zusammen. Glaube ist etwas Ganzheitliches, er will alle Lebensbereiche durchdringen. Die Bibel spricht vom Herzen, in dem der Glaube verankert ist (z.B. Apostelgeschichte 2,37; Römer 5,5; 6,17; 10,9-10; Kolosser 3,15). Das Herz umfasst Verstand, Emotionen, Empfindungen, Intuition und Affekte. Es ist darum zuständig für die Verbindung Gott–Mensch. Der Glaube will sich deshalb auch in allen diesen genannten Bereichen ausdrücken, natürlich je nach Persönlichkeitsstruktur unterschiedlich stark.

Die gesellschaftliche Bildungsdiskussion vermittelt Eltern den Eindruck, als bestünde Bildung vor allem darin, dass bereits das Kleinkind an umfangreichen Lernprogrammen teilnimmt, damit es später gute Chancen im Beruf hat. Eine ähnliche Haltung findet sich auch in der christlichen Erziehung. Viele Eltern (und Gemeinden) glauben, wenn sie den Kindern viel Wissen über den Glauben beigebracht haben, dann haben sie alles getan, was zur Erziehung zum Glauben notwendig ist. Aber echter Glaube ist im Herzen verankert und vollzieht sich darum über die Herzensbildung. Herzensbildung wiederum geschieht über das Leben: durch Lachen und Weinen, Trauern und Schweigen, Spielen und Arbeiten, Singen und Beten, Diskutieren und Aufeinander-Hören, Streiten und Schimpfen, Ärgern und Trotzen, Beleidigtsein und Sich-Versöhnen, Feiern und Fröhlichsein.

Eine besondere Bedeutung in der Glaubenserziehung hat der Abend. Warum der Abend? Der Tagesablauf eines Kindes ist heute von vielen unterschiedlichen Anforderungen geprägt, die das Kind psychisch stark fordern, es unter Stress bringen oder auch, was die körperliche Bewegung (besonders im freien Spiel) angeht, kaum fordern (früher sprach man von „austoben"). In diesem Zustand findet das Kind keine innere Ruhe für einen erholsamen Schlaf, in dem sich Geist, Seele und Leib entspannen. Es hüpft und springt weiter herum oder fängt an, gereizt, weinerlich oder aggressiv zu reagieren. Es kommt zu einem Machtkampf zwischen Eltern und Kind, den die Eltern oft entnervt verlieren. Sie lassen das Kind gewähren, bis es endlich irgendwann total übermüdet einschläft. Ein Abendritual kann hier helfen, dass es zur Ruhe findet. Allerdings muss es jeden Tag zur gleichen Zeit stattfinden.

Solch ein Abendritual kann natürlich unterschiedlich gestaltet werden. Eines könnte so aussehen: Nach dem Abendessen machen sich die Kinder bettfertig (waschen, Zähne putzen, Schlafanzug anziehen), dann versammelt sich die ganze Familie (auch wenn es nicht jeden Tag für beide Elternteile möglich sein wird) im Wohnzimmer und es wird gemeinsam gesungen, ein Rückblick auf den Tag gehalten, erzählt, Vorkommnisse besprochen, Konflikte geklärt, eine Geschichte vorgelesen und ein Gutenachtgebet gesprochen, dann wird jedes Kind ins Bett gebracht. Ein kurzes Verweilen am Bett mit einem Gutenachtkuss: Der Tag ist abgeschlossen und das Kind kann in Frieden einschlafen.

Hindernisse für die Glaubensaneignung

Wir haben schon an den Aussagen der jungen Menschen gesehen, dass ein Haupthindernis ist, wenn bei den Eltern Glaube und Leben auseinanderklaffen, wenn Sonntag und Alltag zwei unterschiedliche Lebensbereiche sind, wenn das, was Eltern über den Glauben sagen und wie sie den Glauben leben, nicht übereinstimmt.

Eines der stärksten Hindernisse ist, wenn Eltern Druck ausüben. So berichtet die 18-jährige Melanie: *„Bei uns wurde in der Familie viel Druck und Muss ausgeübt. Über den Glauben reden war eine Sache, den Glauben leben eine andere."* Druck und Glaube passen jedoch nicht zusammen.

Wie Druck ausgeübt wird, kann sehr unterschiedlich aussehen. Ein Satz wie: „Gott hört und sieht alles, auch die geheimsten Gedanken", kann sich je nach Persönlichkeitsstruktur eines Kindes sehr verhängnisvoll auswirken. Bei größeren Kindern können es moralische Bemerkungen sein wie: „Du solltest mehr in der Bibel lesen, statt mit dem Smartphone zu spielen", oder: „Als Christ solltest du eigentlich wissen, dass diese Einstellung falsch ist", oder: „Gott liebt uns, aber er verlangt auch, dass wir ihn fürchten und alles tun, was er verlangt." Oft sind solche elterlichen Sätze gut gemeint, aber für die Kinder wenig hilfreich, setzen sie vielmehr unter Druck. Glauben kann man nicht einfordern, er ist ein Geschenk Gottes. Gott möchte, dass wir ihm vertrauen und aus freiem Herzen nachfolgen.

Ein weiteres Hindernis ist, wenn Eltern den Glauben aus dem

Alltag ausklammern und die Meinung vertreten, dass man ein Kind nicht beeinflussen sollte. Das Kind soll sich irgendwann selbst für ein christliches Leben entscheiden. Diese Eltern sind der Meinung, dass Freiheit darin besteht, dass man sich neutral verhält und möglichst keine Stellung bezieht. Das Kind soll seinen Weg selbst finden. Andere Eltern sehen in der persönlichen Glaubensentscheidung des Kindes die Lösung aller Erziehungsprobleme und forcieren diese sehr. Sie können nur schwer verstehen, dass ihr Kind auch nach einer solchen Entscheidung frech, faul, unmotiviert, kurz: unerzogen ist. Oder dass es weiterhin kritische Glaubensfragen stellt, nachdem es sich in der Pubertät bekehrt hat.

Ein Hindernis, im Glauben zu bleiben, ist ferner, wenn der Glaube idealisiert wird. Wer diese Haltung hat, lässt kaum kritische Fragen zu, weil sie als Unglaube angesehen werden. Brechen dann ab dem 10./11. Lebensjahr bei den Kindern solche Fragen auf, antworten Eltern oft: „Das musst du glauben. So steht es in der Bibel und die Bibel ist Gottes Wort." Solche Antworten sind kontraproduktiv und wenig hilfreich. Ein im Herzen verwurzelter Glaube erträgt kritische Fragen und kann auch kritisch fragen. Eltern sollten sich diesen kritischen Fragen stellen, und wenn sie sie nicht beantworten können, dann sollen sie das offen sagen.

Eltern können am besten ihr Kind zum Glauben erziehen, wenn sie selbst einen frohen und freien Glauben leben und das Kind sieht, dass Gott ein liebender Gott ist, der es so annimmt, wie es ist. Christliche Eltern sind keine perfekten Eltern und schon gar keine perfekten Christen. Weil es so ist, stehen im Mittelpunkt der christlichen Glaubenserziehung die Vergebung und Versöhnung. Gott hat uns in Jesus Christus vergeben – darum sollte die Vergebung im Leben der christlichen Familie im Zentrum des alltäglichen Zusammenlebens stehen (Römer 15,7; Epheser 4,32; Kolosser 3,13).

Als unsere Sara 18 Jahre alt war, wurde sie gefragt, wie sie denn zum Glauben gekommen sei. Ihre Antwort lautete:

„Ich habe von klein auf gesehen, wie meine Eltern ihren
Glauben gelebt haben, wie sie gebetet und täglich eine Zeit
mit Gott gehalten haben, wie sie mit uns Kindern gesungen

*und Andacht gehalten haben und wie sie mittags einen Psalm
mit uns gebetet haben. Es war einfach schön."*

Ein Fazit

Wir wissen um die prägende Wirkung der Familie. Sie hat viele unterschiedliche Facetten und sieht bei jedem Kind anders aus. Was
für die allgemeine biografische Entwicklung gilt, gilt auch für die
Glaubensentwicklung. Eltern sollten sich darum darüber Gedanken
machen, welchen Lebensstil sie pflegen, wie sie den Glauben leben und den Kindern gegenüber vertreten. Dazu kommt der Einfluss
der Gemeinde auf das Glaubensverständnis der Eltern und der Kinder. Wir sollten in unseren Gemeinden und Familien eine offene Ge-
sprächskultur über Erziehung entwickeln, die den unterschiedlichen
Lebenssituationen gerecht wird. Christliche Erziehung ist kein Selbst-
läufer, sondern eine faszinierende Herausforderung, der wir uns stellen sollten.[104]

Wilhelm Faix, *verheiratet, drei erwachsene Kinder. Dozent am Theologischen Seminar Adelshofen bei Heilbronn.
Schwerpunktfächer Pädagogik und Psychologie und im Aka-
demischen Aufbaustudium „Familie und Gemeinde" und
„Biografie und Glaube". Leiter der Familiengemeinschaft der
Kommunität Adelshofen. Vortragstätigkeit zu den Themen Familie und Erziehung. Veröffentlichungen in den Bereichen Pädagogik und Praktischer Theologie.*

---

104 Ein Impuls dazu ist der Erziehungsaufruf „Christen, kümmert euch mehr um Familie und Erziehung!" von Wilhelm Faix und Siegfried Bäuerle, Adelshofen, 3.
Aufl. 2015, abrufbar unter: www.lza.de/medien.htm.

Machtfallen in Gemeinden

Martina Kessler

Eine junge Frau ist fasziniert vom Leiter ihrer Gemeinde. Er scheint es wirklich draufzuhaben mit dem Glauben. Auf alle ihre Fragen weiß er eine Antwort, und er kann ihr immer sagen, welche Entscheidung sie treffen muss.

Ein junger Mann arbeitet in einem christlichen Werk. Einer der Leiter ist eine faszinierende Persönlichkeit, ein sogenannter charismatischer Leiter. Was er will, geschieht, und das Werk blüht auf. Nicht so, wie es in großen Visionen angekündigt war, aber das scheint niemand zu registrieren.

Nach einem Gemeindewechsel lernt ein Paar eine Frau aus dem Mitarbeiterkreis der Gemeinde kennen. Sie scheint viel für die Gemeinde zu leisten. Sie hat jederzeit für jedermann ein offenes Haus und damit viel Einfluss. Für ihr Engagement erhält sie viel Anerkennung. Wenn man ihr zuhört, dann scheint sie weder ihren Einfluss noch die formulierte Anerkennung wahrzunehmen. Ihre Signale lauten eher, „man" könne doch *einmal* auch auf sie hören.

Eine Gemeinde bekommt einen neuen Pastor. Plötzlich werden bewährte MitarbeiterInnen mit eher schwammig formulierten Gründen ausgewechselt. Man hört gerüchteweise unglaubliche Dinge über sie und auch, dass sie Macht missbrauchen. Wer diese MitarbeiterInnen in Schutz nimmt, wird selbst zur Zielscheibe.

Solche und ähnliche Geschichten haben wir seit der Veröffentlichung unseres Buches zu Machtmissbrauch in Gemeinden hundertfach gehört.[105] Und Machtmissbrauch scheint in Gemeinden stets ähnlich abzulaufen, denn uns fragen unbekannte Menschen immer wieder: „Woher kennt ihr unsere Gemeinde?" Wir kannten die Gemeinde meistens nicht, aber offensichtlich hatten wir das Phänomen so beschrieben, dass sich die Betroffenen darin persönlich wiederfinden konnten. Und offensichtlich ähneln sich die missbrauchenden Strukturen, auch wenn der Missbrauch von

---

105 Martina und Volker Kessler, Die Machtfalle. Machtmenschen in der Gemeinde, Gießen 2012.

Macht von unterschiedlichen Menschen in unterschiedlichen Situationen erlebt wird.

Machtmissbrauch liegt dann vor, wenn eine Person von einer *Autoritätsperson*[106] zu etwas überredet/genötigt wird, was sie von sich aus nicht tun würde, und der/die InitiatorIn davon einen persönlichen Vorteil hat. Verletzt wird dabei die Grenze der Persönlichkeit, was häufig gravierende emotionale und körperliche Folgen hat. Geschieht Machtmissbrauch im christlichen Kontext, ist möglicherweise auch der Glaube betroffen.

Bei geistlichem Missbrauch werden vermeintlich geistliche Themen im Namen Gottes gegen Christen benutzt. Er kann nur in einem religiösen Rahmen auftreten und verwundet das geistliche Leben der Betroffenen.[107] Wir haben zum Beispiel in einer Gemeinde erlebt, dass eine Sonntagschulfreizeit allein aus dem Grund stattfinden sollte, damit die Kinder „sich bekehren". In der Folge erhoffte man sich, dass es ein (für die Kinderarbeit eher unfähiger) Kindergottesdienstmitarbeiter leichter mit den Kindern hatte. Hier sind geistlicher Missbrauch und Machtmissbrauch nicht voneinander zu trennen.

Machtmissbrauch und auch geistlicher Missbrauch sind im Einzelfall deshalb so schwer zu erkennen, weil diese zumeist sehr subtil ausgelebt werden. In einer Gemeinde wird ein neues Organisationskonzept für Hauskreise vorgestellt. Das gefällt natürlich nie allen. Aber in dieser Situation ist es ganz entscheidend, wie die Gemeindeleitung damit umgeht. Wird sie für das neue Konzept werben? Wird sie versuchen, die Menschen in der Gemeinde für das neue Konzept zu gewinnen? Das wäre ja okay. Aber manchmal schwingt bei der Überzeugungsarbeit mit, dass allein die Gemeindeleitung den Heiligen Geist habe und er diese Neuerung wolle. Manchmal wird Gemeindegliedern mehr oder weniger deutlich klargemacht, dass sich gegen Gott stellt, wer sich gegen die Meinung der Gemeindeleitung stellt.

---

106 Autorität kann man haben aufgrund der Position (im Amt) oder aufgrund der Persönlichkeit. Dann richten Menschen ihr Denken und Handeln nach den Anweisungen dieser Autoritätsperson. Obwohl im Gemeindekontext Beziehung durch Vereinbarung (und nicht durch Herrschaft) geschieht und immer etwas ist, was Menschen anderen freiwillig über sich geben, kann Machtmissbrauch Wurzeln schlagen.

107 Inge Tempelmann, Geistlicher Missbrauch, S. 14-15.

Machtmissbrauch oder geistlicher Missbrauch sind auch in der Seelsorge anzutreffen. Wenn Ratsuchende nach Wegen oder Antworten fragen und dabei auf Leute treffen, die auf alles eine Antwort haben und eher Ratschläge geben, als mit ihnen ihren Weg zu suchen, dann ist der Schritt zur Grenzüberschreitung sehr nah – wenn nicht sogar vollzogen. Ich habe immer wieder erlebt, dass Ratsuchende zuerst überaus fasziniert von der „Weisheit" der RatgeberInnen berichteten. Sie konnten sich überhaupt nicht vorstellen, diese Personen nicht mehr um ihre Meinung zu bitten. Häufig begannen die RatgeberInnen dann irgendwann, in das Leben anderer hineinzusprechen, ohne darum gebeten worden zu sein. Die ehemals begeisterten Ratsuchenden fühlten sich zunehmend eingeengt und bevormundet. Häufig kippte das Ganze dann und an den ehemals so wichtigen und verehrten RatgeberInnen wurde kein gutes Haar mehr gelassen.

Im Laufe der Jahre ist uns immer klarer geworden, dass es auf der persönlichen Ebene bei Macht- oder geistlichem Missbrauch immer zwei Seiten der Medaille gibt: eine Person, die missbraucht, und eine Person, die sich missbrauchen lässt.[108] Darüber hinaus gibt es Leute, die ein Machtsystem stützen, und Strukturen, die ein solches System begünstigen.

Machtmenschen

Machtmenschen definieren wir als machtsüchtige Menschen, also Menschen, die chronisch Macht missbrauchen. Sie sind häufig (aber nicht immer) Personen, die ihren Selbstwert über einen unangemessenen Drang nach Macht aufwerten. Dabei wird ihr Bedürfnis aber nie gesättigt. Deshalb verlangen sie nach immer mehr und versuchen ihren Machtbereich kontinuierlich auszudehnen. Ihr Mangelgefühl soll durch eine entsprechend hohe Kompensation, eine „Überkompensation", mit Geltungsstreben ausgeglichen werden. Erst, wenn sie überlegen sind, haben sie kurzfristig das Gefühl, dass es jetzt

---

108 Diese Aussage darf nicht verallgemeinert werden und zum Beispiel auf sexuellen Missbrauch an Kindern erweitert werden. Diesen verurteilen wir scharf und sehen die Verantwortung allein bei den Personen, die Schutzbefohlene missbrauchen. In unserem Kontext geht es jedoch häufig um Erwachsene, die Anteile an dem haben, was mit ihnen geschieht.

ausgeglichen ist. Da dieses Gefühl äußerst kurzlebig und flüchtig ist, setzt es einen Mangelgefühl-Überkompensation-Kreislauf in Gang. Ihnen ist häufig selbst nicht bewusst, dass sie damit das Gemeinschaftsgefühl empfindlich stören.

Die meisten Machtmenschen brauchen deshalb eigentlich dringend Hilfe; leider sind sie sich dessen selten bewusst. In der Regel verweigern sie deshalb auch jede Kooperation, wenn sie darauf angesprochen werden. Normalerweise wird ein Macht missbrauchender Mensch ohne Selbsterkenntnis dann genau die Strategien nutzen, die seinen Machtmissbrauch ausmachen, um die Person auszuhebeln, die den Machtmissbrauch thematisiert. Dennoch entbindet uns das nicht davon, den in Matthäus 15,17-19 beschriebenen Weg einzuhalten: zuerst alleine mit dem Machtmenschen die Sache anzusprechen und dann erst andere hinzuzuziehen. Erst wenn das misslungen ist, kann es hilfreich sein, gute Zeugen für weitere Gespräche zu wählen.

Auch wenn Machtmenschen häufig nicht bewusst ist, was sie tun, so sind sie dennoch für ihr missbrauchendes Tun verantwortlich. Genauso wie in der Rechtsprechung Unkenntnis nicht vor Strafe schützt, so gilt auch im geistlichen Bereich die Tat und nicht allein die Motivation (vgl. Matthäus 21,28-32). Auch wenn Machtmenschen ihr missbrauchender Umgang mit anderen gar nicht bewusst ist, tun sie, was sie tun, und häufig halten sie das für richtig. Simon[109] bewertet dieses Handeln als „versteckt aggressiv".

Wenngleich der Missbrauch von Macht[110] oder geistlicher Missbrauch im Einzelfall immer schlecht ist, ist nicht jeder Missbrauch von LeiterInnen gleichzusetzen mit Machtmissbrauch oder geistlichem Missbrauch. Eine wichtige Unterscheidung ist, ob die Person, die Grenzen überschritten hat, einsichtig ist, wenn man sie darauf aufmerksam macht, oder nicht. Menschen, die zum kontinuierlichen Machtmissbrauch neigen – wo es also (inzwischen) zur Persönlichkeit gehört –, werden sich versuchen herauszureden, indem die Schuld auf die Person verlagert wird, die das Problem anspricht; sie

---

109 Georg K. Simon, Wölfe in Schafspelzen, Landsberg am Lech 1998.
110 Es sei ausdrücklich darauf hingewiesen, dass der Gebrauch von Macht nicht per se schlecht ist, denn Macht kann man dazu einsetzen, Gutes zu bewirken oder Schlechtes zu verhindern (siehe Volker Kessler, Vier Führungsprinzipien der Bibel. Dienst, Macht, Verantwortung und Vergebung, Gießen 2012).

werden offen oder versteckt einschüchtern; sich als Gottes Autorität darstellen; Schuldgefühle auslösen; in die Opferrolle gehen; erniedrigen oder gar lügen.[111] Ebenso muss man überprüfen, ob man es nur mit einem dominanten Menschen[112] zu tun hat (von dem sich manche Persönlichkeitstypen bevormundet fühlen) oder wirklich mit einem Machtmenschen.

Opfer

Auch Opfer haben Macht! Ein Machtmensch hat nur so lange Macht, solange man es ihm gestattet! Häufig ist den Opfern bewusst, welchen Preis sie in diesem System zahlen. Selten ist ihnen bewusst, dass sie auch einen Gewinn davon haben, in dieser Situation zu bleiben. Ja, es kann sein, dass man es um der Beziehungen willen tut. Vielleicht aber auch, weil man immer noch hofft, einmal die Anerkennung des Machtmenschen zu bekommen, oder weil man dem Ideal hinterherläuft, als Christ nicht „zu schnell" (wann immer das auch ist) aufgeben zu dürfen, oder einfach nur, weil man „richtig" sein will. In vielen Beratungsgesprächen geht es immer wieder um diese Themenkomplexe. Man sollte sich daher ganz bewusst machen: Auch man selbst hat Macht!

Wer sicher ist, mit einem Machtmenschen konfrontiert zu sein, sollte sich frühzeitig von einer fachlich qualifizierten Person begleiten lassen. Auf jeden Fall sollte der/die ausgewählte BeraterIn mit diesem Phänomen vertraut sein. Dann können subtile Mechanismen und versteckt aggressive Handlungen schneller erkannt und verstanden werden. Das eigene Denken und Handeln kann reflektiert und das Auftreten gestärkt werden. Wer sich länger in einem missbrauchenden System aufgehalten hat, sollte dies unbedingt in qualifi-

---

111 Das ist ausführlich beschrieben in Martina und Volker Kessler, Die Machtfalle, S. 35-45.

112 Dominante Menschen wissen, was sie wollen und erreichen auch normalerweise ihre Ziele. Aber dabei sind sie, im Unterschied zu Macht missbrauchenden Menschen, bereit ihr Ziel zu verändern, wenn es ihnen sachlich einleuchtet, sie beachten und würdigen gute Argumente. Sie wollen, dass die Sache weitergeht und können sich zurücknehmen, ihre Kompetenzgrenzen akzeptieren oder sich zurückziehen, wenn sie merken, dass sie für andere zum Problem geworden sind und die Sache damit in Gefahr gerät. Sicher, sie gehen nicht immer liebevoll mit anderen Menschen um und durchdenken nicht alles bis ins letzte Detail, aber sie kämpfen immer mit offenem Visier.

zierter Beratung aufarbeiten. Das erhöht die Chancen deutlich, zu-
künftig Machtmissbrauch oder geistlichen Missbrauch frühzeitig zu
erkennen. Wer individuell verstanden hat, wo missbrauchende Menschen bei ihm oder ihr ansetzen können, kann sich effektiv schützen!

Menschen, die kontinuierlichem Machtmissbrauch ausgesetzt
sind, sind oft zutiefst verunsichert. Daher sind die Selbsthilfemecha-
nismen in solchen Situationen häufig reduziert oder gar außer Kraft
gesetzt. Häufig stellen Machtmenschen, weil sie davor Angst haben,
gerade die Stärken einer Person infrage. Wer solche Mechanismen
in sozialen Systemen entdeckt, sollte in Alarmbereitschaft gehen. In
solchen Lebenslagen ist das Feedback von guten FreundInnen und
wohlwollenden ZeitgenossInnen absolut hilfreich und sollte unbedingt angehört und/oder eingeholt werden. Wie lauten deren Bot-
schaften? Was tut gut und stärkt? Welcher Aspekt ist lohnend, weiter
durchdacht zu werden? In schweren Lebenssituation darf auf solche
Stärkung nicht verzichtet werden!

Mitspieler

Wo Machtmenschen sind, gibt es immer Mitspieler, denn Machtmissbrauch und geistlicher Missbrauch geschehen in der Regel in einem
System. So wie die Machtmenschen und deren Opfer verantwortlich
sind für ihr jeweiliges Tun und Lassen, so sind es auch die Mitspieler. Wenngleich sich die Persönlichkeiten von Mitspielern unterscheiden[113], so ist das gemeinsame Merkmal, dass sie das missbrauchende
System erhalten wollen, weil sie selbst einen Gewinn davon haben.

Ausgenommen sind dabei Menschen mit hohen wachsamen Per-
sönlichkeitsanteilen. Sie gelten als Überlebensexperten, denn „ihre
Sinnesantennen, die Menschen und Situationen in ihrer Umgebung
ständig prüfen, benachrichtigen sie sofort, wenn etwas falsch, gestört, dissonant oder gefährlich ist".[114] Deshalb übernehmen sie lieber selbst die Macht. Daher werden sie von Machtmenschen eher als
Bedrohung erlebt und häufig diskreditiert.

---

113 Das ist ausführlich beschrieben in Martina und Volker Kessler, Die Machtfalle, S.
64-78.
114 John M. Oldham, Lois B. Morris, Ihr Persönlichkeits-Portrait. Warum Sie genau
so denken, lieben und sich verhalten, wie Sie es tun, Hamburg 1992, S. 177.

Strukturen

Darüber hinaus kann der Missbrauch von Macht durch Strukturen verstärkt oder erschwert werden. Wie viel Macht spielt das Leitungs- und Gemeindeverständnis der Gemeindeleitung in die Hände? Vom Neuen Testament her sind verschiedene Leitungsmodelle denkbar. Im Wissen um menschliche Unzulänglichkeit würde ich allerdings immer eine Gemeinde bevorzugen, die bibelorientiert, demokratisch, transparent und mit großer Klarheit geführt wird. In jüngster Zeit nimmt jedoch der Anteil der Gemeinden wieder zu, die einen autoritativen[115] bis autoritären Leitungsstil bevorzugen. Hier verdichten sich die Möglichkeiten für Macht- bzw. geistlichen Missbrauch.

Vor einiger Zeit war bei Facebook der Satz zu lesen: „Willst du autoritativ führen, so gründe deine eigene Gemeinde und suche dir deine Schäfchen aus" (Waldemar, 43 Jahre). Christina (34 Jahre) schreibt: „Autoritative Leitung ist meiner Meinung nach geboren aus Angst um Kontroll- und Machtverlust. Und oft genug wird die Grenze zu Unwahrheit, Manipulation und geistlichem Missbrauch überschritten. Nach dem Leiterschaftsverständnis, wie ich es in meiner Bibel lese, meint dienende Leiterschaft und Unterordnung etwas komplett anderes. Das Böse an geistlichem Missbrauch ist, dass er sich zwischen den Menschen und Gott stellt und das Gottesbild derart verzerrt, dass es Jahre braucht, bis man Gott wieder vertrauen (in nicht wenigen Fällen leider wenn überhaupt) und als den Zufluchtsort erleben kann, der er eigentlich ist und dessen man durch geistlichen Missbrauch beraubt wird!"

Daher ist es wichtig, dass Gemeindemitglieder als mündige Christen mit offenen Augen und Ohren in einer Gemeinde leben, ohne sich als Aufsichtsrat gegenüber der Gemeindeleitung aufzuspielen, um diese vor allem zu kontrollieren. Wer sich für eine Gemeinde entscheidet, ordnet sich damit freiwillig in deren bestehende Ordnung ein und sollte gleichzeitig damit rechnen, dass GemeindeleiterInnen Fehler machen. Es darf weder zu einer Verklärung von Leiterschaft

---

115 Ein autoritatives Leitungsverständnis ist häuft gepaart mit einer hohen Kontrolle und einem hohen Maß an Autorität, bei dem durchaus gleichzeitig liebevoll auf die Menschen eingegangen wird. Fraglich bleibt jedoch, wie viel (Entscheidungs-)Freiheit und Mitspracherecht dem Einzelnen zugestanden wird.

kommen noch dazu, dass die Gemeindeleitung zum Fußabtreter der Gemeinde wird. Christus hat seine Gemeinde zur Freiheit berufen und deshalb hat jeder Christ/jede Christin eine Mitverantwortung bei der Umsetzung: keine Versklavung, sondern frei sein und bleiben! (Galater 5,1). Wer als ChristIn zur „vollen Reife" (Epheser 4,13; NLB) heranwächst, für den gehören Mündigkeit und Selbstverantwortung selbstverständlich zu einem gesunden Menschen dazu.[116]

Eine Gemeindeleitung tut ihrerseits gut daran, zu reflektieren, ob diejenigen, die sie leitet, in ihrem Glauben zu geistlich reifen Menschen werden (Kolosser 1,28) und an wen sie sich binden. Wenn unsichere Menschen eine starke Bindung an die Gemeindeleitung oder eine Person aus der Gemeindeleitung suchen, kann das vorübergehend durchaus in Ordnung sein. Auf jeden Fall muss dieses Beziehungsmuster reflektiert und überprüft werden. Jedes Beziehungsmuster muss dazu führen, dass gesunde, erwachsene Menschen selbstständige, mündige Christen werden. Alles andere zeugt von einer ungesunden Beziehungsstruktur.

Tipps zur Begegnung mit Machtmenschen

Wie begegnet man Machtmenschen? Dazu ein paar Tipps:

1. Achten Sie darauf, wem Sie Macht über sich geben.
2. Sehen, akzeptieren und reflektieren Sie Ihre Machtoptionen und Ihren Anpassungs- und Unterordnungswillen.
3. Welche Folgen ergeben sich aus Punkt 2? Welche Handlungen sollten nun folgen oder unterlassen werden? Sind Sie bereit, den Preis dafür zu zahlen?
4. Versuchen Sie nie, einen Menschen zu ändern, der sich nicht selbst ändern will.
5. Was können Sie über sich durch die Begegnung mit einem Machtmenschen lernen?

---

116 Zu dieser Aussage haben wir schon manche Diskussionen geführt. Mündige Christen sind für manche Christen geradezu ein Paradox. Dennoch werden wir an mehreren Stellen des Neuen Testaments dazu aufgefordert, in unserem Glauben zu reifen und Kinder Gottes zu sein (und eben nicht abhängige und unfreie Sklaven).

6. Was sagt es über ein System aus, wenn darin ein Machtmensch agieren kann?
7. Was wurde in der Gemeinde dadurch aufgedeckt?
8. Nutzen Sie Ihre Macht, um Gutes zu bewirken oder Böses zu verhindern!

Dr. Martina Kessler, *Theologin und Psychologische Beraterin, ist verheiratet und hat vier erwachsene Kinder sowie zwei Enkelkinder. Sie ist in der Leitung der Akademie für christliche Führungskräfte, Co-Researcher der University of South Africa (Department of Philosophy, Practical and Systematic Theology) und Autorin.*

Verantwortungsvolle Leitungskultur

Christopher Rinke

Von Idealen und Theorien ...

Den scheinbaren Idealfall vorbildlicher Leitung von Kirchen und Gemeinden kennt man aus den Konferenz- und Seminartiteln: „Vollmächtig" soll Leitung sein, „visionär" und vielleicht „innovativ". Weitere marketinggerechte Stichworte sind dann möglicherweise noch Exzellenz, Erfolg und Style. Klingt gut und ist auch nicht falsch. Befragt man allerdings erfahrene Leitende, wird kaum jemand einen dieser Begriffe zur Beschreibung seiner Leitungstätigkeit benutzen.

Selbst in der sachlichen Auseinandersetzung mit dem Thema macht eine gute Leitung weniger die Erfüllung bestimmter Attribute aus als vielmehr die Kongruenz von Führungsbereitschaft und das Bedürfnis einer Gruppe, geführt zu werden. Dem Bedürfnis des Leiters zu leiten entspricht das Bedürfnis einer Gruppe, geleitet zu werden. Dem (vielleicht unbewussten) Bedürfnis nach Selbstdarstellung entspricht der Wunsch nach einem Vorbild. Dem Gefühl der Verantwortlichkeit steht das Sicherheitsbedürfnis gegenüber. Die einen tragen eine Vision, die anderen suchen Orientierung. Ein Zusammenspiel, das auf beiden Seiten nicht ohne die Gefahr einer problematischen Vereinseitung ist.

... und den Niederungen des Alltags

So weit das Ideal. Die Realität liebt da die Kompromisse. Da bilden dann *die* Leute die Leitung, die sich (und die Gemeinde) gut präsentieren. Oder es werden die Menschen gewählt, denen man aufgrund ihres Berufes, ihres Engagements oder ihrer Gruppenzugehörigkeit eine Führungsrolle zutraut. Zuweilen bilden schlicht die Menschen ein Leitungsteam, die übrig bleiben. Manchmal Leute, die nach Anerkennung suchen, manchmal Menschen, die sich ihrer Defizite durchaus bewusst sind, die aber der Verantwortung mehr Raum geben als der eigenen Scheu.

Warum Leitende verantwortlich sind (und es oft nicht merken)

Leitende haben ein Mandat bekommen und sind gefordert, dieses Mandat auch wahrzunehmen. Das ist alles andere als trivial, auch im Blick auf das eigene Selbstverständnis: Denn in der Regel bleibt man ja Teil der Gruppe, die einen gewählt hat. Das heißt: Man mag die Gemeinschaft untereinander, pflegt Freundschaften, ist Gleicher unter Gleichen. Und wenn man dann in ein Amt gewählt ist, will das Naturgesetz der Trägheit auch erst einmal, dass sich an alldem nichts ändert. Zu Beginn versteht man sich als Lobbyist seiner Wähler im Kirchenvorstand.

Tatsächlich aber zeigt sich bald, dass sich diese Haltung ändern muss. Ohne einen gemeinsamen Arbeitsansatz, ohne ein Mindestmaß an Teamverständnis und Loyalität der Leitung untereinander ist kein Leitungsgremium handlungsfähig. Eine Gleiche unter Gleichen ist eben durch die Wahl mit einem Mal dazu beauftragt worden, in einer Entscheidungsfindung das letzte Wort zu haben; die Vorsitzende muss Entscheidungen auch gegen Widerstand treffen und durchsetzen. All das ist Teil ihres Mandats. Mit der Verabschiedung einer Satzung, Ordnung oder Verfassung hat sich die Organisation dazu bekannt, dass genau dies manchmal erforderlich sein kann, was man in einer konkreten Situation am liebsten vermeiden möchte: Entscheidungen treffen.

Verantwortung jenseits der Gremien

Die Sache mit der Verantwortung, also dass Entscheidungen getroffen werden, ist natürlich schon Teil einer Verantwortung. Aber diese endet nicht mit einer abgehandelten Tagesordnung in einer Sitzung. Kirchenvorstände und Gemeindeleitungen tagen ja nicht nur, sie repräsentieren auch und verantworten das, was im Gemeindealltag passiert.

Und das können ganz einfache Beispiele sein: Ein paar Jugendliche spielen im Gottesdienst ein aktuelles Musikvideo ein. Darauf sind ein paar spärlich bekleidete Damen zu sehen; inhaltlich geht es um eine kritische Auseinandersetzung mit unserem Konsumverhalten.

183

Zu beobachten ist das Typische: Ein Teil der Gemeinde freut sich über das Engagement der Jugendlichen und die wichtige Botschaft des Videos, andere schütteln angesichts der Bilder, der Musik oder des Umstands, dass überhaupt im Gottesdienst Videos eingespielt werden, wenig begeistert den Kopf. Person XY schnappt sich nach dem Gottesdienst einen der Jugendlichen, um ihn nach allen Regeln der Kunst „rundzumachen". Ungewollt hören die Umstehenden derbe Wertungen, unmissverständliche Aufforderungen und fragwürdige Zuweisungen. Am Ende sieht man den sichtlich verstörten Jugendlichen im Jugendraum verschwinden, während besagte Person sich zu ihren Bekannten stellt und dort Staunen und Anerkennung ob ihrer „klaren Worte" erntet. Andere beobachten die Szene irritiert, manche üben sich im Fremdschämen.

Das ist Alltag in christlichen Gemeinden. Und leider bleibt es oft dabei. Niemand greift ein, kaum jemand geht dem Jugendlichen oder Person XY nach. Und obwohl eigentlich bei einer großen Mehrheit ein unausgesprochener Konsens besteht, dass XY „mal wieder" über das Ziel hinausgeschossen ist, verbreitet sich die unüberhörbare Botschaft, dass Experimente im Gottesdienst keinen Platz haben, dass sich Jugendliche in Stilfragen unterzuordnen haben und dass alle Macht nicht vom Volke, sondern von Person XY ausgeht. Okay, das Letzte ist übertrieben, aber nicht ganz ohne Wahrheitskern.

In diesem Kern geht es um die Frage der Verantwortung: Wenn alle nur unfreiwillige Zeugen sind und niemand die Initiative ergreift, dann hat eine Reihe von Leuten ihre Verantwortung übersehen. Die anderen Jugendlichen hätten ihrem Mitstreiter beistehen können. Der Jugendleiter hätte sich vor „seinen" Schützling stellen sollen, die über Person XY irritierten Gottesdienstbesucher hätten moderierend eingreifen sollen, die Diakonin für Gottesdienstgestaltung oder der Pfarrer hätten sich dem Feedback von XY stellen und den Jugendlichen aus der Schusslinie bringen müssen.

Verantwortung meint hier nicht, zähneknirschend die Rolle des „Retters" zu spielen. Sich in dieser Situation der eigenen Verantwortung bewusst zu werden, heißt vielmehr, darauf aufmerksam zu werden, was einen das Wegsehen gerade kostet. Denn den höchsten Preis zahlt im erwähnten Beispiel (neben dem direkt Betroffenen) eine Gemeindeleitung, die in mühsamer Kleinarbeit mit der Gemeinde eine Vision erarbeitet hat, in der ein partizipativer und zeitgemäß gestalteter Gottesdienst eine tragende Säule sein soll. Diese Säule hat Risse bekommen und Tragfähigkeit verloren. Und damit verliert auch die Gemeinde.

Nun stürzt nicht jede Vision in sich zusammen, wenn eine einzelne Gottesdienstbesucherin eine unangemessene Kritik äußert. Aber wir sind gut beraten, ein Bewusstsein dafür zu entwickeln, wie sich wiederkehrende Handlungen auf die Gemeindekultur auswirken und welche Auswirkung die Gemeindekultur auf die Verwirklichung einer Vision hat.

Ablehnung, die tiefer geht

Dieses Beispiel eines vielleicht polarisierenden Beitrages zum Gottesdienst ist vergleichsweise harmlos. Was aber, wenn ein Mensch nicht einen *Programmpunkt* einbringt, sondern seine *Überzeugung* oder seine *Identität*? Was, wenn die Reaktion darauf ähnlich ausfällt? Wenn nicht *eine Form* scheinbar keinen Platz in der Gemeinde hat, sondern eine *Denkweise* oder ein *Mensch als Ganzes* abgelehnt wird? Dann fliehen Menschen möglicherweise nicht nur aus den Fängen des Kritikers, sondern ganz aus der Gemeinde. Versehen mit einer Impfdosis, die sie gegen das System Gemeinde auf Dauer immunisiert.

Was, wenn sich in Gemeinden und Gruppen missbräuchliche Strukturen zeigen? Wenn Menschen emotional, geistlich oder physisch Schaden nehmen, weil Menschen Grenzen missachten, Freiheiten einschränken, Druck ausüben und Abhängigkeiten schaffen?

Wenn wir einer wohlwollenden und reflektierten Leitung hier einmal unterstellen, dass sie nicht selbst so agiert, bleibt im Sinne der Verantwortung die Aufgabe, darauf aufmerksam zu werden, wo überall die Notausgänge offen stehen, weil Leute sich retten mussten.

Um die Spuren der Kultur einer Gemeinde zu entdecken, braucht es keine Gemeindeordnung oder eine Festschrift vom Jubiläum. Für die Kartierung der Gemeindekultur reichen oft eine kritische Auseinandersetzung mit der Mitgliederstatistik und ein paar Gespräche, warum und unter welchen Umständen Menschen die Gemeinde verlassen haben. Hier hilft auch kein Optimismus, dass mit einer neuen

Leitung alles anders wird. Eine Kultur wird durch keinen Beschluss und keinen guten Willen verändert, sondern nur durch ein bewusstes Verlernen des Gewohnten und das konsequente Einüben eines neuen Weges. Und die bewusste Auseinandersetzung mit der eigenen Geschichte.

Was bedeutet es, wenn wir in einer Gemeinde bestimmte Generationen nicht mehr finden? Woran liegt es, wenn in einer Leitung die Neugewählten oft schon vor dem Ende der Wahlperiode zurücktreten? Warum berichtet man in der Gemeinde über zahlreiche gescheiterte Versuche, bestimmte Veranstaltungen, Formate oder Initiativen zu starten, ohne dass es davon im aktuellen Gemeindeleben auch nur eine Spur gibt? Warum erzählen Menschen enthusiastisch von wegweisenden Visionen, die ausschließlich in den Köpfen leben, an deren Umsetzung aber auch nach Jahren noch nicht gearbeitet wird? Wo sind im jeweiligen Verantwortungsbereich in der Gemeinde die Notausgänge offen?

Die Kultur einer Gemeinde

Auch hier wirkt sich (nur) die Kultur einer Gemeinde aus. Wenn wir Leitende in unseren Kirchen und Gemeinden sind, dann tragen wir auch für die darin gelebte Kultur die Verantwortung. Das Gemeine daran: Wir sind verantwortlich, können sie aber nicht über Nacht ändern. Aber wir können beginnen. Und der erste Schritt ist die Bewusstseinsbildung. Wir können beginnen, über unsere Gemeindekultur zu reden. In der Leitung, in den Gruppen. Wir können beschreiben, was für eine Kultur wir anstreben, und damit eine Referenz geben, an der andere sich orientieren können. Wo wird für die Gemeinde eine Vision positiv erkennbar, wo resultiert sie aus Passivität der Leitenden?

Ein nächster Schritt ist die Überprüfung der eigenen Verhaltensweisen: Wo dient unser eigenes Verhalten der gewünschten Gemeindevision? Wo wird an unserem eigenen Verhalten deutlich, dass wir dem gesetzten Ziel durch und durch verpflichtet sind? Welchen Preis zahlen wir, wenn wir in mancher Angelegenheit weiter nur wegsehen und bestimmte Verhaltensweisen „dulden"?

Und dann gilt es, bewusst eine gewünschte Kultur durch eine Art

186

fortgesetztes Einüben zu etablieren. Das klingt erst mal vielleicht etwas irritierend, entspricht aber der Aufgabe eines Kirchenvorstands oder einer Gemeindeleitung. Wenn wir verantwortlich sind, müssen wir auch gestalten dürfen. Hierzu gehören zum einen die Kommunikation und das Vorleben des Gewünschten, aber auch ein beherztes Eingreifen, wenn Menschen durch ihr Verhalten anderen die Luft zur Entfaltung nehmen. Verletzender Kritik zum Beispiel darf und sollte widersprochen werden. Und es wird das Klima verändern, wenn es uns gelingt, diese „Kritik der Kritik" anders, nämlich wertschätzend und konstruktiv auszudrücken. Dabei sollten wir realistisch bleiben. Selbst wenn wir heute ein Problem erkennen, wirken die Folgen des Problems auch dann nach, wenn wir es sofort beseitigen. Auch Einsicht und Veränderung bewahren also nicht automatisch vor dem Verlust weiterer Menschen.

Unabhängig von diesen eher strukturellen Aspekten der (Re-)Kultivierung einer Gemeinde gehört natürlich auch ein verantwortlicher Umgang mit der Geschichte zu den Aufgaben der Leitenden. Wenn wir Menschen „verloren" haben, unabhängig davon, ob sie sich „nur" von der Gemeinde oder vom Glauben insgesamt abgewandt haben, wenn Menschen die Gemeinschaft mit uns aus Selbstschutz aufgeben mussten, dann ist das vielleicht eine „Entscheidung für immer", aber deswegen noch nicht zwingend ein abgeschlossener Vorgang. Wo immer wir können, sollten wir Fehler der Vergangenheit erkennen und bekennen und erforderlichenfalls auch Betroffene um Verzeihung bitten. Das bringt vermutlich die wenigsten zurück, aber es befreit sie und auch die, die geblieben sind.

Schritte auf dem Weg zueinander

Wie kann dies gelingen? Zunächst einmal kann ich nicht „allen" nachgehen. Genau genommen kann ich immer nur einer Person meine Aufmerksamkeit widmen. Warum also nicht mit einem Gebet beginnen? Meine Bereitschaft loszugehen mit der Wegweisung Gottes zusammenbringen? Gibt es eine Person, die mir Gott aufs Herz legt? Welche Geschichte berührt mich besonders? Warum eigentlich?

Vielleicht ergibt sich so schon der nächste Schritt. Die eine Person

treffe ich öfter beim Einkaufen, eine andere kann ich einfach mal an-
rufen. Bei einer dritten Person ist vielleicht eine überraschende Post-
karte das richtige Medium, um wieder in Kontakt zu kommen. Hier
gibt es keinen Königsweg. Immer braucht es ein wenig Bauchgefühl
und Risikobereitschaft. Es ist immer eine Option, dass meine Kon-
taktaufnahme ins Leere läuft. Und es ist mitunter richtig, jemanden,
der es wünscht, auch einfach wieder in Ruhe zu lassen.

Kommt es zu einem Gespräch, muss ich mir klar werden, was
ich eigentlich ansprechen möchte und was meine Botschaft ist. Aller Intuition zum Trotz, hier empfiehlt sich gründliche Vorbereitung.
Muss ich mich entschuldigen? Bedauere ich etwas, das vom anderen
ausging? Kann ich den Rückzug des anderen nachvollziehen? Oder
habe ich Fragen?

Im Gespräch ist dann entscheidend, nicht mein eigentliches Anliegen zu vergessen. Allzu schnell kann ich mich herausgefordert
fühlen, zum Verteidiger zu werden oder zu einem Koalitionspartner.
Beides ist in der Regel nicht hilfreich. Wenn ich mich entschuldigen
will, brauche ich unter Umständen die Bereitschaft, ganz viel Wut
meines Gegenübers einfach auszuhalten. Bedauere ich ein zurück-
liegendes Verhalten anderer, muss ich aufpassen, nicht zum Richter
Dritter zu werden, sondern muss signalisieren, dass ich als Verantwortlicher meine Lektion gelernt habe.

Am Ende brauche ich wieder Offenheit für das Ergebnis. Meine
Bitte um Vergebung ist auch dann ausgesprochen, wenn der andere
noch nicht bereit ist, mir zu vergeben. Mein Ziel kann nicht die Reaktion des anderen sein. Die liegt außerhalb meiner Verantwortung.
Aber ich bin sicher: Es macht einen Unterschied, dass ich mich auf
den Weg gemacht habe.

Christopher Rinke *(44), verheiratet, Vater zweier Teenies, ist
Pastor im Bund Evangelisch-Freikirchlicher Gemeinden und
berät seit zehn Jahren als freiberuflicher Coach Gemeinden
und Werke in Leitungsfragen.*

Ehrenamtliche – gefördert oder überfordert?

Edith Höll

Als landeskirchliche Pfarrerin sehe und erlebe ich Jugendliche in unseren Gemeinden zu mindestens 95-99 Prozent nur dann, wenn sie sich auch ehrenamtlich engagieren. Das heißt, Christsein und Glaube werden bei ihnen gleichgesetzt mit: Ich engagiere mich ehrenamtlich.

Jungen Erwachsenen, die aus ihren Ehrenämtern ausgeschieden sind, begegnet man dann nur noch an den hohen Feiertagen, wenn überhaupt. Wenn das Ehrenamt gar konflikthaft erlebt oder beendet wurde, dann sind sie oft nicht nur ganz verschwunden, sondern hängen ihren Glauben gleich mit dem Ehrenamt an den Nagel. Die negativen Erfahrungen und Gefühle mit dem Ehrenamt oder der Leitung werden fast immer unreflektiert parallel zum Glauben gesehen und gefühlt.[117]

Im Umkehrschluss bedeutet dies aber auch, dass gelingendes Ehrenamt und der darin gelebte und erlebte Glaube den Glauben an sich stärkt. Deswegen geht es in diesem Artikel um die Frage, wie Ehrenamt gelingen und gefördert werden kann, sodass die jungen Menschen selbst und ihr Glaube darin wachsen.

Gemeinden bieten Jugendlichen ein weites Betätigungsfeld für ein anspruchsvolles Ehrenamt. Das motiviert, das begeistert, das stärkt den Selbstwert und bedeutet für junge Menschen einen Entwicklungs- und Identitätsschub in ihrem Erwachsenwerden.

Um dazuzugehören, sich regelmäßig über den Glauben austauschen zu können und um weiterzukommen, ist dieser Einsatz wichtig, egal, wie viel Zeit jeweils investiert wird. Als Leiter haben wir daher eine hohe Verantwortung für den Entwicklungs- und Persönlichkeitsschub Jugendlicher durch das Ehrenamt. Eine Reflexion die-

---

117 Um die Folgen von dramatischen, missbräuchlichen oder gar traumatischen Erlebnissen im Ehrenamt zu verstehen und aufzuarbeiten, braucht es Wissen und Methoden aus der Traumabearbeitung.

ses Ehrenamts in der Gemeinde aus seelsorgerlicher Perspektive kann dabei helfen, diese Verantwortung auch bewusst wahrzunehmen. Drei Beispiele machen diese Verbindung deutlich:

1. Zwei Jugendliche, die im Kindergottesdienst ihr Konfirmandenpraktikum gemacht haben, werden nach der Konfirmation dort auch Mitarbeitende. Mittlerweile sind sie Anfang 20 und es kommt zum Konflikt mit der langjährigen Kindergottesdienstleiterin, da sie unzuverlässig erscheinen, sich nicht vorbereiten, sich nicht wirklich engagieren, keine eigenen Ideen einbringen.

Was sind nun die Ursachen dafür und wie hängen sie mit der Entwicklung der jugendlichen Mitarbeitenden zusammen? Ursprünglich war die Hierarchie klar. Die Leiterin weiß, wie es geht – sie leitet die Vorbereitung, sie bestimmt die Themen, sie verteilt die Aufgaben. Die beiden machen mit, weil sie die Kinder und die Gemeinschaft lieben, weil sie gerne in diesem Kreis dabei sind, der ihnen Stabilität und Heimat gibt.

Nun aber ist aus dem Gefühl, dass die Leitung allein weiß, wie es richtig geht, das Gefühl geworden: Wir sind auch erwachsen, wir haben viel von dir gelernt, wir haben unsere eigenen Ideen und Vorstellungen – wir wollen jetzt Unseres umsetzen. Da die Rollen aber seit Jahren klar definiert sind, trauen sich die beiden nicht, ihr Eigenes einzubringen und gehen eher in den innerlichen Rückzug. Nach einem Konfliktgespräch beginnen die jungen Menschen mit den besten Wünschen der Leitung ihre eigene Arbeit.

Aus der Haltung „*Ich* bin *nicht* okay – du bist okay" würde, wenn es gut geht, die Haltung „Ich bin okay – du bist okay" werden. „Wir könnten gemeinsam etwas Wunderbares auf die Beine stellen!" Oder wie oben beschrieben: Jeder wird sich seiner Fähigkeiten bewusst und die Arbeit vermehrt sich dadurch.

Leider fehlt dieses Bewusstsein des Erwachsenwerdens im Ehrenamt bei den meisten erwachsenen Ehrenamtlichen und die jungen Erwachsenen spüren die Veränderung, können sie aber nicht verbalisieren.

2. Ein Jugendlicher, der jahrelang mit viel Elan Konfirmanden-teamer war und Mitarbeiter auf Freizeiten, der sogar Theologie studieren wollte, zieht sich aus allem zurück mit den Worten: „Ich komme hier für mich nicht mehr weiter, das ist ja immer dasselbe und bringt mir nichts mehr für mein Leben." Zuvor war er immer wieder mit einzelnen älteren Leitern aneinandergeraten, weil er kritisch Glaubensthemen hinterfragt hatte. Statt sich mit seinen Fragen auseinanderzusetzen und auf ihn einzugehen, war ihm immer nur das Gefühl vermittelt worden: Du störst, du nervst, deine Fragen sind unangenehm. Hier wurde der Ruf nach kontroverser theologischer Diskussion nicht gehört und wahrgenommen.

3. Eine seit ihrer Kindheit höchst engagierte junge Frau hat ein Problem mit der Verlogenheit einiger Ehrenamtlicher, die sehr hohe ethische Ansprüche predigen, sie selbst aber nicht umsetzen. Sie wird bekennende Atheistin. Die von ihr immer wieder angestoßenen Diskussionen über Werte und Ethik wurden nicht ernst genommen.

Aspekte für ein gelingendes Ehrenamt

Unter Berücksichtigung entwicklungspsychologischer Aspekte[118], den Ergebnissen des Freiwilligensurveys[119] und der Sinusmilieustu-die[120] für Jugendliche sind mir etliche Aspekte deutlich geworden, die sich im Laufe der Jugendzeit im Blick auf Ehrenamt und parallel dazu im Blick auf den Glauben gewaltig verändern. Kommen diese Aspekte in den Blick und gelingt es, einen Raum zu eröffnen, in dem sich die Jugendlichen entwickeln können, werden junge Erwachsene mit frohem Blick auf ihre Jugendzeit in einer Gemeinde zurück-schauen können und, selbst wenn sie vorübergehend nicht engagiert sind, ihren Glauben dabei nicht grundsätzlich verlieren oder bewusst ablegen müssen.

---

118 Entwicklungspsychologie nach Abram Maslow.
119 3. Untersuchung des Bundesministeriums für Familie, Senioren, Frauen und Jugend zum Thema Ehrenamt von 2009.
120 „Wie ticken Jugendliche?" Sinus-Jugendstudie 2013 der SINUS- Akademie.

In dieser Tabelle sind einige Entwicklungsaufgaben des jungen Menschen stichwortartig aufgeführt. Dass diese Entwicklung gelingt, können wir nicht erzwingen; wir können uns aber so verhalten, dass es für die Heranwachsenden möglich ist, sich von „links" nach „rechts" zu entwickeln, sodass sie ein Bewusstsein für die eigene Persönlichkeit und ihre Verantwortung im Ehrenamt und Glauben erlangen.

Aspekte Ehrenamt	der junge Ehrenamtliche	der erwachsene Ehrenamtliche
Transparenz	Ich komme dazu und fühle mich wohl und zu Hause. Ich habe meinen Platz und entwickle mich in dieser Aufgabe.	Welche Strategie und Ziele verfolgt meine Gruppe/ Gemeinde? Wo ist mein Platz in dieser Organisation? Ich will das „Wozu?" meines Daseins klären. Darf ich mitentscheiden?
Feedback	Ich freue mich über Lob und Anerkennung und versuche, daraus zu lernen.	Ich weiß um mein Können und kann konstruktive Kritik annehmen. Deshalb kann ich auch andere mit ihrem Können wertschätzen.
Orientierung an Stärken und Ressourcen	Ich versuche mich in verschiedenen Aufgabenbereichen und entdecke meine Fähigkeiten, meine Stärken und Schwächen.	Ich weiß um meine Fähigkeiten und setze mich ihnen gemäß ein. Ich habe Mut, Konflikte anzusprechen.
Förderung	Ich bekomme Hilfe dabei, meine Fähigkeiten zu entdecken.	Ich kann mich mit und in meinen Fähigkeiten weiterentwickeln.

Expertenwissen	Ich lerne von den Experten.	Mein Expertenwissen wird gehört! Ich werde als Experte für meinen Bereich wahrgenommen und wertgeschätzt. Deshalb kann ich auch andere mit ihrem Wissen wertschätzen und annehmen.
Gestalten	Gestalten ist Aufgabe der langjährigen Leitung, ich unterstütze sie dabei.	Ich will gestalten, mich ausprobieren, eigene Wege gehen können.
Bedürfnisse	Spaß, Gemeinschaft, anderen helfen können stehen im Vordergrund.	Ich weiß um meinen speziellen Auftrag, den ich hier und jetzt habe.
Glaube	Ich brauche Sicherheit und deshalb klare Glaubensaussagen: „So geht Glauben!"	Glaube ist vielfältig und in Bewegung. In Krisenzeiten hilft kein Richtig oder Falsch. Zweifel und Grundsatzdiskussionen gehören dazu.
Liebe Gottes	Gott als liebender Vater ist in Zeiten der Pubertät und der Konflikte mit den eigenen Eltern der Halt- und Ankerpunkt.	Als Erwachsener brauche ich Kontakte auf Augenhöhe: Jesus als Freund oder Bruder, der „berät, mitgeht, ermutigt", statt hierarchischer Anweisungen von oben.
Ethik	Klare Vorgaben und Beschütztwerden bewahren vor Verletzungen und Enttäuschungen.	Grenzen müssen ausgelotet werden dürfen. Graustufen statt Schwarz-Weiß-Denken müssen erlaubt sein und gelernt werden.

Fragen zur Haltung des erwachsenen Leiters

Als erwachsener Leiter kann es hilfreich sein, sich immer wieder fragend den Aspekten der Tabelle zu stellen, um zu gewährleisten, dass es nicht zu Konflikten wie den oben genannten kommt, sondern dass der Jugendliche sich gut entwickeln und mit Freude dabeibleiben kann.

- Will ich die jungen Ehrenamtlichen bewusst zu mündigen Mitarbeitenden erziehen?
- Bin ich bereit, die Entwicklung der Jugendlichen immer wieder anzuschauen, ihnen den nötigen Freiraum zu geben, ihre Gedanken und Ideen an- und aufzunehmen, auch wenn ich vielleicht gerade anderer Meinung bin?
- Halte ich es aus, wenn ethische und soziale Werte anders gelebt werden, als ich es für „richtig" halte? Bin ich diskussionsbereit über diese Grenzen?
- Kann ich mit unterschiedlichen Glaubensansätzen umgehen? Stelle ich mich den häufig existenziellen Glaubensfragen, ohne zu verurteilen oder auszugrenzen?

Im oft hektischen Alltag des Ehrenamts mit zu kurzen oder ausfallenden Teamtreffen und abnehmender Verbindlichkeit ist man als Leitung meistens schon sehr froh, wenn die Veranstaltung einigermaßen läuft und am Ende alle mehr oder weniger zufrieden sind. Die hier angeführten Fragen haben im Alltag daher selten Raum. Die Monate und Jahre rasen meist dahin, sodass man nicht bemerkt, dass aus den ehemaligen Konfirmanden oder Kindern junge Erwachsene geworden sind mit ihren ganz eigenen existenziellen Fragen. Um im Austausch mit diesen Fragen zu bleiben, bedarf es eines zweiten Blicks, man muss mit den Lebenswelten und Zukunftsträumen der Heranwachsenden in Kontakt bleiben. Dies braucht zusätzliche Zeit, die von vornherein mit im Blick sein sollte.

Förderungsmöglichkeiten

Neben der regelmäßigen Selbstreflexion, die zu einem anderen bzw. bewussteren Umgang mit den Jugendlichen führen wird, gibt es auch bestimmte Möglichkeiten, sie in ihrem Glauben, ihrer Persönlichkeit und ihrem Engagement zu fördern. Hier einige Ideen:

· **Gemeinsame inhaltliche Vorbereitungen** für die entsprechenden Aktivitäten. Die ungeliebte Bibelarbeit wird dann spannend, wenn sie Grundlage für einen Kindertag ist und alle Assoziationen und verrückten Ideen ihren Platz haben dürfen. Selbst gehaltene Andachten, selbst erzählte Geschichten und die Auseinandersetzung damit im Vorfeld helfen, den eigenen Glauben zu entwickeln.
· **Gabentests**, die mit Bezug auf Römer 12 oder 1. Korinther 12 den Blick auf die (geistlichen) Stärken und den Persönlichkeitstyp legen, stärken die Motivation und lenken den Blick darauf, dass jeder Mitarbeitende ein besonderes von Gott begabtes Geschöpf ist.

Kurze Fragen zum Erkennen der eigenen Stärken:
· Was sind meine stärksten Fähigkeiten?
· Mit welchen Themen beschäftige ich mich aus mir heraus?
· Welche Zielgruppe liegt mir besonders am Herzen?
· Was wollte ich schon immer einmal tun?
· **Feedbacks**, die nach vorne weisen, z.B.:
  Gelungen fand ich … Wenn ich dich/das sehe, habe ich Freude daran, weil … Im Blick auf die eher schwierigeren Aspekte könnte man Folgendes sagen: Erweiterungsfähig finde ich … Ich würde erwarten, dass …
· Training in **gewaltfreier Kommunikation** nach Marshall Rosenberg. Hier wird besonderer Wert darauf gelegt, Gefühle und Bedürfnisse wahrzunehmen. Wer seine Bedürfnisse und Gefühle kennt, kann auch eher kommunizieren, was er oder sie braucht, und wird sich nicht einfach zum „stillen Ausstieg" entschließen, der meistens dann passiert, wenn Bedürfnisse über längere Zeit nicht erfüllt werden.

- Gespräche darüber, was der Glaube außerhalb des Ehrenamtes bedeutet.
- Karrierestufen benennen und leben: Helfer, Teamer, Leiter. „Aufzusteigen" ist immer noch ein Motor, sich zu engagieren – genauso wie der Besuch von Fortbildungen.
- Mit dem Jugendlichen nach vorne schauen und Kontakte für später ermöglichen:
  Freizeitkooperationen leben, Auslandskontakte ermöglichen. Kontakte zu Gemeinden in potenziellen Universitätsstädten aufbauen. Jugendliche, die an den Orten, an denen sie studieren werden, schon andere Christen kennen, werden sich dort eher in Gemeinden wieder eingliedern, mit oder ohne Engagement.
- Bei Gesprächen über Berufsplanung, Auswahl der Universität oder Ausbildungsstätte können Hinweise auf gut funktionierende christliche Gemeinden oder Gemeinschaften hilfreich sein.

Gelingt es nicht, die Entwicklung sowohl im Glauben als auch im Ehrenamt zu unterstützen, ist der Ausstieg fast vorprogrammiert. Da diese Entwicklung bei Gymnasiasten parallel einhergeht mit Abiturvorbereitungen, dem Führerschein, dem bevorstehenden Auszug aus dem Elternhaus wird dieses Unwohlsein im Ehrenamt selten genauer betrachtet. Um sich diesem Gefühl auch nicht aussetzen zu müssen, wird schnell gesagt: „Ich bin überlastet, ich kann nicht mehr. Ich mache jetzt Abitur."

Aus allem, was ich jahrelang über das Thema Ehrenamt erforscht habe, werde ich bei diesem Satz hellhörig und schaue mir genauer an, welchem Typ der jeweilige Jugendliche angehört (kein Anspruch auf Vollständigkeit).

Typ 1: Die Begeisterten

Menschen, die in ihrem Ehrenamt Erfolg haben, Anerkennung bekommen, die Gemeinschaft genießen, sich gestalterisch einbringen können, werden seltener sagen: „Es ist mir zu viel." Ganz im Gegenteil bewirken diese Aufgaben oft einen „Flow" in ihrem Leben. Ihr Herz brennt! Sie fließen über, reißen andere mit und ziehen enor-

196

men persönlichen Gewinn aus ihrer Aufgabe. Sie regeln ihren Alltag so, dass für diese Aufgabe auf jeden Fall genug Raum und Zeit ist.

Wenn die Aussage „Ich bin überlastet!" bei diesem Typ Ehrenamtlichen kommt, dann lade ich zu einem Auswertungsgespräch ein, um genauer zu erspüren, worum es eigentlich geht. Ich frage: Wo kommst du nicht vor mit deinen Stärken und Schwächen, mit deiner Freiheit und deinen Fragen?

Wenn es gut geht, geht das Engagement (anders) weiter, falls nicht, ermöglicht dieses Gespräch eine gute Verabschiedung und Würdigung der Tätigkeit.

Typ 2: Die Suchenden

Eine andere Variante: Wer im Ehrenamt überfordert ist, erlebt dies meist auch in anderen Bereichen seines Lebens. Menschen, die auf der Suche nach Daseinsberechtigung, Liebe, Anerkennung oder dem Gefühl, gebraucht zu werden, sind, suchen dies überall.

Wenn sie anfangen, sich zu engagieren, erleben sie oft eine Rundumerfüllung ihrer Bedürfnisse. Ihre Ideen, ihre zeitlichen Ressourcen, ihr Zupacken etc. werden begeistert angenommen. Doch nach einiger Zeit verebbt dieser erste Begeisterungssturm. Der Alltag tritt ein. Um etwas von diesen ersten Gefühlen weiterzuerhalten, verstärken sie ihr Engagement, übernehmen noch mehr Aufgaben, nur um dabei sein zu dürfen.

Kein Wunder, dass dieses Kartenhaus irgendwann zusammenbricht, entweder bei dem Betroffenen selbst oder bei den anderen Mitarbeitenden, die sich zurückziehen, weil sie merken, dass sie keine weitere Anerkennung mehr geben können. Hier sind Würdigung und Verabschiedung meist unmöglich.

Typ 3: Die (scheinbar) Zufriedenen

Manche Jugendliche machen seit Jahren das immer „Gleichwenige" im Kindergottesdienst oder der Jungschar und genießen es, in der freien Spielzeit mit den Kindern zu toben, als Pferdchen zu fungieren, beim Basteln den Kleinsten zu helfen oder in der Küche für den Snack zu sorgen.

Da diese Aufgabe nicht so herausfordernd ist, reicht es ihnen, auch ohne Vortreffen zu den Veranstaltungen zu kommen. Aber nur, wenn sie gerade Lust haben! Fortbildungen – um etwa das Geschichtenerzählen zu lernen, den Umgang mit dem Gebet für Kinder o.Ä. – werden nur selten wahrgenommen. Dass die Leitung irritiert ist, ist ihnen egal, sie bleiben fröhlich, aber unverbindlich dabei.

Unzufrieden ist dann häufig die Leitung, die sich von den mittlerweile „Großen" kreative und inhaltliche Unterstützung wünscht.

Die Kunst besteht hierbei darin, diese jungen Menschen trotzdem herauszufordern, da die Gefahr besteht, dass sie sich irgendwann überflüssig vorkommen, wenn andere mit ins Team kommen, die sich stärker inhaltlich engagieren.

Wir haben in diesem Kontext eine Zufriedenheitsabfrage bei den Teamern gemacht und dabei wurde klar, dass sie sich an die schwierigeren Aufgaben nicht herantrauen, da sie sich nicht für kompetent genug halten. Sie dann davon zu überzeugen, dass sie diese durchaus noch lernen können, braucht viel Fingerspitzengefühl.

Typ 4: Die sich geistlich selbst Aufopfernden

Ich engagiere mich, „weil ich es für Gott tue"! Dies war jahrzehntelang mein eigener Motor fürs Ehrenamt bis zur Erschöpfung. Wenn es Ideen gab, die Spaß verhießen oder meinen Kreativitäts- oder Organisationsfähigkeiten entsprachen, habe ich mich sofort gemeldet. Für den Herrn natürlich! Auf dem Heimweg habe ich mich dann schon über mich selbst geärgert.

Irgendwann entdeckte ich in mir Typ 1 **und** 2. Die Aufarbeitung der dahinterliegenden Bedürfnisse und Fallen führt heute dazu, dass ich sehr genau frage: „Ist dies jetzt wirklich gerade mein Auftrag, schaffe ich es ohne ‚Schnappatmung', habe ich genug Ausgleich, um in Balance zu bleiben?" Dadurch tue ich weniger, aber das mit anhaltenderer Freude.

Wenn ich selbst Ehrenamtliche zur Mitarbeit anfrage, dann immer mit den Worten: „Schau, ob es wirklich passt. Es ist auch okay, wenn es nicht geht." Da meine Gegenüber spüren, dass ich diese Aussage auch so meine, bekomme ich durchaus Absagen, aber auch reflektierte Zusagen. „Gott ruft dich für diese Aufgabe!" oder ähnliche Aussagen habe ich vielleicht manchmal im Herzen, sage es aber nicht, da eine Absage ja einer Auflehnung gegen Gott gleichkäme und damit ungeistlicher Druck entstünde.

Statt „Gott ruft dich!", könnte man Folgendes sagen oder fragen:

- Was sind denn deine Stärken und Begabungen (die du von Gott bekommen hast)? Hast du schon eine Stelle in der Gemeinde entdeckt, wo du diese einbringen könntest?
- Wofür brennt dein Herz? Zieht es dich irgendwo besonders hin?
- Angenommen, in diesem Haus gäbe es ganz viele verschiedene Altersgruppen gleichzeitig, zu welcher Gruppe von Menschen würdest du gehen?
- Hast du schon mal gebetet und Gott gefragt, ob es einen bestimmten Platz für dich hier in der Gemeinde gibt (und was hast du dann in dir wahrgenommen)?

Ehrenamt und Glaube

Zusammenfassend könnte man sagen: Die Entwicklung im Ehrenamt, in der Persönlichkeitsentwicklung und im Glauben laufen im besten Falle parallel nebeneinanderher und bedingen sich gegenseitig. Ideal wäre ein junger Erwachsener, der durch die Arbeit in einer Gemeinde seinen Glauben reflektiert hat und um seine Stärken und Schwächen weiß. Gelungene Ehrenamtsentwicklung lässt auch die mit dem Engagement verbundenen Inhalte in positiver Erinnerung bleiben.

Umgekehrt fehlt die Reflexion darüber, dass Konflikte, Missbrauch im Ehrenamt, persönliche Verletzungen etc. nichts mit dem Thema Glaube oder der Art des Ehrenamtes zu tun haben, sondern mit den Menschen, die dort aufeinandertreffen.

Als Pfarrerin und Freiwilligenmanagerin habe ich auch Einblicke in weltliche Ehrenämter. Die Problematiken unterscheiden sich kaum von denen innerhalb christlicher Gemeinden. Es geht immer um die Frage nach Bedürfnissen, nach Anerkennung, nach Gestaltungsfreiräumen, die die Grundlage für Konflikte und spontanes Aufhören sind.

Gerade junge Erwachsene, die in andere Städte ziehen, lassen nicht nur ihren Glauben hinter sich, sondern häufig auch ihre sportlichen Aktivitäten und die Mitgliedschaft in Vereinen. Sie fangen komplett neu an. Ein Glaube, der einengt, hat hier erst recht keinen Platz mehr.

Glaube ohne Ehrenamt?

Wer aus beruflichen oder familiären Gründen aus einem christlichen Ehrenamt ausscheidet und damit häufig auch die Gottesdienste nicht mehr besucht, wird es gerade als junger Mensch schwer haben, am Glauben „dran"-zubleiben. Da Christsein auf Gemeinschaft und das Weitergeben des Glaubens angelegt ist, gelingt ein „Einzelchristsein" selten.

Als Leiter können wir nur darauf hinarbeiten und Jugendliche stärken, sodass der Glaube zumindest für eine gewisse Zeit auch alleine gelebt und erfahren werden kann. Dazu braucht es neben einer guten Anleitung zu einer gelungenen „Stillen Zeit" Gespräche über die Möglichkeiten, die es an dem neuen Lebensort gibt. Wer als Leitung gut vernetzt ist, kann darüber hinaus vielleicht sogar ein Zimmer in einer christlichen WG und andere Kontakte zu Gemeinden vermitteln. Auf jeden Fall sollte ein würdigendes Abschlussgespräch geführt werden und eine schöne Verabschiedung in einem Gottesdienst erfolgen.

Bei den jungen Menschen, die zu Hause bleiben und weiter dabei sind, ist es sinnvoll, mit Ende der Schulzeit oder rund um den 18. Geburtstag ein „Entwicklungsgespräch" zu führen, bei dem das bisherige Engagement gewürdigt wird, mögliche Unzufriedenheiten ans Licht kommen können oder auch neue, vielleicht anspruchsvollere Aufgaben in den Blick genommen werden können.

Der persönliche Glaube wird in diesen Fällen vermutlich einfach weiterwachsen. Selbst wenn die Bibel mit ihren Fragen vielleicht kritischer angeschaut werden sollte, wird der Bezug zum Glauben bleiben.

Vielleicht brauchen manche Jugendlichen einfach auch die Erlaubnis, tatsächlich einmal Pause machen zu dürfen. In dieser Zeit können sie sich sortieren, spüren, was und wo sie sich wirklich engagieren wollen, mit wem sie es gerne tun würden und was fehlt, wenn der Glaube nicht mehr da ist.

Mein Trost nach 35 Jahren Arbeit mit Ehrenamtlichen ist: Menschen, die sich als Jugendliche engagiert haben, kommen häufig mit ihren eigenen Kindern wieder, und dann können Glaube und Engagement ganz anders aussehen.

Edith Höll, *Pfarrerin in Großen-Linden bei Gießen (50-Prozent-Stelle). Verheiratet und Mutter von drei erwachsenen Töchtern und einer 15-Jährigen. 2009–2014 Weiterbildung zur Freiwilligenmanagerin und Organisationsberaterin. Seither nebenberufliche Fortbildungstätigkeit zum Thema Ehrenamt. Ihr Herz brennt am meisten im Bereich Seelsorge.*

Sexualität und Gemeinde – eine neue Perspektive

Jennifer Paulus

„Darf ich vorstellen: Sex, das ist Christin. Sie ist Jugendliche in unserer Gemeinde. Christin, das ist Sex. Sex ist ... ähm ... ich merke gerade, ihr solltet euch vor der Ehe am besten doch noch nicht kennenlernen."

Was soll man denn sonst auch zu einer jugendlichen Christin über Sex sagen? Am wichtigsten ist doch der „Nicht-vor-der-Ehe-Sex". Über Sexualität zu reden, ist unangenehm, peinlich und nimmt ihr allen Reiz. Außerdem werden unsere Gemeindemitglieder mit der Hochzeit sowieso erfahren und merken, was und wie Sex ist. Uns selbst wurde doch auch nicht mehr gesagt ...

Ist dieser spöttische Anfang tatsächlich so weit von der Realität entfernt? Fakt ist: In christlichen Kreisen und Gemeinden wird selten über die gesamte Bandbreite von Sexualität gesprochen. Im Rahmen einer Abschlussarbeit habe ich die sexualpädagogische Praxis christlicher Gemeinden in Deutschland untersucht. Junge Erwachsene, die sich in christlichen Kreisen bewegen, haben in einer quantitativen Umfrage ihre diesbezüglichen Erfahrungen im Rückblick schildern und bewerten können. Diese wurden dann mit den Erfahrungen verglichen, die kirchenferne junge Erwachsene in ihrer Jugendzeit gemacht haben. Eine Erkenntnis der Umfrage war, dass kirchlich gebundene junge Menschen erste sexuelle Erfahrungen erst später machen und diese meist für sich behalten. Denn sie bewegen sich in einem Netzwerk, in dem nicht darüber gesprochen wird. Darüber hinaus fiel auf, dass die Kommunikation über Sexualität wenn, dann meist im Kontext von Sünde stattfindet. Die Befragten beurteilten ihre Erfahrungen hinsichtlich der sexualpädagogischen Erziehung in der

Gemeinde weitgehend als nicht zufriedenstellend. Diese Bewertung motiviert mich für diesen Beitrag. Er wird aus der besagten Umfrage und aus theoretischen sexualpädagogischen Betrachtungen gespeist, und ich hoffe, er kann dazu motivieren, etwas zu einer gelingenden sexualpädagogischen Praxis im Rahmen christlicher Gemeindearbeit beitragen zu wollen.

Was ist denn nun eigentlich so schlecht an Sex?

Sexualpädagogen beschreiben Sexualität als wesentliches Querschnittsthema der Persönlichkeit. Als solches gehört sie zu jedem Menschen dazu. Biologische und soziale Komponenten bestimmen dabei das sexuelle Handeln eines Individuums. Im Gesamten gilt die Sexualität als entwicklungsfähig. Das heißt, im Lauf des Lebens entwickelt sich dieses in uns verankerte Grundbedürfnis immer weiter und wird dabei auch durch die sozialen Normen und Werte der Gesellschaft, in der man sich bewegt, mitbestimmt. Eine sogenannte Sexualkultur, also wie Sexualität konkret gelebt wird, ist demnach ort- und zeitabhängig und wandelbar.

Im deutschsprachigen Raum hat sich die Sexualpädagogik in den letzten fünf Jahrzehnten immer wieder gewandelt. So gab es freiheitsbestrebende Ausrichtungen in den 1970er-Jahren, aber auch eine Pädagogik der Gefahrenabwehr in den darauffolgenden Jahrzehnten. Zu dieser kam es insbesondere durch das öffentliche Interesse für Themen wie HIV/Aids oder sexuellen Missbrauch. Viele der heutigen Konzepte von Sexualerziehung sind insgesamt sexualfreundlich und sollen zur „Entfaltung einer kraftspendenden Sexualität" führen. Dies forderte schon vor zehn Jahren der Sexualpädagoge Uwe Sielert[121]. Heute fordert er, wie vielen sicherlich durch die mediale Berichterstattung bekannt ist, hauptsächlich sexuelle Selbstbestimmung und die Akzeptanz und das Ausleben sexueller Vielfalt.

Eine einheitliche *christliche* Sexualkultur und Sexualerziehung existiert nicht. Während es in der umgebenden Gesellschaft also hauptsächlich um ein individuelles und selbstbestimmtes Ausleben

---

121 Uwe Sielert, Einführung in die Sexualpädagogik, Weinheim, Basel 2007, S. 156.

von Sexualität geht, finden wir in der christlichen Kultur Deutschlands oft eher andere Konzepte. Diese sind keinesfalls schlecht, allerdings meiner Ansicht nach häufig etwas verkürzt und in ihrer Grundausrichtung eher negativ behaftet. Spricht man in christlichen Kreisen das Thema Sex an, stößt man, mehr als in nichtchristlichen Kreisen, auf Reaktionen, die Unsicherheit und Peinlichkeit ausdrücken – so auch bei der von mir durchgeführten Studie. Selbstverständlich gibt es auch hier, wie in der gesamten Betrachtung der christlichen Kirchen Deutschlands, mitunter große Unterschiede zwischen beispielsweise konservativen und liberalen Ausrichtungen. Christliche Kreise lassen sich nicht über einen Kamm scheren.

Und doch ist es häufig so: Wird Sex in der christlichen Jugendarbeit erwähnt, geht es meist um das altbekannte Gebot: „Du sollst keinen Sex vor der Ehe haben!" Doch soll das alles sein? Hat Gott sich das so gedacht? Und kann man hier überhaupt von einem Gebot sprechen? Es geht mir an dieser Stelle nicht darum, den „Nicht-vor-der-Ehe-Sex" an sich zu thematisieren. Doch wünsche ich mir, dass klar wird, dass es bei der Sexualität um noch viel mehr geht als nur darum, sie mit Sünde zu behaften, sofern man schon vor der Ehe mit seinem Partner oder seiner Partnerin das menschlich Intimste teilt.

Richten wir doch einmal den Blick auf die schönen Seiten der Sexualität, wie sie in der Bibel beschrieben sind. Das Hohelied Salomos beispielsweise ist ein Plädoyer für eine positive Besetzung der Liebe zwischen zwei Menschen. Die übermäßige Kraft der Liebe verdankt sich der Schöpfung Gottes. Wir Menschen dürfen diese Liebe zueinander genießen und dadurch unsere Beziehung bereichern und erfüllen[122]. Gott hat die Sexualität geschaffen, um der Beziehung zwischen zwei Menschen eine transzendentale Dimension beizumessen – nicht, um sie als Sünde zu bezeichnen.

Sex immer nur in Kombination mit Sünde ins Gespräch zu bringen, vernachlässigt also diesen zentralen Aspekt der Sexualität. Ebenso führt die Behaftung der Sexualität mit dem Begriff der Sünde besonders für christlich geprägte Jugendliche zu einer Spannung, die heute schwerer denn je auszuhalten ist. Während nämlich andere

---

122 Stephan Leimgruber, Christliche Sexualpädagogik, München 2011, S. 51f.

in ihrem Umfeld erste sexuelle Erfahrungen sammeln, begegnen sie selbst lediglich Anweisungen, die genau das verbieten sollen. Doch was, wenn Freunde in der Jugendphase sowieso mehr Einfluss haben als Eltern? Gewinnt Verbotenes nicht noch mehr Reiz? Besser also gar nicht über Sex reden?

Schweigen ist Silber. Reden ist Gold

Ich persönlich bin davon überzeugt, dass es die falsche Lösung ist, nicht über Sex zu reden. Doch wie sollen wir etwas tun, was wir selbst gar nicht erfahren haben? Wenn wir uns zurückerinnern, werden wohl die wenigsten von uns im Rahmen christlicher Gemeinden viel über Sexualität gesprochen haben.

Zwei wichtige Ausgangspunkte einer Gesprächspraxis über Sexualität müssen hierzu gesagt sein. Zum einen ist es eine Tatsache, dass es meist unangenehm ist, über Sexualität zu sprechen. Etwas sehr Intimes ans Licht zu bringen, beinhaltet immer auch die Gefahr, sich verletzbar zu machen. Und das ist okay. Bejahen wir diese Tatsache, dann sind wir sensibel im Gespräch über Sexualität. Zum anderen müssen wir uns darüber klar sein: Wenn Jugendliche nicht nachfragen, bedeutet das nicht gleich, sie hätten kein Interesse, darüber zu reden.

Dadurch, dass so lange über Sexualität geschwiegen wurde, muss sich eine Praxis des Gesprächs über Sexuelles im Rahmen der Gemeinde überhaupt erst einmal etablieren. Es sollte uns allen ein Anliegen sein, uns selbst und Jugendliche sprachfähig zu machen und damit Unsicherheiten einzuebnen. Wenn wir über etwas sprechen, nehmen wir ihm die Macht. Reden wir nicht über Sexualität, können wir sie nicht (be)greifen und lassen uns von ihr beherrschen oder überwältigen. Dies entweder dadurch, dass wir das schlechte Gewissen über uns bestimmen lassen und jegliche Sexualität meiden, oder aber dadurch, dass wir aus einem engen moralischen Gefüge ausbrechen.

Sprachfähig werden können wir selbst, indem wir uns über unsere Prägung bewusst werden und beginnen, mit unseren PartnerInnen, engen FreundInnen, PastorInnen oder anderen Gemeindemitgliedern zu reden. Denn nur dann ist es möglich, auch als GesprächspartnerInnen für Kinder, Jugendliche und junge Erwachsene zur Verfügung zu stehen. Erst wenn wir wissen, wie wir selbst geprägt worden sind, und wenn wir bereit sind, über unsere Erfahrungen zu sprechen, fördern wir eine Offenheit und eine tiefe Gemeinschaft. Über Erfahrungen mit Gott, die eine das Diesseits überschreitende Wirkung für uns haben, tauschen wir uns doch auch aus – manchmal sogar in Form eines Zeugnisses vor der gesamten Gemeinde. Das ist eine super Sache! Und genauso wünsche ich uns eine Offenheit in unseren Gemeinden, über Sexualität zu sprechen und unsere Jugendlichen gut auf diese innige Begegnung mit einem Menschen, die transzendentale Qualität mit sich bringt, vorzubereiten.

Die Gemeinde als Ort sexueller Bildung

Sexuelle Bildung muss also auch in der Gemeinde stattfinden! Sexualität als gottgegebenes Grundbedürfnis eines Menschen darf und muss als solches in der Gemeinde einen Raum haben. Aber eben keinen, der sie verbietet, der moralisch einengend ist, zu dem der Zutritt quasi verboten ist. Es sollte ein Raum sein, der den Zugang zur Sexualität und zur eigenen Körperlichkeit herstellt und der Gespräche und Reflexion, also auch ein gesundes Wachstum, ermöglicht.

Sexuelle Bildung in der Praxis sollte sich, wenn sie erfolgreich sein soll, nicht an der Vermeidung von Unerwünschtem, sondern an dem Erreichen von Erwünschtem ausrichten[123]. Dieser Wechsel der Blickrichtung scheint mir für unsere christlichen Kreise von elementarer Bedeutung. Sexuelle Bildung gilt als Erziehung zur Liebes- und Beziehungsfähigkeit – warum sollte sie als solche nicht auch in der christlichen Gemeinde einen Ort haben? SexualpädagogenInnen zufolge beinhaltet sie diese Aspekte:

---

123 Reinhard Winter, „Sexualpädagogik in der Jugendhilfe", in: Renate-Berenike Schmidt, Uwe Sielert, Handbuch Sexualpädagogik und sexuelle Bildung, Weinheim, München 2008, S. 589.

1) *Informationen vermitteln*, das heißt Wissen über körperliche Prozesse, den ersten Geschlechtsverkehr, Verhütung, mögliche Gefahren weitergeben.

2) *Persönlichkeitseigenschaften fördern*, dazu gehören beispielsweise das Stärken von Selbstbewusstsein und der Selbstverantwortung.

3) *Einstellungen vermitteln*, das heißt Ethik, Moral und Wertorientierung vermitteln und zu einer eigenen Urteilsfähigkeit und moralischer Kompetenz beitragen.

4) *Bestimmte Fertigkeiten vermitteln*, das heißt befähigen, verantwortungsvolle sexuelle Entscheidungen treffen zu können, also auch Themen wie Familien- und Lebensplanung, Mutter- oder Vaterschaft oder erzieherische Verantwortung zur Sprache bringen.[124]

Das Thematisieren aller vier die Sexualität betreffenden Bereiche halte ich besonders im ganzheitlich orientierten christlichen Rahmen für bahnbrechend. Bislang beschränken sich Themeneinheiten oder Gespräche zum Thema Sexualität in christlichen Gemeinden und Gruppen häufig nur auf den dritten Aspekt, nämlich darauf, Einstellungen, Werte, Ethik und Moral zu vermitteln. Nicht selten kippt es hier in Richtung einengende Moralität, was auch aus vielen Berichten der Befragten von „Warum ich nicht mehr glaube" deutlich wurde. Sexuelle Bildung im Rahmen der Gemeinde sollte also meiner Meinung nach im Sinne der ganzheitlichen Betrachtung von Sexualität auch *ganzheitlich* zur Sexualität befähigen.

Ressourcen nutzen

Es ist wissenschaftlich belegt, dass Jugendliche, die einer evangelischen bzw. evangelisch-freikirchlichen Konfession angehören, sich vermehrt in einem Wertefeld bewegen, das für Tradition und Prosozialität steht.[125] Prosozialität meint positive und wohlwollende

---

124 Bettina Schuhrke, „Sexuelle Erziehung in der Familie", in: Renate-Berenike Schmidt, Uwe Sielert, Handbuch Sexualpädagogik und sexuelle Bildung, S. 527f.

125 Carsten Gennerich, Empirische Dogmatik des Jugendalters, Stuttgart 2009, S. 61.

soziale Werte, wie zum Beispiel Hilfsbereitschaft, Loyalität, Vergebung und Ehrlichkeit. Auch Frömmigkeit, Gehorsam und Disziplin
sind wichtig für sie. Demzufolge hat die christliche Gemeinde mit
ihrem oft normativen Sozialisationsklima für ihre Jugendlichen einen wichtigen Stellenwert. Viele von ihnen haben beispielsweise im
Teen- oder Jugendkreis ihre engsten Freunde. Genau diese Tatsache
stellt eine wichtige Ressource für sexuelle Bildung im Rahmen der
Gemeinde dar. Jugendliche reden nämlich am ehesten mit gleichaltrigen FreundInnen über Themen rund um Sex. Das bestätigte auch
meine Umfrage. An zweiter Stelle in Sachen sexuelle Bildung standen die Medien, dann kam die Familie. Das bedeutet, dass diesen
Instanzen eine sehr wichtige Rolle zukommt. Warum nicht gemeinsam Jugendzeitschriften lesen und sich im Jugendkreis darüber austauschen? Oder zum Beispiel gemeinsam einen Film schauen und
danach darüber sprechen, welches Bild über Beziehungen und Sexualität uns dabei vermittelt wird? Ferner beschrieb über die Hälfte
der Befragten die Bibel als mittelmäßig bis ziemlich wichtig hinsichtlich ihrer sexuellen Bildung. Auch diese Ressource darf gerne weiter
genutzt werden.

Die regelmäßigen Gruppenangebote, die hohe Verbindlichkeit
kirchlich geprägter Jugendlicher und die Vertrauensbasis in der Jugendarbeit stellen also eine optimale Rahmenbedingung für sexuelle Bildung dar. Sowohl geschlechtsspezifische wie auch gemeinsame Angebote können für das Thema Sexualität sensibilisieren und
Sprachfähigkeit schaffen. LeiterInnen können Material zur Verfügung
stellen und den Raum für Gespräche untereinander bieten. Sie selbst
können referieren oder sich zurückhalten und als Ansprechpart-
nerInnen dienen.

Außerdem wichtig scheint mir die Rolle von Gemeinden als An-
laufstellen für Studierende, Auszubildende oder junge Berufstätige,
die in eine andere Stadt ziehen. Dadurch, dass christlich soziali-
sierte junge Erwachsene häufig erst spät erste sexuelle Erfahrungen
machen, sind sie, wie anfangs beschrieben, in diesem Bereich ihres Lebens meist auf sich alleine gestellt. Denn auch christlich so-
zialisierte junge Erwachsene reden bislang kaum über Sexualität.
Hat man schon Erfahrungen gesammelt, hat man Angst vor Verurteilung – hat man noch keine und weiß man manches nicht, scheut

man sich ebenfalls, das anzusprechen. So führt auch dieser Umstand zu einem Schweigen. Die Offenheit einer Gemeinde und die häufig angestrebte Vielschichtigkeit in Alter und Prägung können also für suchende junge Erwachsene auch im Themenbereich der Sexualität eine Anlaufstelle sein.

Mutig voran!

Wir brauchen Mut, über Sexualität zu sprechen, und Offenheit, uns dabei auch verletzlich zu machen oder evtl. Unangenehmes ans Licht zu bringen. Weiter über Sexualität zu schweigen, bringt nichts. Heute sind Vielfalt und Diversität auch in Gemeinden angekommen. Man kann nicht (mehr) davon ausgehen, dass alle gleich ticken. Um dieser Tatsache und einer aktuellen Sexualkultur gerecht zu werden, müssen wir über Sexualität sprechen – mit Einzelnen und in Gruppen. Wer das nicht kann bzw. will, sollte sich natürlich zu nichts gezwungen fühlen. Aber ich finde es wichtig, sich selbst nachzuspüren und Konzepte für den Dialog zu entwickeln. Nur wenn wir selbst uns öffnen und sprachfähig werden, können wir auch unsere nachfolgenden Generationen sprachfähig machen. Gerne können hierfür auch ExpertInnen zum Thema eingeladen werden, sei es, um Mitarbeitende zu schulen oder das Thema für die Jugendlichen zugänglich zu machen. Oder Mentoring[126] bietet einen optimalen Raum für eine angemessene individuelle sexualpädagogische Begleitung. Das war auch das Ergebnis meiner Studie. Wir sollten mehr und mehr Mentoringnetzwerke in unseren Gemeinden bilden, damit die Älteren die Jüngeren begleiten können. So habe ich in meinem Bekanntenkreis schon mitbekommen, wie ein Jugendlicher sehr dankbar über die Offenheit seines Mentors in Sachen Sexualität war und wie dessen Haltung ihn ernsthaft zum Nachdenken über seine eigene Sexualität angeregt hat – im Gegensatz zu den moralischen Vorgaben, die ihm zuvor in seiner Gemeinde begegnet waren und von denen er sich klar distanziert.

Vielleicht heißt es ja ab nun:

---

126 Dazu sehr inspirierend: Tobias Faix, Anke Wiedekind, Mentoring. Das Praxisbuch, Neukirchen-Vluyn 2010.

„Darf ich vorstellen: Sex, das ist Christin. Sie ist Jugendliche in unserer Gemeinde und möchte dich gerne besser kennenlernen. Christin, das ist Sex. Sex ist viel mehr, als ich dir bisher erzählt habe. Lass uns miteinander ins Gespräch kommen, dann könnt ihr euch ganz unverbindlich kennenlernen ..."

Jennifer Paulus, 27 Jahre, ist Sozialpädagogin (M.A.), christliche Kinder- und Jugendreferentin (CVJM) und mit Alexander verheiratet.

Teil 4
Auf dem Weg zu einem mündigen Glauben

Der eigene Glaube bleibt nicht ein für alle Mal unverändert. Vielmehr können wir beobachten, dass einige Aspekte zu bestimmten Zeiten wichtiger sind als andere. Manchmal kommen vollkommen neue Perspektiven hinzu; andere lässt man hinter sich. Und dies betrifft nicht nur äußere Formen wie die Vorliebe für einen bestimmten Gottesdienst- oder Frömmigkeitsstil. Dazu gehört auch das Verständnis, dass sich unsere Theologie im Laufe unseres Lebens immer wieder verändert. Es ist wohl mit die größte Herausforderung auf dem Weg zu einem mündigen Glauben, sich diesen Veränderungen nicht zu versperren, sondern aktiv mit ihnen umzugehen. Dazu gehört auch, sich immer wieder mit dem eigenen Glauben auseinanderzusetzen, ja, überhaupt bewusst die Verantwortung für ihn zu übernehmen. Dann kann er widerstandsfähig werden und immer wieder neu das eigene Leben und die Welt prägen. Abgeschlossen sein wird dieser Prozess nie, aber er kann gestaltet werden. Dabei ist es hilfreich, sich auch vor Augen zu führen, in welchem Verhältnis der Glaube zur eigenen Biografie, dem eigenen Denken und zu äußeren Umständen steht und wie Freiraum für die weitere Entwicklung geschaffen werden kann. All diesen Aspekten widmen sich die folgenden Beiträge.

Im Beitrag mit dem Titel „Glaube im Sturm – von der Resilienz zur Transformation des Glaubens" nimmt **Henning Freund** die Metapher von einem resilienten Glauben auf, also einem Glauben, der nicht an Widrigkeiten und Krisen zerbricht. Dabei macht er deutlich, dass es im Glauben letztlich nicht darum geht, etwas zu bewahren, sondern dass der Glaube sich in und durch Krisen und andere Erfahrungen verändert. Aufgezeigt wird auch, was Menschen konkret dabei helfen kann, dass der Glaube Krisen transformativ bewältigt.

Mit der Frage, wie der häufig verwendete (und leider auch häufig missverstandene) Begriff des geistlichen Wachstums zu verstehen ist, setzt sich **Jörg Ahlbrecht** in seinem Beitrag „Mythos ‚geistliches Wachstum' – eine biblisch-theologische Betrachtung" auseinander. Deutlich wird, dass geistliches Wachstum zwar unverfügbar ist, also nicht „gemacht" werden kann, gleichzeitig jedoch auch bewusste Bereitschaft zur Veränderung voraussetzt.

Der Unterschied zwischen Glaube an etwas und Glaube an jemand, also an eine Person, ist der zentrale Punkt in den sehr persönlichen Gedanken von **Tobias Künkler** „Glaube als Beziehungsgeschehen". Er nimmt die LeserInnen mit auf seine eigene Glaubensreise, wobei deutlich wird, dass christlicher Glaube im Kern nicht als Konstrukt theologisch korrekter Lehrsätze, sondern vielmehr als ein Beziehungsgeschehen gesehen werden kann.

Wie kann die Freiheit des Glaubens zur Mündigkeit des eigenen Glaubens führen? Dieser Frage geht Oberkirchenrat **Roger Mielke** in seiner „evangelischen Perspektive" nach und entfaltet eine evangelische Perspektive, die ausgehend von Luthers Glaubensbegriff die Freiheit zu einem mündigen und selbstständigen Glauben aufzeigt. Der Weg des Glaubens geht auch durch Schmerzen, Brüche, Abschiede und Aufbrüche. Mielke nimmt die LeserInnen mit auf den Weg der Emmaus-Jünger und zeichnet das Bild eines Glaubens, der individuell gereift ist.

„Wer denkt, kann nicht mehr glauben wie ein Kind" – und dennoch kann man auch als denkender Erwachsener glauben, wie **Godwin Haueis** in seinem Beitrag „Ich denke und glaube trotzdem – wie Gemeinden einen mündigen Glauben fördern" darlegt. Er nutzt dabei Erkenntnisse aus der Pädagogik und zeigt auf, dass Glauben und Denken kein Widerspruch sein müssen, wenn denn nach dem Ablegen der ersten Naivität des Kinderglaubens die Perspektive einer zweiten Naivität hinzukommt. Zugleich leitet er daraus fundierte Anregungen für den Umgang mit diesem Phänomen im Gemeindealltag ab.

Ein mündiger Glaube ist nicht immun gegen Kritik, sondern nimmt sie als Anlass für Lern- und Reifungsprozesse. Zunächst aber reagieren Menschen und auch Christen oft reflexartig mit Abwehr oder Gegenangriff auf Kritik, besonders wenn sie von nichtchristlichen Medien geäußert wird. Am Beispiel der NDR-Dokumentation „Unter falscher Flagge" zeigt **Rolf Krüger** auf, was schieflaufen, aber auch wie ein „konstruktiver Umgang mit negativen Medienberichten" aussehen kann.

Am Beispiel der „Lectio Divina" verdeutlicht **Ursula Silber** in ihrer „Praxisidee ‚Dem Wort auf der Spur – Bibellesen mit Herz und Verstand', wie eine aus der monastischen Tradition stammende Form des Bibellesens in die persönliche wie gemeindliche Glaubenspraxis der Gegenwart übertragen werden kann. Diese vor allem in der katholischen Kirche beheimatete Methode findet vermehrt auch in evangelischen und freikirchlichen Gemeinden Verbreitung. Der besondere Reiz liegt darin, dass sie am biblischen Text selbst und seiner Wirkung auf die Lesenden ansetzt und zu einem Dialog von Bibel, Person und Leben einlädt. So kann ein Freiraum entstehen, in dem mündiger Glaube Raum zum Wachsen hat.

Glaube im Sturm – von der Resilienz zur Transformation des Glaubens

Henning Freund

Stefan, ein 25-jähriger Student, befindet sich in einer schweren Glaubenskrise. Vorausgegangen ist der Umzug zum Studium in eine neue Stadt. Anfangs ging er auch dort noch in eine christliche Gemeinde, eine stark konservativ orientierte Freikirche. Zunehmend kam er aber über seine Kommilitonen mit anderen Milieus in Kontakt, er spielte in einer Heavy-Metal-Band und machte erste Erfahrungen mit Cannabis und Alkohol. Nach dem Scheitern eines großen Studienprojektes, in das er viel Hoffnung und Energie gesteckt hatte, meldeten sich erste Glaubenszweifel. Das wohlgeordnete Welt- und Selbstbild seiner strengen christlichen Erziehung geriet ins Wanken. Seine Zweifel waren vor allem intellektueller Art: Er stellte die Existenz und Allmacht Gottes infrage, da er bemerkte, wie wenig er seinen früheren perfektionistischen Glaubens- und Lebensidealen noch gerecht werden konnte.

Schließlich brach Stefan das Studium ab und fand trotzdem einen gut bezahlten interessanten Job in einem anderen Bundesland. Dort lernte er auch seine heutige Freundin kennen. Eine Beziehung zu einer Frau hatten ihm die Eltern und der Pastor seiner Gemeinde bislang immer ausgeredet und von dem ersten Mädchen, in das er sich verliebte hatte, musste er sich deshalb unter großen seelischen Nöten verabschieden. Stefan ist in Bezug auf seinen Glauben hin- und hergeworfen. Soll er seine innerlichen Konflikte lösen, indem er sich vom Glauben an Gott und einem Leben mit Jesus distanziert? Und soll er weiterhin zur Gemeinde gehen, obwohl er die dort gepredigten Werte weder teilen noch leben kann? Wie wird Stefan sich entscheiden?

Resilienz des Glaubens

Insgesamt betrachtet lassen sich in dieser Beispielsgeschichte viele der Motive finden, die Tobias Faix, Martin Hofmann und Tobias Künkler in ihrer Dekonversionsstudie „Warum ich nicht mehr glaube" herausgearbeitet haben: intellektueller Zweifel am Glauben, die Erfahrung von bedrückender Enge in Familie und Gemeinde und die Zerrissenheit zwischen unterschiedlichen Welten.[127]

Der Begriff der Resilienz ist in den letzten zwanzig Jahren fast zu einem Modebegriff geworden, um die psychische Widerstandsfähigkeit von Menschen gegenüber den ungünstigen und traumatischen Umständen ihrer Biografie in ein Konzept zu fassen. Psychologen und Pädagogen ist zunehmend aufgefallen, dass es Menschen gibt, die aus widrigen Umständen ihres Lebens sogar gestärkt hervorgehen und wieder Boden unter die Füße bekommen. Bei diesen Menschen haben die Wissenschaftler sogenannte Resilienzfaktoren wie Optimismus oder ein aktives Problemlösen gefunden. Das Konzept der Resilienz hat mittlerweile eine hohe Suggestivkraft gewonnen, vermitteln pädagogische und therapeutische Ansätze doch, dass die sogenannten schützenden Resilienzfaktoren nicht nur angeboren sind, sondern im Laufe des Lebens noch antrainiert werden können.

Doch lässt sich die Metapher der Widerstandsfähigkeit, welche ursprünglich aus der Materialkunde stammte und dann auf die psychische Gesundheit übertragen wurde, ohne Probleme auch noch auf den Glauben als kognitive Überzeugung und als Beziehungsgeschehen übertragen? Schauen wir uns die beiden ursprünglichen Anwendungsbereiche des Konzeptes an: Was ist jeweils mit Resilienz gemeint?

In der Materialkunde geht es um die Elastizität eines Materials, das auch nach starken Verformungseinflüssen wieder in den Ausgangszustand zurückkehrt – also eine Unveränderlichkeit im Grundsätzlichen. In der Psychologie bezeichnet Resilienz die Orientierung an einer positiven psychosozialen Entwicklungsnorm des Menschen – trotz ungünstiger Startbedingungen nicht dauerhaft psychisch krank zu werden, einer qualifizierten Berufstätigkeit nachzugehen, in befriedigenden Beziehungen zu leben und nicht straffällig zu werden.

---

127 Tobias Faix, Martin Hofmann, Tobias Künkler, Warum ich nicht mehr glaube.

In beiden Fällen spielt ein konservativ-bewahrendes Moment die entscheidende Rolle, so wie es auch die lateinische Wurzel dieses Begriffs (resilere = zurückspringen, abprallen) andeutet.

Glaube verändert sich

Diese konservativen Verständnismöglichkeiten von Resilienz – die Rückkehr in den Ausgangszustand oder die Bewahrung einer erwünschten Norm – sind meines Erachtens nur schwer auf die schwere Glaubenskrise von Stefan übertragbar. Für Stefan ist es wohl nicht vorstellbar, dass er wieder den perfektionistischen und rigiden Glauben seiner Jugend und auch Herkunftsgemeinde aufleben lässt – und wohl auch gar nicht wünschenswert. Gibt es andererseits eine positive Weiterentwicklung des Glaubens an Gott und Jesus Christus, an die Stefan andocken könnte?

Neben der Theologie mit ihrem Ringen um die Inhalte und auch die Verteidigung (Apologetik) des christlichen Glaubens hat sich vor allem die Religionspsychologie mit den Veränderungsprozessen des Glaubens beschäftigt. So hat der amerikanische Theologe James W. Fowler in seinem bahnbrechenden Werk „Stufen des Glaubens" gezeigt, dass sich Glaube im Verlauf eines Lebens in entwicklungspsychologisch fassbaren Schritten verändert.[128] Nach seinem Modell, das nicht an bestimmte Lehrinhalte des christlichen Glaubens gebunden ist, befindet sich Stefan in einer Übergangsphase der Glaubensentwicklung. Er hat sich von einem Glauben mit wortwörtlicher Orientierung an der Bibel und engem Anschluss an die Vorgaben von Eltern und Gemeinde verabschiedet und befindet sich in einer Phase des kritischen Reflektierens übernommener Vorstellungen bzw. persönlicher Neuordnung. James W. Fowler vertritt also ein offenes, wachstumsorientiertes Konzept von Glauben, das sehr von einem psychologischen Reifungs- und Entwicklungsprozess gesteuert ist. Von den Übergängen zu neuen Glaubensentwicklungsstufen müssen allgemeine Lebenskrisen unterschieden werden, die wie in Stefans Fall auch zeitgleich stattfinden können.

Glaube ist somit nicht nur einer immanenten psychologischen Entwicklungsdynamik ausgesetzt, sondern mindestens ebenso stark

---

128   James W. Fowler, Stufen des Glaubens.

Veränderungseinflüssen von außen. Tobias Faix, Martin Hofmann und Tobias Künkler führen dazu aus:

> *„Geistlicher Missbrauch, anhaltende negative Gemeindeer-*
> *fahrungen, die Druck und Stress verursachen, eine als proble-*
> *matisch erlebte christliche Sozialisation, der Verlust nahestehen-*
> *der Personen, der an der Güte Gottes zweifeln lässt, sowie der*
> *Wechsel des Wohnortes und Umfelds können Risikofaktoren*
> *sein, die die Wahrscheinlichkeit der Dekonversion erhöhen."*[129]

Bei der Betrachtung dieser Risikofaktoren scheint Stefans Abwendung von Gott nahezu unausweichlich zu sein, da er fast alle auf sich vereint.

Wie sich äußerer Druck auf den Glauben auswirkt, hat der amerikanische Religionspsychologe Kenneth Pargament sehr anschaulich in seiner Vorstellung vom Glauben erklärt, den er als die Suche nach dem Heiligen bezeichnet (Abb.1).[130] Demnach ist diese Suche ein sehr dynamischer und wechselvoller Prozess, der mit einer *Entdeckung* und *Festigung* des Glaubens beginnt, aber der auch stets von äußeren und inneren Stressoren bedroht ist. Man könnte sagen, dass Pargament Glauben im Grunde als Stress-Bewältigungsprozess konzeptualisiert. Dabei unterscheidet er sehr klar zwischen Bewältigungsformen, die der Festigung und *Konservierung* des bisherigen Glaubens dienen, und Bewältigungsformen, die zu einer *Transformation* oder Veränderung des bisherigen Glaubens führen.

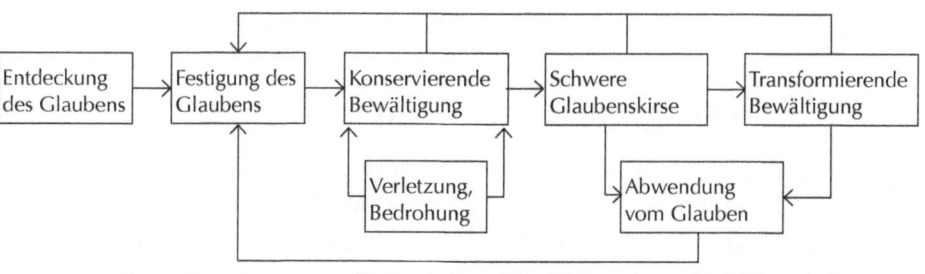

Glaube als Stress-Bewältigungsprozess (nach Pargament)

129 Tobias Faix, Martin Hofmann, Tobias Künkler, Warum ich nicht mehr glaube, S. 203.
130 Kenneth I. Pargament, Spiritually Integrated Psychotherapy. Understanding and Addressing the Sacred, New York 2007.

Glaube im Übergang

Der Fokus auf die *Transformation* oder Veränderung des Glaubens ist in unserem Zusammenhang besonders interessant, vermag er uns vielleicht doch Aufschluss über die mögliche Weichenstellungen hin zu einer Abwendung von Gott geben. Auslöser für diese Veränderungsschritte sind immer schwere Glaubenskrisen, die Pargament im englischen Original „spiritual struggle" nennt, d.h. spiritueller Kampf oder geistliches Ringen. Hier geht es um existenzielle Bedrohungen des Glaubens wie beispielsweise eine gescheiterte Ehe oder fremdes oder eigenes Leid. Die „Dunkle Nacht der Seele", ein Bild, mit dem der spanische Mystiker Johannes vom Kreuz seine Glaubenskrise umschrieb, deutet an, dass solche Erschütterungen gerade die persönliche Glaubensbeziehung zu Gott angreifen können und Seelenqualen wie Verlassenheit und Schuldgefühle nach sich ziehen.

Um zu verstehen, wie die *transformierende Bewältigung* solcher Glaubenskrisen aussehen könnte, soll an dieser Stelle der Begriff des *Übergangs* eingeführt werden, der ursprünglich aus der Ethnologie und der Psychologie stammt. Während in vielen Frömmigkeitstraditionen und Theologien die *konservierende Bewältigung* des Glaubens besonders gut ausgearbeitet ist, hat der Zustand des Übergangs weniger Beachtung erfahren, enthält er doch immer ein ergebnisoffenes Moment und auch ein Risiko des Scheiterns. Der Übergang in unserem Zusammenhang bezeichnet dabei einen Zustand des „Nicht mehr" und „Noch nicht" des Glaubenslebens, der sich in drei Aspekte ausdifferenzieren lässt: Rituale, Räume und Objekte.

1. Übergangsrituale des Glaubens

Wichtige Veränderungsschritte des menschlichen Lebens werden von sogenannten Übergangsritualen begleitet und unterstützt, die der französische Ethnologe Arnold van Gennep als Erster so benannt hat.[131] Sie erleichtern die Bewältigung der Herausforderung und bieten außerdem ein Geländer, an dem man sich entlanghangeln kann. Der Tod eines geliebten Menschen wird von den Ritualen rund um

---

131 Arnold van Gennep, Übergangsriten, Frankfurt/M. 2005.

die Beerdigung begleitet und die Eheschließung von der Hochzeit. In spiritueller Hinsicht jedoch existieren recht wenige Übergangsrituale, um schwere Glaubenskrisen begleiten zu können. Konfirmation, Segnung oder Taufe als religiöse Rituale haben doch eher bestätigende Funktion im Sinne der festigenden Bewältigung. Dennoch ist z.B. seit ca. zwei Jahrzehnten ein wachsendes Interesse von Menschen an Pilgerreisen zu beobachten. Diese Übergangswege sind wie geschaffen, um für eine begrenzte Zeit auszusteigen und Orientierung bzw. neuen Sinn in einer Glaubenserschütterung zu finden. Insgesamt gesehen sind solche Übergangsrituale bei spirituellen Krisen jedoch zu wenig institutionalisiert, sie könnten ausgebaut und zur selbstverständlichen Option auf dem Weg des Glaubens gemacht werden. Wie wäre es, Menschen, die von einer christlichen Gemeinde zu einer anderen wechseln, umziehen oder sich ganz abwenden, mit einem Abschiedsritual feierlich zu verabschieden? Beispielsweise könnte man diesen „Migranten" ein Pilgersymbol – vielleicht eine Jakobsmuschel oder einen Spazierstock – überreichen und damit andeuten: Wir respektieren eure Entscheidung und wünschen euch Glück und Segen auf dem Weg. Selbst wenn unser Abschiedsschmerz groß ist ...

2. Übergangsräume des Glaubens

Veränderungen im Glauben brauchen Freiräume, in denen sich der Einzelne orientieren und entfalten kann. Diese Freiräume können zunächst einmal innerlicher Art sein. Die argentinische Psychoanalytikerin Ana Maria Rizzuto hat solche Räume auch für die Entstehung und Veränderung von Gottesbildern beschrieben und sie als Übergangsräume bezeichnet.[132] In ihnen können sich frühe Erfahrungen mit den eigenen Eltern (die Rizzuto als wesentliche Bestandteile des Gottesbildes sieht) und Gottesbilder, die in Bibel und Kirche vermittelt werden, begegnen und verändern. Dies ist ein lebenslanger Prozess, der in eine positive oder eine belastende Gotteserfahrung münden kann. Schicksalsschläge oder Identitätsentwicklungen können bisher gültige Annahmen des Glaubens infrage stellen oder über

---

132   Ana M. Rizzuto, The Birth of the Living God, Chicago 1979.

den Haufen werfen. Ein kontrollierendes und strafendes Gottesbild mag einen Kinderglauben sehr prägen, doch mit einer persönlichen Autonomieentwicklung ergeben sich dazu kaum aushaltbare Spannungen. Eine Revision des Gottesbildes kann die Folge sein, z.B. von einem engen, konkretistischen Gottesbild hin zu einer offeneren Vorstellung davon, wie Gott ist und handelt.

Übergangsräume des Glaubens können aber auch ganz konkreter und äußerlicher Art sein. Ich denke dabei z.B. an Gottesdienste für Kirchendistanzierte oder sogenannte Thomasmessen. In jüngster Zeit ziehen sich auch immer mehr Menschen für eine begrenzte Zeit in ein Kloster oder ähnliche Orte der Stille zurück, um sich neu ausrichten zu können. Auch hier wieder – es gibt in unseren Kirchen und Gemeinden zu wenig Übergangsräume, die offen für Zweifelnde sind und in denen Ambivalentes und Widersprüchliches seinen Platz finden kann. Wie wäre es, wenn größere Kirchen und Gemeindeverbände Orte und Räume anbieten, in denen sich Christen in Glaubenskämpfen zurückziehen können oder mit anderen im Glauben Herausgeforderten offen austauschen können? Selbstverständlich sind damit nicht nur Räume in Gebäuden gemeint, sondern auch „Räume des Herzens". Diese sind immer dort zu finden, wo Christen einander die Freiheit zum Anderssein und zur Krisenhaftigkeit zugestehen und doch miteinander in Verbindung bleiben.

3. Übergangsobjekte des Glaubens

Übergangsobjekte kennt jeder aus seiner eigenen Kindheit oder von seinen eigenen Kindern. Das sind Kuscheltiere oder Schmusetücher, die Kinder brauchen, wenn sie abends schlafen gehen oder an einem fremden Ort ohne die Eltern sind. Der englische Kinderpsychiater Donald Winnicott hat für solche Dinge die Bezeichnung „Übergangsobjekt" geprägt, erleichtern sie dem Kind doch den Übergang von der ständigen Gegenwart der Eltern hin zu mehr Selbstständigkeit und Aushalten des Alleinseins.[133] Die Übergangsobjekte symbolisieren sozusagen in materieller Form die Präsenz und Fürsorge von Vater oder Mutter.

---

133 Donald W. Winnicott, „Übergangsobjekte und Übergangsphänomene", in: ders., Vom Spiel zur Kreativität, Stuttgart 1989.

Was aber sind Übergangsobjekte des Glaubens, die bis ins Erwachsenenalter hineinragen? Hier sind bislang recht verschiedene Antworten gerade aus der Religionspädagogik gegeben worden. Während einige schon das Gebet als Übergangsphänomen sehen, bringen andere die Renaissance der Engelvorstellungen oder den Umgang mit Reliquien in der katholischen Volksfrömmigkeit damit in Verbindung. Was sich auf jeden Fall sagen lässt: Manche Frömmigkeitstradition könnte mit konkret fassbaren, sinnlich ausgestalteten und liturgisch verankerten Symbolen des Glaubens an Gott noch bereichert werden. Ein allein rational und durch das Predigtwort vermittelter Glaube an Gott ist bisweilen zu wenig breit verankert und damit auch rein gedanklich erschütterbar. Wie wäre es, im Gottesdienst wieder mehr Wert auf die sinnliche Erfahrung Gottes und den konkreten Umgang mit „heiligen Objekten" zu legen? Wie könnte das konkret aussehen? Hier kann man sich gut von der katholischen oder orthodoxen Liturgie inspirieren lassen. Besuchen Sie doch mal die katholischen oder orthodoxen Glaubensgeschwister in einer Messe!

Glaube als Wagnis

Stefan hat seine Glaubenskonflikte übrigens gelöst, indem er sich ganz bewusst von seinem christlichen Glauben verabschiedete und nun keine Gemeinde mehr besucht. Dieser Transformationsschritt ist auch eine Option, wie das Bewältigungsmodell von Pargament illustriert und die Untersuchung von Faix und Kollegen in vielen eindrucksvollen Interviewpassagen gezeigt hat. Dennoch lassen sich bei ihm gerade nach dieser Dekonversionsentscheidung noch eine ganze Reihe von Übergangsphänomenen beobachten. Er hat eine Psychotherapie begonnen, um diesen Schritt zu reflektieren und seine Auseinandersetzung mit seiner religiösen Sozialisation voranzubringen (Übergangsraum). In der Psychotherapie berichtet er, dass er bei innerer Anspannung immer noch betet, zwar nicht mehr zu Gott, sondern zu einer Art „Proxy-Gott", wie er es nennt. Dieser imaginierte Stellvertreter ist für ihn quasi ein Übergangsobjekt, an das er sich wenden kann, ohne wieder auf seine alten Glaubensüberzeugungen zurückgreifen zu müssen. Es ist nicht ausgeschlossen, dass Stefan zu einem späteren Zeitpunkt das Gespräch mit Gott wieder aufnimmt, wenn sich innerliche Klärungsprozesse vollzogen haben.

Der Begriff „Resilienz des Glaubens" passt gut zu einer konservierenden Bewältigung und Festigung des Glaubens bei der Bedrohung durch Stressoren, die ein gewisses Maß nicht überschreiten. Die Rede von einem resilienten oder vermeintlich „gesunden" Glauben trägt aber die Gefahr einer neuen Engführung in sich, wenn die Möglichkeit des Scheiterns nicht grundsätzlich mitgedacht und gewürdigt wird. Denn: Bei schweren Glaubenskrisen ist der Ausgang offener. Glauben als Beziehungsgeschehen zu Gott ist immer ein Wagnis, das ganz oder zeitweise aufgegeben werden kann, wie bei Stefan. Es kann aber auch zu einer transformierenden Bewältigung kommen, bei der Glaube einen neuen Platz im Leben eines Menschen und eine veränderte Wertebasis bekommt. Rituale, Räume und Objekte des Übergangs können diesen Prozess unterstützen.

Prof. Dr. Henning Freund, *Studium der Psychologie und Europäischen Ethnologie, 14 Jahre Psychologischer Leiter der Tagesklinik der Klinik Hohe Mark in Frankfurt, jetzt Studienleiter des Masterstudiengangs „Religion und Psychotherapie" an der Evangelischen Hochschule TABOR in Marburg und Psychotherapeut in eigener Praxis in Heidelberg.*

Mythos „geistliches Wachstum" – eine biblisch-theologische Betrachtung

Jörg Ahlbrecht

Die vielen unterschiedlichen Entkehrungsgeschichten im Buch „Warum ich nicht mehr glaube" haben eine Reihe von Diskussionen angestoßen, unter anderem auch die Frage, was für falsche Vorstellungen durch Gemeinden geistern, wenn es um das Thema geistliches Wachstum geht. Aus diesem Grund soll es in diesem Beitrag darum gehen, was es mit dem Mythos „geistliches Wachstum" eigentlich auf sich hat.

Als Ausgangspunkt für die Frage, was geistliches Wachstum nach biblischem Verständnis eigentlich ist, sehen wir uns als Erstes die grundsätzliche Aufgabe an, was Gemeinde laut Jesus tun soll: den sogenannten „Missionsbefehl", wie ihn uns Matthäus in seinem Evangelium überliefert.

> *Jesus sagt: Mir ist gegeben alle Macht im Himmel und auf Erden. Darum gehet hin in alle Welt,* machet zu Jüngern alle Völker, *tauft sie auf den Namen des Vaters, des Sohnes und des Heiligen Geistes* und lehret sie halten alles, was ich euch gesagt habe. *Und siehe, ich bin bei euch alle Tage – bis an der Welt Ende! (Matthäus 28,16-20; Hervorhebung vom Autor).*

Obwohl dieser Text allgemein „Missionsbefehl" heißt, sagt Jesus nicht: „Gehet hin in alle Welt und missioniert die Völker!" Er sagt auch nicht: „Gehet hin in alle Welt und macht die Menschen zu Christen!" Stattdessen steht als wesentliche Aufgabe der Gemeinde Jesu das „Jüngermachen" im Vordergrund. Dies ist die Tätigkeit, von der alle anderen Tätigkeiten abhängen. Wörtlich heißt es im Griechischen: „Machet zu Jüngern alle Völker, *indem* ihr hingeht, *indem* ihr tauft, *indem* ihr lehrt!"

Im Kern, im Zentrum allen kirchlichen und gemeindlichen Wirkens steht also Jüngerschaft. Menschen sollen zu Jüngerinnen und Jüngern Jesu werden, zu Schülerinnen und Schülern, zu Studentinnen und Studenten, Nachfolgerinnen und Nachfolgern. Es geht nicht um einen Glauben, in dem man steht (um sich dann den Rest des Lebens nicht mehr zu bewegen), sondern um eine Person, der man bis zum Ende seines Lebens folgt. Die Hauptaufgabe der Kirche ist es, Menschen hervorzubringen, die den Rest ihres Lebens in Bewegung sind, weil sie Jesus folgen, von ihm lernen, im Blick auf ihn leben, von ihm abhängen, sich in allem, was sie tun, an ihm orientieren. Jüngerinnen und Jünger Jesu studieren bei Jesus, was Leben im Reich Gottes bedeutet, wie es konkret aussieht und wie es zur alles bestimmenden Realität des eigenen Lebens werden kann.

Das Neue Testament ist ein Buch, das von Jüngern geschrieben wurde, das an zukünftige Jünger adressiert ist und das an vielen Stellen von Jüngerschaft handelt. Leider ist das Wissen über diese Tatsache ziemlich breitflächig verloren gegangen. Heute wird stattdessen vielfach eher in der Kategorie „Christ" gedacht. Es wird wohl kaum passieren, dass jemand auf die Frage, wo er religiös steht, antwortet: „Ich bin ein Jünger Jesu!" Stattdessen sagt man lieber: „Ich bin Christ!"

Es gibt sie zwar noch, die besonders Engagierten, die Menschen, die alles etwas ernster nehmen, die „Jüngerschaftskursbesucher" – aber sie gelten manchen eher als die „Deluxe"-Variante des Christen, die Sonderausstattung. Die Standardvariante, der „normale" Christ, kommt im Wesentlichen ohne Jüngerschaft aus. Er glaubt die richtigen Dinge, bekennt sie auch – mehr oder weniger –, er hält sich einigermaßen an die Gebote, versucht ein netter Mensch zu sein und hin und wieder etwas dazu beizutragen, dass andere auch diesen Glauben finden. Und dafür kommt er dann am Ende in den Himmel.

Mag sein, dass dieses Bild ein wenig überzeichnet ist, aber an vielen Stellen beschreibt es die Realität in unseren Kirchen und Gemeinden – und nicht das, was uns das Neue Testament vor Augen malt, wenn es um die Zielsetzung von Gemeinde geht. Wir haben den Begriff des Jüngers durch den Begriff des Christen ersetzt. Das Wort „Christ" als Bezeichnung für die Menschen, die zu Jesus gehören, wird im gesamten Neuen Testament aber nur insgesamt dreimal benutzt – und zwar immer im Kontext von Menschen außerhalb des Glaubens, die von dieser seltsamen jüdischen Sondersekte, den Christen (griechisch: *christianoi*) sprachen. Die Nachfolgerinnen und Nachfolger Jesu haben sich selbst nie so genannt. Sie sprachen eher von „denen auf dem Weg" oder eben von Jüngerinnen und Jüngern (weit über 300 Mal).

Auswirkungen auf die Missionspraxis

Was der Verlust der Jüngerschaft bedeutet, zeigt auch unsere Missionspraxis überdeutlich: Weil man vielerorts gerne „Christen" machen möchte, wird evangelisiert. Damit Menschen sich bekehren, weil sie sonst verloren sind. Dabei liegt der Fokus aber häufig fast ausschließlich auf dem ersten Schritt, den ein Mensch auf Christus zumacht. Der Moment, in dem er „sein Leben übergibt", „sich bekehrt", „den Schritt über die Linie macht". Hat er dies getan, ist er nicht mehr „verloren", sondern „gerettet". Er hat die Gnade Gottes angenommen und damit seine Ewigkeit erlangt. Was nach der Bekehrung kommt, scheint vielerorts nicht mehr so wichtig zu sein. Dies machen viele Geschichten der Interviewten aus „Warum ich nicht mehr glaube" deutlich. Menschen werden begleitet, bis sie den Schritt über die Linie gemacht haben. Danach scheint man oftmals das Interesse an ihnen zu verlieren.

Der Fokus auf den ersten Schritt ist aber nur die eine Seite der Rettung (Soteriologie). Hier wird nur berücksichtigt, dass der Mensch aus der Trennung von Gott den entscheidenden Schritt auf das Leben mit Gott macht. Rettung wird als ein punktuelles Geschehen verstanden und auf das Erlösungswerk in Kreuz und Auferstehung begrenzt. Dies ist aber nach dem Verständnis des Neuen Testamentes zu kurz gegriffen.

Rettung ist nicht nur ein punktuelles Geschehen, sondern auch ein lebenslanger Prozess. Dieser Prozess hat mit der Hinwendung zu Jesus *begonnen,* wird nun aber durch das Werk des Heiligen Geistes kontinuierlich fortgesetzt. Unser ganzes Leben, unsere Persönlichkeit, unser Charakter sollen im Laufe unseres Lebens *transformiert* werden. Wir sollen zu Menschen werden, „in denen Christus immer mehr Gestalt gewinnt" (Galater 4,19). Zu Menschen, deren Gesinnung sich verändert (Philipper 2,5), zu Menschen, deren Denkweise sich verändert (Römer 12,2), zu Menschen, bei denen im Laufe des Lebens immer mehr gilt: „Nun lebe nicht mehr ich, sondern Christus lebt in mir" (Galater 2,20).

Dies ist weit mehr als der verzweifelte Versuch, nicht mehr so viel zu sündigen oder ein netter Mensch zu sein. Es ist weit mehr als ein wenig Verhaltensveränderung. Es ist ein gewaltiger Transformationsprozess unseres Charakters und unserer Persönlichkeit auf den hin, dem wir mit unserem Leben und allem, was wir sind, folgen: Jesus Christus!

Paulus schreibt in Römer 5,10:

Als wir Gott noch als Feinde gegenüberstanden, hat er uns durch den Tod seines Sohnes erlöst. Dann werden wir als mit Gott Versöhnte nun erst recht durch das Leben seines Sohnes vor dem Verderben gerettet werden. (GNB)

Hier sehen wir, dass Rettung viel umfassender ist, und nicht nur punktuell. Paulus hält als Erstes fest: Der Tod Jesu bringt Erlösung. Erlösung von der Sünde und dadurch Versöhnung mit Gott. Aber wovon oder wofür rettet uns dann das *Leben* Jesu?

Leben in der Nachfolge

Durch den Ruf in die Nachfolge werden wir in ein gelingendes Leben im Kontext des Reiches Gottes gerufen. Jesus ruft uns zu sich, damit wir von ihm lernen, was real ist, was zählt, worauf wir bauen können und wie wir das wirkliche Leben finden – nämlich ausschließlich in der Ausrichtung auf Gott und in der Verbindung mit ihm. Die Annahme des Geschehens am Kreuz für uns persönlich ist nur der erste Schritt. Nun ruft uns Jesus in die Kreuzesnachfolge – wir sollen seinem Vorbild folgen. Wir sollen lernen, zu lieben, lernen, uns hinzugeben, lernen, unserer alten Natur abzusterben, um das neue Leben zu entdecken, das Gottes Kraft in uns schaffen will. Jesus ruft die Menschen in ein Leben, das im Geben mehr Segen entdeckt als im Nehmen. Das in Liebe die Kraft zu Vergebung und Versöhnung findet, das sich einsetzt gegen die Not, die uns in der Welt begegnet – für soziale Gerechtigkeit, Chancengleichheit, Freiheit und

Bewahrung der Schöpfung. Er ruft Menschen in ein Leben, in dem sie ihre Gaben einsetzen können, um damit Gott, der Welt und dem Nächsten zu dienen – weil wir dadurch das wahre Leben finden, so, wie es der Vater für uns bereithält.

Die Frage nach geistlichem Wachstum ist daher von Beginn an eine Frage nach Wachstum in der Jüngerschaft, in der Beziehung zu Jesus und der Nachfolge. Es geht immer um ein Wachsen auf Jesus zu – letztlich geht es darum, ob wir Jesus ähnlicher werden –, und das heißt schlichtweg, ob wir im Laufe unseres Lebens Gott und die Menschen mehr lieben. Es steht weniger die Frage im Vordergrund, ob wir in den Himmel kommen, sondern vielmehr, ob der Himmel in unser Leben kommt. Und zwar nicht nur in unserem äußeren Verhalten, sondern in unserem inneren Sein. Ob unser Wille, unser Denken, unser Fühlen, unser Sehnen mehr und mehr diesem Mann aus Nazareth entsprechen, der als Gottes Sohn auf der Erde war.

Man mag sich fragen, warum wir – zumindest in großen Teilen der westlichen Welt – die Nachfolge so häufig aus dem Blick verloren haben. Es gibt wohl viele Gründe dafür. Vielleicht, weil sie ihren Preis hat. Sie kostet uns viel. Sie kostet uns die Kontrolle unseres Lebens. Wir folgen nicht mehr unseren eigenen Vorstellungen, sondern geben zu, dass wir es allein nicht schaffen, dass wir nicht selbst zum Ziel finden. Wir wagen uns im Vertrauen auf Jesus hinaus aus dem vermeintlich sicheren Boot unserer eigenen Lebensplanung auf das Wasser unserer göttlichen Berufung – in der Hoffnung, dass das Wasser trägt oder dass uns zumindest Jesu Arme halten und vor dem Ertrinken bewahren. Nachfolge hat ihren Preis. Sie kostet uns unsere Sicherheiten, unsere Pläne, unsere Vorstellungen von dem, was Leben sein sollte. Sie kostet uns unsere Bequemlichkeit und auf alle Fälle die Vorhersagbarkeit unseres Lebens. Und vielleicht ist dieser Preis heute im westlichen Kontext, der uns alle erdenklichen Bequemlichkeiten und eine überwältigende Fülle von Konsum anbietet, vielen Menschen schlichtweg zu hoch. Wo die Nachfolge aber im zentralen Verständnis des geistlichen Wachstumsprozesses verloren gegangen ist, ernten wir heute oftmals ein kraftloses, selbstherrliches, enges, verurteilendes, liebloses Christentum – von dem manch einer sich enttäuscht abwendet, und dies völlig zu Recht! Wenn Menschen nicht in der Nachfolge Jesu wachsen, in der Ausrichtung auf ihn, gibt es nichts mehr, wozu wir die Menschen einladen können.

Secondhand-Spiritualität

Möglicherweise liegt es auch an dem, was der New Yorker Pastor Peter Scazzero eine Tendenz zur „Secondhand"-Spiritualität nennt. Menschen leben den unmittelbaren Kontakt mit Christus gar nicht mehr selbst. Sie sind gar nicht mehr selbst mit Christus verbunden und erleben dadurch nicht den Frieden, der alles menschliche Verstehen übersteigt (Philipper 4,7). Vielleicht haben sie diese Verbindung einmal am Anfang ihrer Glaubensreise gehabt – aber auf dem Weg wieder verloren. Vielleicht sind sie auch nie wirklich dazu durchgedrungen. Sie schöpfen vielmehr überwiegend aus den Erfahrungen anderer. Sie hören Predigten, lesen Bücher, fahren zu Kongressen – und saugen begierig auf, was andere in ihrer Verbindung mit Christus erlebt haben. Nur eines tun sie nicht: Sie entwickeln diese Verbindung nicht selbst. Sie leben Glauben aus zweiter Hand. Sie versuchen von dem Wasser zu trinken, das andere aus der Quelle geschöpft haben. Aber dieses Wasser ist niemals ganz frisch!

Sie suchen am Sonntagmorgen im Gottesdienst die kleine Portion Glauben oder Trost, mit der sie dann durch die Woche kommen. Und wenn dann noch der Verkündiger selbst ein Zweitverwerter ist, der seine Erlebnisse, Glaubenserfahrungen und Einsichten ebenfalls gar nicht selbst gemacht hat – dann wundert es kaum, dass dieser Glaube wenig bis gar keine transformatorische Kraft besitzt. Unser Glaube wird nicht durch die Erfahrungen anderer tiefer. Diese können uns immer nur eine Richtung weisen – den Weg dorthin müssen wir selbst gehen.

Alles hat seinen Preis

Nachfolge hat ihren Preis. Aber – bedenken wir: Auch „Nicht-Nachfolge" hat ihren Preis – und dieser ist ungleich höher. Wenn Kirchen und Gemeinden nicht mehr Nachfolgerinnen und Nachfolger Jesu hervorbringen, die aus ihrer eigenen Verbindung mit Christus leben, verlieren wir all das, was diesen Nachfolgern im Neuen Testament zugesagt ist. Wir verlieren die Kraft des Senfkorns, den Frieden, der alles menschliche Verstehen übersteigt, die feste Zuversicht, die fröhliche Hoffnung, die Transformation unseres Denkens, die gesamte Verwandlung unseres Charakters und unserer Persönlichkeit durch Christus in uns. Wir verlieren die Liebe, die alles hofft, alles glaubt und alles erträgt. Wir verlieren die Zuversicht, die Risikobereitschaft, die aus dem Wissen geboren ist, dass alles in Gottes Hand liegt. Wir verlieren die Kraft der Versöhnung, die Ehen heilt, zerbrochene Freundschaften wieder verbindet, die Brücken baut und tiefe Gräben überwindet. Um ein sehr altes biblisches Wort zu benutzen: Wir verlieren die *Heiligung*. Wir werden nicht mehr „heil" – wir werden in der Nachfolge Jesu nicht mehr vollständig, integer, ganz. Und so können wir Gott auch nicht mehr ganz lieben, von ganzem Herzen, von ganzer Seele, mit allem Verstand und mit all unserer Kraft! Von unserem Nächsten und uns selbst einmal ganz zu schweigen.

Der Preis, den wir als Christen in Kirchen und Gemeinden für die Nicht-Nachfolge zahlen, ist ungleich höher als der Preis der Nachfolge.

Lehret sie halten …

„Machet zu Jüngern" – das ist die vergessene Hauptaufgabe der Kirche. Und dann sagt Jesus: „… und lehret sie halten alles, was ich euch gesagt habe …"

Jesus sagte nicht: Lehret sie *wissen*. Es ging ihm nicht um Information, nicht um das Anhäufen von Lehrsätzen, von religiösen Richtigkeiten oder Dogmen. Sein Auftrag lautet vielmehr: Lehret sie *halten*, und das bedeutet: Befähigt die Menschen, das zu *tun*, was ich gesagt habe. Und da lässt uns der Blick auf den aktuellen geistlichen Grundwasserspiegel von Kirchen und Gemeinden doch ziemlich ratlos zurück. Denn wie heißt es so oft: „Christen sind nicht besser – sie sind nur besser dran!" Aber dieses „nicht besser sein" ist aus biblischer Sicht ein echtes Problem. Dallas Willard schreibt in seinem Buch „Aus dem Herzen leben. Wie Christus unseren Charakter prägen kann":

„Wenn man auf eine Gruppe von Christen trifft, kann man erwarten, dass es Eitelkeit, Egoismus, Feindseligkeit, Angst, Gleichgültigkeit und offene Bosheit gibt. Das Gegenteil darf man in einer normalen christlichen Gruppe nicht unbedingt erwarten oder gar voraussetzen. Die wenigen, die echte Lauterkeit, Demut und Selbstlosigkeit zeigen, die frei sind von Wutanfällen, Depressionen und Ähnlichem, fallen auf wie bunte Hunde. (…) Viele Christen haben nie enge Gemeinschaft erlebt, in der sie davon ausgehen konnten, dass alle das tun würden, was alle für richtig hielten. Viele Menschen in unserer Kultur haben aufgrund ihrer Erfahrungen der Kirche den Rücken zugekehrt, nicht wenige von ihnen im Namen Gottes und der Wahrheit."[134]

Ziel des biblischen Auftrages ist es, dass Menschen befähigt werden zu *tun*, was Jesus gelehrt hat. Dabei ist der Ansatzpunkt aber nicht, das Verhalten des Menschen zu verändern, sondern es geht viel tiefer zur Sache. Wir sollen von innen, in unserem *Sein*, verändert werden. Jesus möchte unseren Charakter, unsere Persönlichkeit verwandeln. Wir sollen nicht einfach Menschen werden, die gelernt haben, sich zu kontrollieren, damit sie nicht sündigen. Das ist viel zu wenig. Wir sollen Menschen werden, die in zunehmendem Maße so mit Christus verbunden sind, dass wir nicht mehr sündigen *wollen*.

Auf dieser Grundlage möchte ich geistliches Wachstum wie folgt definieren:

Geistliches Wachstum ist ein Prozess fortschreitender Transformation, in dem unsere gesamte Persönlichkeit, unser Denken, Fühlen, Wollen und Handeln, schrittweise verändert wird auf Christus hin, dem wir folgen.

---

134 Dallas Willard, Aus dem Herzen leben. Wie Christus unseren Charakter prägen kann, Gießen 2004, S. 30.

Wie Wachstum geschieht

Nachdem wir nun definiert haben, was Wachstum im biblischen Sinne bedeutet, stellt sich die spannende Frage, wie dieses Wachstum, diese Transformation, geschieht. Oftmals trifft man in diesem Zusammenhang auf Ratschläge wie: „Du musst mehr Bibel lesen!", „Du solltest mehr beten!", „Wenn du nur genug und regelmäßig zum Gottesdienst gehst …", „Du musst dich mehr für den Heiligen Geist öffnen", „Du musst die Sünde in deinem Leben entschiedener bekämpfen!" All diese Ratschläge sind verwirrend, weil sie im Kern etwas richtig beschreiben und zugleich auch etwas Falsches vermitteln. Denn Wachstum ist kein mechanischer Prozess, es ist kein maschineller Vorgang, sondern ein lebendiges und auf gewisse Weise auch unverfügbares Geschehen. Wir können es mitunter behindern, aber wir können es definitiv nicht machen. Die Basis für geistliches Wachstum ist folgende Erkenntnis von Paulus:

„Ist jemand in Christus, so ist er eine neue Kreatur; das Alte ist vergangen, siehe, Neues ist geworden" (2. Korinther 5,17). Und dieses Neue setzt sich dann auf dem Weg der Nachfolge durch. Das Neue, das da begonnen hat, ist Gottes Schöpfung in uns. Es ist eine Kraft, ein Prozess, den er in unser Leben hineinlegt. Öffnen wir uns für die Beziehung, die innere Verbindung zu Christus, schafft Gott in uns etwas Neues. Doch dieser Prozess hat auf unserer Seite einen aktiven Part – er kommt nicht völlig ohne unser Engagement aus.

Nehmen wir einmal das Beispiel „Du musst mehr in der Bibel lesen!". Es ist keine Frage, dass Bibellesen dazu dient, dass ich mich mit meinem Leben immer mehr auf Christus ausrichte und einlasse. Dass die Bibel mir hilft, Jesus besser und öfter vor Augen zu haben und dadurch in der Nachfolge zu wachsen. Aber Bibellesen kann auch genau zum Gegenteil führen: dass ich Wissen ansammle, stolz werde auf meine Erkenntnisse und immer selbstgerechter, verurteilender und auf mich und meine Frömmigkeit ausgerichtet. Der Schlüssel liegt also nicht in der Bibel, sondern in Christus, der mir durch die Bibel begegnet und an mir handelt.

Daher möchte ich zum Schluss fünf Beobachtungen weitergeben, die ich zum Thema Wachstum im Neuen Testament gemacht habe.

Fünf Beobachtungen

Beobachtung Nummer 1: Was wir intensiv betrachten, verändert uns!

In 1. Johannes 3,2 heißt es: „Ihr Lieben, wir sind schon Kinder Gottes. Was wir einmal sein werden, ist jetzt noch nicht sichtbar. Aber wir wissen, wenn es offenbar wird, werden wir Gott ähnlich sein; denn wir werden ihn sehen, wie er wirklich ist" (GNB).

Und einen ganz ähnlichen Gedanken finden wir bei Paulus im 2. Korinther 3,18: „Wir alle sehen in Christus mit unverhülltem Gesicht die Herrlichkeit Gottes wie in einem Spiegel. Dabei werden wir selbst in das Spiegelbild verwandelt und bekommen mehr und mehr Anteil an der göttlichen Herrlichkeit. Das bewirkt der Herr durch seinen Geist" (GNB).

Der Vorgang, der hier von Johannes und Paulus gleichermaßen beschrieben wird, sieht so aus: Was wir intensiv betrachten, verändert uns. Dies ist ein tiefes, menschliches Geheimnis, das sich durch unser gesamtes Leben zieht. Von Geburt an entwickeln wir uns, werden geprägt und lernen durch Anschauen und Imitation. Was wir genau ansehen, entwickelt gestalterische Kraft in uns. Daraus folgt, dass das Geheimnis der Verwandlung etwas mit dem zu tun hat, was wir ansehen, was wir intensiv studieren. Den Herrn stetig vor Augen zu haben, in seinem Wort, durch seine Gegenwart, in den Bildern und Geschichten, die uns die Bibel anbietet – all das hat transformatorische Kraft in unserem Leben. Wir werden verwandelt in das, was wir intensiv betrachten.

Dieses Gesetz gilt allerdings nicht nur für das Gute, das wir ansehen. Es funktioniert leider auch bei all dem Negativen, dem wir uns aussetzen. Sorgen, Ängste, Gewalt – je länger wir uns mit diesen Dingen beschäftigen, desto mehr werden wir auch von ihnen geformt. Daher gilt es immer wieder neu zu begreifen, dass wir selbst Wächter dessen sein müssen, was wir an Eindrücken in unsere Seele lassen – weil es gestalterische Kraft hat.

„Im Übrigen, meine Brüder und Schwestern: Richtet eure Gedanken auf das, was schon bei euren Mitmenschen als rechtschaffen, ehrbar und gerecht gilt, was rein, liebenswert und ansprechend ist, auf alles, was Tugend heißt und Lob verdient" (Philipper 4,8; GNB).

232

Beobachtung Nummer 2: Die Gegenwart Gottes braucht Übung.

Paulus schreibt an seinen Ziehsohn Timotheus: „übe dich selbst aber in der Frömmigkeit!" (1. Timotheus 4,7; LÜ).

Unser Verhalten wird zu einem sehr hohen Prozentsatz von Gewohnheiten gesteuert. Weder denken wir beim Gehen nach, dass nun ein Schritt vor den nächsten gesetzt werden muss, noch entscheiden wir jeden Morgen neu, auf welcher Seite wir beim Zähneputzen anfangen, noch fragen wir uns beim Autofahren: „Erst kuppeln und dann schalten? Oder war es umgekehrt?" Wir haben uns diese Dinge angewöhnt. Sie passieren automatisch. Das Gleiche gilt für die Denkmuster, die wir eingeübt haben. Auch sie haben wir uns durch häufiges Wiederholen angewöhnt – sie laufen meist unbewusst ab. Und genau das ist ein Problem. Denn oft haben wir unser Leben ohne Gott viel mehr geübt als unser Leben mit Gott. Wir haben viel öfter Sorgen geübt als Vertrauen, viel öfter Wut als Vergebung. Wenn wir nun auf dem Weg der Nachfolge Christus ähnlicher werden wollen, dann spielen neue Gewohnheiten eine überaus wichtige Rolle. Und diese Gewohnheiten finden wir über keinen anderen Weg als durch Übungen. Wenn aus der Gegenwart Gottes die transformatorische Kraft kommt, dann müssen wir ein Leben einüben, in dem wir dieser Gegenwart Gottes in zunehmendem Maße Aufmerksamkeit schenken können.

Die alte Kirche wusste um diese Dynamik und kannte die vielfachen Übungen der Gegenwart Gottes – Schweigen, Einsamkeit, Fasten, Feiern, Beichten, Tageszeitengebet, Herzensgebet, um nur einige zu nennen. Die Wiederentdeckung dieser Übungen, die rein gar nichts mit Werkgerechtigkeit oder geistlichem Leistungsdenken zu tun haben, ist der Schlüssel zur Transformation durch das Wirken des Geistes Gottes.

Beobachtung Nummer 3: Vom Wissen zur Erkenntnis.

Es besteht ein riesiger Unterschied zwischen *Wissen* und *Erkenntnis*. Wissen ist etwas, das getrennt von uns als Information in unserem Denken gespeichert ist. Vom Wissen kann sich meine Seele distanzieren. Ich kann so tun, als wüsste ich etwas nicht. Wir alle wissen, dass wir einmal sterben werden – alle Erfahrungen und Statistiken sprechen dafür. Und doch leben wir häufig so, als wäre das nicht der Fall. Hin und wieder machen Menschen aber dann eine existenzielle Erfahrung, in der sie erkennen, dass sie sterben müssen. Sei es durch einen Unfall, eine Krankheit, den Tod eines nahen Menschen – und so wurde aus dem *Wissen* über die eigene Endlichkeit die *Erkenntnis* der eigenen Endlichkeit. In der Erkenntnis akzeptiert meine Seele die Wahrheit von etwas, das ich weiß – und fortan bin ich ein anderer Mensch. Weil die Erkenntnis mich verändert. Ich kann nicht mehr so tun, als wüsste ich es nicht. Beim Erkenntnisprozess wird das Wissen zu einem Teil von mir.

Jesus sprach so gut wie nie über Wissen. Was er vermittelte, war Erkenntnis. Wie Erkenntnis entsteht, erklärte er mit Worten, die in Johannes 8,31-32 festgehalten sind: „Wenn ihr bleiben werdet an meinem Wort, so seid ihr wahrhaftig meine Jünger und werdet die Wahrheit erkennen, und die Wahrheit wird euch frei machen."

Erkenntnis geschieht, während wir an seinem Wort bleiben, sprich: tun, was er gesagt hat! Erkenntnis geschieht nicht im Studierzimmer, beim Grübeln, beim alleinigen Nachdenken, in der Isolation. Erkenntnis geschieht im Anwenden. Wenn ich die Worte Jesu in die Tat umsetze, den Feind liebe, den segne, der mich hasst, diene, anstatt zu herrschen, vergebe, anstatt nachzutragen, für Gerechtigkeit eintrete, anstatt den Mund zu halten …, dann werde ich die Wahrheit erkennen. Dann wird aus dem Wissen, das in unseren Gemeinden zur Genüge zur Verfügung steht, Erkenntnis.

Beobachtung Nummer 4: Der Transformationsprozess ist ein aktives Passiv.

Paulus schreibt an die Römer in Kapitel 12,2: „Lasst euch verwandeln in eurem Denken!" Dies ist ein aktives Passiv – und das ist der hauptsächliche Modus der Transformation. Weder liegt der Schwerpunkt auf dem Handeln Gottes noch auf dem des Menschen, sondern beides spielt zusammen. Gott handelt an uns nicht gegen unseren Willen oder gegen unsere Absicht. Gleichzeitig kann unser bestes Wollen und Vollbringen nichts bewegen, ohne dass die Gnade Gottes an uns wirksam wird. Daher gehört beides zusammen. Wir sind aktiv und passiv zugleich. Wir schaffen den Raum, die Aufmerksamkeit, die Ausrichtung – Gott tut das Werk der Verwandlung. Es ist ein bisschen wie beim Segeln. Den Wind kann und soll ich nicht machen, der wird geschenkt. Aber das Wetter beobachten und die Segel setzen ist durchaus meine Aufgabe. Konkret heißt das zum Beispiel, dass ich ohne eingeübte Stille kaum eine Chance habe, Gottes Stimme zu hören, weil Gott leise redet. Ich kann nicht erzwingen, dass er redet. Aber ich kann einüben, der Stille in meinem Leben Raum zu geben.

Wir sehen hin – er verändert. In diesem Spannungsverhältnis kann Paulus im Brief an die Philipper sagen: „… schaffet, dass ihr selig werdet, mit Furcht und Zittern. Denn Gott ist's, der in euch wirkt beides, das Wollen und das Vollbringen, nach seinem Wohlgefallen" (Philipper 2,12-13).

Gottes Gegenwart hat transformatorische Kraft. Aber es ist unsere Aufgabe, unser Leben so zu führen, dass wir in zunehmendem Maße Fenster in diese Wirklichkeit öffnen. Dass wir uns auf diese Realität ausrichten. Dass wir Gott zuhören, unserer Seele erlauben, bei ihm zur Ruhe zu kommen, um die eine sanfte Stimme zu hören, die uns das zuflüstert, wovon allein wir leben und verändert werden.

Beobachtung Nummer 5: Geistliches Wachstum braucht konkrete Zielsetzung und einen Plan.

„… denn wir möchten jeden und jede in der Gemeinde dahin bringen, dass sie vor Gott dastehen in der Vollkommenheit, die aus der Verbindung mit Christus erwächst" (Kolosser 1,28; GNB; vgl. auch Epheser 4,13).

Die Absichtserklärung, Menschen zu geistlicher Reife zu führen, finden wir sicherlich in viele Kirchen und Gemeinden. Aber ohne einen konkreten Plan, wie das denn geschehen soll, werden diese Absichtserklärungen nie in die Tat umgesetzt. Eine Figur, die mich in diesem Zusammenhang seit vielen Jahren fasziniert, ist ein Mann, der eher am Rande des Neuen Testamentes erwähnt wird. Epaphras – ein Mitarbeiter des Apostel Paulus. Von ihm heißt es:

Es grüßt euch Epaphras, der zu euch gehört und im Dienst
von Jesus Christus steht. Ständig kämpft er in seinen Gebeten
für euch, dass ihr euch als reife Christen bewährt und ganz

davon erfüllt seid, in allem den Willen Gottes zu tun (Kolosser 4,12; GNB).

Paulus spricht hier von einem Mann, dessen ganze Energie und Hingabe darauf ausgerichtet sind, dass die Nachfolgerinnen und Nachfolger Jesu sich als reife Christen bewähren und immer mehr davon erfüllt sind, den Willen Gottes zu tun. Dafür betet er. Dafür kämpft er.

Die Kirche braucht Menschen mit dieser Gesinnung. Wir brauchen Menschen, die aus der tiefen Gebetsverbindung mit Gott alles daransetzen, die Gläubigen in ihrem Wachstumsprozess zu unterstützen und zur Vollkommenheit in Christus hineinwachsen zu lassen.

Ich beende diesen Beitrag mit einem provozierenden Satz von Dallas Willard, der für mich zentral zu der Debatte um Dekonversion und Glaubensverlust gehört: „Es gibt kein einziges Problem in der Gemeinde Jesu, das nicht durch Jüngerschaft gelöst werden könnte."

Jörg Ahlbrecht *ist verheiratet, hat zwei Töchter und lebt mit seiner Familie in der Nähe von Marburg. Er ist Pastor, Autor, Mentor, Sprecher und arbeitet seit 2004 als Referent für Willow Creek Deutschland. Seit Hauptinteresse gilt Fragen rund um das Thema geistliches Wachstum/Jüngerschaft.*

Glaube als Beziehungsgeschehen

Tobias Künkler

„Wenn in einem schriftlichen Examen den jungen Leuten vier Stunden zur Ausarbeitung der Abhandlung gegeben sind, dann bedeutet es nichts, ob der Einzelne vor der Zeit fertig wird oder die ganze Zeit gebraucht. Hier ist also Aufgabe und Zeit zweierlei. Aber wo die Zeit selbst die Aufgabe ist, da ist es ja ein Fehler, vor der Zeit fertig zu werden. Angenommen, ein Mensch erhielte die Aufgabe, sich einen Tag lang selbst zu unterhalten, und er wäre bereits am Mittag mit der Unterhaltung fertig: Dann wäre ja seine Schnelligkeit kein Verdienst. So auch wo das Leben die Aufgabe ist. Mit dem Leben fertig werden, ehe das Leben mit einem fertig ist, das bedeutet ja gerade, nicht mit der Aufgabe fertig zu werden."

Sören Kierkegaard[135]

Wie unmündige Kinder

Es gibt nur wenige Menschen, denen ich bislang von einer Zeit in meinem Leben erzählt habe, die für mich persönlich sehr schwierig war. Eine Zeit, die stark geprägt war von körperlichen Schwierigkeiten und Problemen. Ich konnte nicht sprechen und auch nicht laufen. Die meiste Zeit war ich ans Bett gefesselt, musste viel liegen und konnte Arme und Beine nur unkoordiniert bewegen. Es fiel mir schwer, etwas deutlich wahrzunehmen. Am schlimmsten war: Ich konnte nicht selbstständig essen und trinken und war inkontinent. Insgesamt hatte ich wenig Ahnung, was um mich herum überhaupt los war, und ich konnte mir kaum vorstellen, dass sich dieser Zustand jemals ändern würde. Doch irgendwann überwand ich diesen Zustand, und wenn ich nun zurückblicke, dann erkenne ich, dass

---

135 Sören Kierkegaard, Philosophische Brosamen und Unwissenschaftliche Nachschrift, München 1976, S. 301.

diese Zeit ein nötiges Übergangsstadium war. Die Zeit, von der ich spreche, ist meine ... Säuglingszeit."[136]

Auch Paulus spricht von dieser Zeit auf der Ebene des Glaubens. Und zwar im 1. Korintherbrief 3,1-2 (NGÜ): „Allerdings konnte ich mit euch, liebe Geschwister, nicht wie mit geistlich reifen Menschen reden. Ihr habt euch von den Vorstellungen und Wünschen eurer eigenen Natur bestimmen lassen, sodass ihr euch, was euren Glauben an Christus betrifft, wie unmündige Kinder verhalten habt. Milch habe ich euch gegeben, keine feste Nahrung, weil ihr die noch nicht vertragen konntet."

Unmündige Kinder – in anderen Übersetzungen ist auch von „Säuglingen in Christus" die Rede. Beachtet man Kontext und genauen Wortlaut dieser Stelle, dann wird deutlich, dass Paulus hier der Gemeinde in Korinth vorwirft, sich unmündig, unreif, man könnte auch sagen: kindisch zu verhalten.

Konkret geht es um einen Streit zwischen verschiedenen Untergruppierungen in der Gemeinde. Die Ursache für das unangebrachte Verhalten sieht Paulus darin, dass sich die Korinther so benehmen, als hätten sie den Geist Gottes nicht. Auch in Kapitel 14, Vers 20, im Zusammenhang mit dem Streit um die Zungenrede in der Gemeinde, pocht Paulus auf Mündigkeit und Reife: „Liebe Brüder und Schwestern, seid, was eure Vernunft betrifft, doch nicht wie kleine Kinder, die nicht verstehen, was man ihnen erklärt! Im Bösen, darin sollt ihr unerfahren sein wie Kinder; in eurer Vernunft aber sollt ihr reife, erwachsene Menschen sein" (HFA).

Ich will hier einmal absehen vom pädagogisch etwas unterentwickelten, defizitorientierten Blick von Paulus auf die frühe Kindheit. Heute weiß man zum Glück von vielseitigen Kompetenzen, die Säuglinge schon haben, und von den vielen Ressourcen, die Kinder haben und die Erwachsene nur zu schnell übersehen. Paulus geht es hier jedoch nicht um eine pädagogische Aussage über Kinder, sondern darum, seine Brüder und Schwestern zu einem reifen und mündigen Glauben zu ermahnen. Doch worin besteht diese Reife und Mündigkeit? Was macht sie ganz konkret aus?

---

136 Dieses humorvolle Bild ist entliehen aus: Philip Yancey, Sehnsucht nach dem unsichtbaren Gott, Asslar 2001.

Der Verlust der Naivität

Ich habe in meinem eigenen Leben, aber auch im Leben anderer erlebt, dass sich Reifungsprozesse oft zunächst wie Rückschritte anfühlen. Wie so häufig in existenziellen Lernprozessen, die uns als ganze Person betreffen, ist Lernen ein Umlernen und somit auch ein Verlernen, d.h., es geht mit einem Verlust einher. Das Neue kann nur durch den Verlust von etwas Altem gelernt werden.

Ich will hier keine Gesetzmäßigkeit postulieren, die für alle Zeiten gilt, aber was ich in meinem Leben und im Leben vieler Freunde und Bekannter beobachtet habe, ist, dass dieser Verlust der Verlust eines kindlichen Glaubens, der Verlust einer gewissen Naivität im Glauben ist.

Als Christen sind wir gesellschaftlich in einer Position der „kognitiven Minderheit", das heißt, wir haben eine Sichtweise der Wirklichkeit, ein Weltbild, das sich von der Mehrheit der Menschen in unserer Gesellschaft unterscheidet. Zumindest für diejenigen, die christlich aufgewachsen sind, gilt, dass sie in der Familie und später in der Gemeinde auf Menschen getroffen sind, die diese Sichtweise der Wirklichkeit teilen. Doch irgendwann kommen Erfahrungen in der Schule, evtl. später in Ausbildung und Beruf und sicher auch in vielen Freundesgruppen hinzu, bei denen man merkt, dass man einer kognitiven Minderheit angehört. Auf diese Weise kommt es meist „natürlicherweise" zu einer ersten Relativierung und Verunsicherung des Glaubens. Hinzu kommt bei vielen das Erleben, dass sie auf offene Fragen im Glauben keine Antworten bekommen bzw. dass bei allen Antworten immer mehr Fragen entstehen. Auch gehört es zum allgemeinen Prozess der Persönlichkeits- und Identitätsentwicklung, dass man sich irgendwann mit dem auseinandersetzt, was man fachlich die „Bedingtheit des eigenen Selbst" nennen würde. Das heißt, man wird sich bewusst über manche der vielen Einflüsse, die auf einen selbst gewirkt und die einen geprägt haben. Und so merken insbesondere diejenigen, die christlich sozialisiert wurden, dass vieles, was sie glauben und wie sie es glauben, stark mit ihrer persönlichen Herkunft zu tun hat. Es entstehen Gedanken wie: „Wenn ich in eine andere Familie hineingeboren worden wäre oder wenn ich in einer anderen Zeit gelebt hätte, dann wäre ich vielleicht ein ganz andere, und auch mein Glaube würde ganz anders ausse-hen." Es kommt, so könnte man zusammenfassen, bei vielen also als ganz normaler Teil des Aufwachsens zu etwas, was sich anfühlt wie eine Relativierung des Glaubens.

Nicht mehr wie früher

Neben dieser Relativierung des Glaubens auf der kognitiven Ebe-ne, also der Verstandesseite, hat der Verlust der Naivität aber oft noch eine andere Seite. Hier geht es um Gefühle und Erfahrungen. Bei nicht wenigen kommt es im Laufe ihres Glaubenslebens zu ei-ner Art Erfahrungsverlust. Man erlebt Gott immer weniger, seltener oder auch gar nicht mehr. Man spürt einen Verlust der ersten Lei-denschaft und der ersten Liebe. Es ist mit Gott nicht mehr wie frü-her.

Dieser Verlust der Naivität, ob eher auf Verstandes- oder Erle-bensseite oder beidem, ist nicht zu verharmlosen. Ich leide selbst mit vielen guten Freunden, die zuerst ihre Naivität und dann ih-ren Glauben verloren haben oder die in einem Zustand der Un-entschiedenheit verharren, weil sie nicht mehr wissen, was sie glauben dürfen/können/sollen. Bei anderen führt der Verlust der Naivität zu Trotz, zu Zynismus oder auch einfach nur zu Gleich-gültigkeit. Sie leben ihr Leben, und irgendwo gibt es noch einen Rest Glauben, aber dieser Glaube macht keinen Unterschied mehr in ihrem Leben.

Trotzdem bin ich mit Paulus zutiefst überzeugt: Ein ängstliches Verharren in der Naivität ist keine Lösung. Nuckelt man ewig an der Milchflasche, bleibt man ein Säugling in Christus, ein unmündi-ges Kind, das dem von Gott geschenkten Verstand misstraut und ab-hängig von positiven Gefühlen ist. Vor allem aber: Auch dies ist kei-ne Position der Sicherheit. Ein Säugling ist schutzlos und abhängig; wenn irgendein Sturm im Leben kommt und einem das Milchfläsch-chen wegreißt, dann wird man umso schneller verhungern, wenn man nicht gelernt hat, selbstständig geistliche Nahrung zu sich zu nehmen.

Wenn es also keine Alternative zu dem Verlust der Naivität gibt, dann stellt sich die Frage, wie wir zu einer Art zweiten Naivität gelangen können, einer mündigen Naivität. Eine zweite Naivität, die radikalen Vernunftgebrauch mit leidenschaftlichem Glauben, die Selbstständigkeit mit vollem Vertrauen auf Gott vereinigt. Ich möchte im Folgenden versuchen, einige wenige Aspekte aufzuzeigen, wie eine solche zweite Naivität bzw. wie ein mündiges, reifes Christsein aussehen kann.

Meine eigene Geschichte oder: Was ist eigentlich Glaube?

Ich selbst bin aufgewachsen in einer christlichen Familie. Doch der frühe und plötzliche Tod meines Vaters hat mich im Alter von zehn Jahren recht schnell aus dem Status kindlicher Unbefangenheit herauskatapultiert. Der Tod meines Vaters hat neben anderem sicher auch dazu geführt, dass ich recht früh sehr grundsätzliche Fragen gestellt habe. Trotzdem bin ich in meiner Jugend in dieser Hinsicht einige Zeit dahingedümpelt, bis ich irgendwann eine Art intellektuelles Erwachen hatte. Wichtig war dafür unter anderem ein Satz des Philosophen Blaise Pascal, auf den ich stieß. Er lautete in etwa so: „Räumlich umfasst mich das Universum und kann mich wie einen Punkt umschließen. Durch mein Denken aber umfasse ich das Universum."

Das Denken wurde mir danach, so kann man sagen, ein Herzensanliegen. Und ich beschloss damals, meinen Verstand nicht zugunsten meines Glaubens leiden zu lassen und meiner intellektuellen Neugierde ohne Angst freien Lauf zu lassen. Frei nach der Devise: Wenn mein Glaube etwas nicht aushält, dann ist er es nicht wert.

Und so begann ich auch meinen Glauben mit dem Verstand zu durchdringen. Ich las viel C.S. Lewis und andere christliche Bücher. Ich erinnere mich an eines, das versprach, alle vermeintlichen Widersprüche in der Bibel erklären zu können. Heute würde ich sagen: Ich hatte das Bild, dass der Glaube eine Art Puzzle ist, und je mehr rechtes Wissen wir über den Glauben erlangen, desto mehr Puzzleteile kommen hinzu, und eines Tages sind alle Fragen und Rätsel des Glaubens gelöst und das Bild vollendet. Glaube war damals für mich im Kern ein Akt des Verstandes, ein intellektuelles Geschehen, eine objektive Sache.

Doch es kam anders. Je mehr Wissen ich erwarb, desto mehr Fragen entstanden. Das Puzzle wurde nicht vollendet, vielmehr wusste ich teils nicht mehr, was überhaupt ein Puzzleteil war und was nicht. Mit anderen Worten: Mein Glaube veränderte sich in einem jahrelangen Prozess stark, ich stellte vieles infrage und ich wusste lange nicht: Verändert sich mein Glaube gerade grundsätzlich oder geht er mir verloren?

Heute weiß ich, dass dieser Prozess, der sich lange wie ein Rückschritt, ein schleichender Verlust, anfühlte, eine Veränderung meines Glaubens war. Manche Glaubenswahrheiten erlangten für mich immer mehr Gewissheit, sie wurden ein immer festerer Bestandteil meiner Persönlichkeit, während vieles andere fraglich blieb, ich aber lernte, dass dies nicht notwendigerweise problematisch sein muss. Zumindest dann nicht, wenn man ein anderes Bild als das vom Puzzle hat.

Heute würde ich sagen, dass Wissen und Wahrheit nicht einem Puzzle gleichen, sondern vielmehr einem Ballon. Je mehr man den Ballon aufbläst, desto größer ist seine Oberfläche. Nehmen wir an, der Ballon wäre das Wissen, das wir erwerben, und die Luft das Nicht-Wissen (also das, was wir noch nicht wissen), das Geheimnis des Glaubens. Je größer das Wissen wird, desto größer der Kontakt mit dem Nicht-Wissen. Daher entstehen als Nebeneffekt einer Antwort drei neue Fragen. Je mehr man weiß, desto mehr weiß man auch, was man nicht weiß – und desto größer die Gefahr, aufgeblasen zu wirken.

Es geht um Vertrauen

Was ich in meiner Geschichte lernen musste: Glaube ist im Kern kein intellektuelles Geschehen. Wo im Neuen Testament das Wort Glauben steht, steht im griechischen Original das Wort *pistis*. Das meint wörtlich übersetzt Vertrauen, Anvertrauen. Das heißt, beim Glauben geht es im Kern nicht um das Für-wahr-Halten bestimmter Aussagen oder um den Besitz des richtigen Bildes von der Welt, sondern um Vertrauen, Zutrauen und Anvertrauen. Anders gesagt, Glaube ist ein Beziehungsbegriff: Wir glauben nicht an etwas, sondern an jemand, an eine Person. Das Gegenteil von Glauben ist daher auch nicht der Zweifel, sondern Angst und Misstrauen.

Den Unterschied zwischen Glauben im Sinne von Glaube an etwas und Glaube als Vertrauen zu einem Jemand kann man besser verstehen, wenn man den Unterschied betrachtet zwischen Erkennen und dem Kennenlernen einer Person. Das Wort Erkennen ist in unserer Kultur untrennbar verknüpft mit dem Erkenntnisideal der modernen Wissenschaft. Etwas erkennen kann man nur, indem man sich vom Gegenstand der Erkenntnis entfernt. Nur aus der sicheren Distanz heraus kann ein neutraler Blick gelingen.

Erkenntnis im hebräischen Sinne ist hingegen eine Bewegung hin zum Gegenstand der Erkenntnis. Erkenntnis und Hingabe sind somit untrennbar miteinander verwoben. Wenn in der Bibel davon die Rede ist, dass Adam und Eva einander erkennen, dann ist dies kein Euphemismus, also keine nette und saubere Umschreibung eines eigentlich doch recht schmutzigen Aktes, sondern wörtlich gemeint. Ebenso wenig, wie man miteinander schlafen kann, indem man sich körperlich voneinander entfernt, ist Gotteserkenntnis möglich, wenn man sich von Gott entfernt, um ihn aus sicherer Distanz objektiv beurteilen zu können. Wir können Gott nicht erkennen, ohne mit ihm intim zu werden, ohne mit ihm in eine enge Beziehung verwickelt zu werden. Erkennen können wir Gott nur in der Begegnung.

Glaube ist daher immer auch ein Verb. Ich lerne Gott nicht zunächst kennen und handle dann nach seinem Willen, sondern ich lerne Gott kennen, indem ich ihm vertraue und nach seinem Willen handle. Und Glaube ist ein Beziehungsbegriff: Wer glaubt, geht im Vertrauen vorwärts, ohne klar zu sehen, was sich dort befindet. Wenn wir mit dem Verstand zweifeln, dann fühlt sich das für uns oft wie eine Relativierung, eine Schwächung des Glaubens an. Wenn Glaube im Kern aber ein Beziehungsbegriff ist, kann eine solch gefühlte Relativierung jedoch auch zu einer Stärkung des Glaubens im Sinne von Vertrauen führen.

Und die Gefühle?

Doch wie sieht es mit Gefühlen und Empfindungen aus? Was macht ein mündiger Glaube angesichts eines Erfahrungsverlustes? Und wie können wir hier zu einer zweiten Naivität gelangen?

Glaube, so musste ich lernen, ist im Kern keine Verstandessache. Was aber ist er dann? Im Laufe meiner Entwicklung entdeckte ich irgendwann, dass ich mich sehr einseitig entwickelte, dass ich einseitig den Verstand ernährte und mich von Gefühlen und Emotionen eher distanzierte. Und ich erkannte, dass das wahrscheinlich auch mit dem frühen Tod meines Vaters zusammenhing und meiner Art der Verarbeitung. Denn wer sich von seinen Gefühlen und damit von sich selbst und von anderen distanziert, der kann nicht so schnell enttäuscht und verletzt werden. Als ich dies verstand, arbeitete ich dem entgegen und veränderte mich, auch wenn mir bis heute der intellektuelle Zugang zum Glauben wichtig ist.

Wichtig in diesem Prozess war für mich die Entdeckung der Kraft des Heiligen Geistes. Ich bin in christlichen Traditionen groß geworden, die dem Wirken des Geistes doch eher skeptisch gegenüberstehen bzw. wo dies zumindest keine große Rolle spielte. Das änderte sich, als ich andere Traditionen kennenlernte. Für mich war das Entdecken der Kraft des Heiligen Geistes ein wichtiger Entwicklungsschritt, der mir mit dabei half, meine emotionale Seite stärker freizusetzen. Jedoch stand ich damals in der Gefahr, den Kern des Glaubens mit Gefühlen und Erlebnissen zu identifizieren. Und in der Gefahr, den Heiligen Geist mit den Emotionen, Gefühlen und Erlebnissen zu verwechseln, die er bewirken kann.

Glaube ist ein Geschehen, in das man sich mit Leidenschaft und seiner ganzen Person und damit auch mit allen Gefühlen und Emotionen stürzen sollte. Glaube im Kern als emotionales Geschehen zu betrachten, birgt jedoch große Gefahren. Ein Glaube, der sich rein auf den Verstand gründet, droht eine objektive Sache zu werden, die ich aus der Distanz neutral beurteile. Ein Glaube, der wiederum vor allem auf Gefühlen beruht, droht schnell in eine subjektive Beliebigkeit zu rutschen.

Zudem baut man im Bereich der Emotionen auf unruhigen und unsicheren Gewässern. Bei mir persönlich war es so: Viele Erlebnisse mit dem Heiligen Geist gingen irgendwann wieder zurück, wurden weniger und schwächer. Heute weiß ich, dass ich diese Erfahrung mit vielen Menschen teile. Sie erleben Gott nicht mehr auf dieselbe Art und Weise, wie sie ihn früher erlebt haben. Ähnlich wie in einer Liebesbeziehung, in der die Gefühle des Verliebtseins nach und nach verblassen, damit aber auch Platz für eine andere und tiefere Art von Beziehung schaffen.

Und so kommt es, dass jede charismatische Erneuerungsbewegung irgendwann in der Gefahr steht, den Glauben mit einem magischen Ritual zu verwechseln. Magisch heißt, dass man göttliche Kräfte mittels bestimmter Rituale und Tricks „herbeizaubern" will. Ich habe oben betont, dass wir nicht an etwas, sondern an jemanden glauben. Dass Gott Person ist, heißt eben, dass er Eigenschaften einer Person besitzt: Er ist unvorhersehbar, frei, manchmal kooperativ und manchmal widerständig. Anders gesagt: Weil Gott Person ist, kann er sich uns immer auch entziehen. Und wir können ihn nicht manipulieren und kontrollieren. Gott ist uns radikal entzogen.

Gott ist größer

Gott ist Person. Das heißt jedoch nicht, dass er uns in derselben Art und Weise begegnet wie andere Personen – allein schon deshalb, weil er für uns unsichtbar ist. Wir nehmen Gott daher nicht auf dieselbe Weise wahr wie andere Menschen, die uns ein direktes Gegenüber sind, das wir mit all unseren Sinnen wahrnehmen können.

Dazu müssen wir verstehen, dass Gottes Anwesenheit (Präsenz) in dieser Welt eine Überanwesenheit (Hyperpräsenz) ist. Das bedeutet, dass Gott nicht nur unseren Verstand, sondern auch unsere Sinne übersteigt. Diese Transzendenz kommt jedoch nicht daher, dass Gott fern und abgeschieden von uns wäre, sondern daher, dass Gott radikal immanent ist, das heißt, seiner Schöpfung radikal innewohnt. Man kann diese paradoxe Mischung von Transzendenz und Immanenz im Gegensatz zur Anonymität als Hypernymität bezeichnen. Anonymität bringt uns zu wenig Informationen, als dass wir etwas erkennen könnten – z.B. eine Person im Fernsehen, die verdeckt gezeigt wird, um ihre Identität zu wahren. Im Gegensatz dazu vermittelt uns Hypernymität zu viele Informationen. Gottes Anwesenheit und Gottes Verborgenheit gehen somit Hand in Hand miteinander.[137]

Das zeigt sich auch darin, wie Gott in uns anwesend ist. Ich hatte ja zu Beginn erwähnt, dass Paulus das unmündige, unreife Verhalten der Korinther darauf zurückführt, dass sie sich so benehmen, als hätten sie den Geist Gottes nicht.

In der Bibel ist davon die Rede, dass der Heilige Geist in uns wohnt, dass unser Leib der Tempel des Heiligen Geistes ist. Diese Tatsache wird jedoch oft missverstanden, so als ob der Heilige Geist uns ständig direkt zugänglich wäre. Doch der Heilige Geist ist kein innerliches, geistliches Tamagotchi, das wir nur rechtzeitig füttern müssen, damit wir Gottes Anwesenheit deutlich spüren und uns dann artig verhalten können.

Tempel des Heiligen Geistes

Was das positiv bedeuten kann, zeigt ein Gedanke Luthers, den ich sehr hilfreich finde. Er nimmt dazu das Bild, dass unser Leib der Tempel des Heiligen Geistes ist, sehr wörtlich.

Wie sieht der Tempel aus? In der ersten Abteilung, dem sanctum sanctorum (dem Allerheiligsten), wohnt Gott und es ist kein Licht darin. In der zweiten Abteilung, dem sanctum (dem Heiligen), befindet sich ein Leuchter mit sieben Armen und Lampen. Die dritte Abteilung, das atrium (der Vorhof), war unter freiem Himmel, öffentlich, im Licht der Sonne.

Die Dreiteilung des Tempels wird für Luther ein Modell für den Menschen. Er teilt also nicht einfach in innen und außen, wie man es sonst häufig tut, sondern differenziert das Innere noch weiter. Das Äußere des Menschen vergleicht er mit dem öffentlichen, für alle zugänglichen Vorhof des Heiligtums. Es ist das von uns, was andere von uns sehen können, unser beobachtbares Verhalten.

Dann folgt das Innere: unser Verstand, unser Bewusstsein, unsere Gedanken, unsere Gefühle. Also der Ort, an dem wir mit uns alleine sind, das, was kein anderer sehen, spüren, fühlen und wissen kann. Doch dann gibt es noch das Innerste, den Teil unseres Selbst, über

---

137 Vgl. Peter Rollins, How (Not) To Speak Of God, London 2006.

den wir nicht verfügen können, der uns – wie das Allerheiligste im Tempel – nicht zugänglich ist. Diese unsere Mitte ist undurchdringlich für unseren Verstand und unzugänglich für unser Bewusstsein und unser Gefühl.

Wie Gott im Allerheiligsten als Geist in der Finsternis wohnt, wohnt und wirkt der Heilige Geist in diesem Finsteren des menschlichen Geistes. So ist Gott immer bei uns und begleitet uns, auch wenn wir ihn nicht immer oder sogar meist nicht direkt wahrnehmen. Dass Gott uns meist nicht direkt zugänglich ist und uns manchmal fern erscheint, liegt nicht daran, dass er wirklich weit weg ist, sondern daran, dass er uns näher ist, als wir uns selbst sind. Auch in uns geht Gottes Anwesenheit somit Hand in Hand mit seiner Abwesenheit.

Dies anzuerkennen, hat mir geholfen, Gott auf vielfältigere Weise wahrzunehmen und seine abwesende Anwesenheit bzw. anwesende Abwesenheit zu spüren. Ihn eben nicht auf unmittelbare Weise, sondern oft auf sehr mittelbare Weise zu spüren. Und trotz manchem Erfahrungsverlust hat mir das ermöglicht, mich ganz grundlegend in Gott geborgen zu fühlen.

Wie es in Apostelgeschichte 17,28 heißt (dem Trauspruch von meiner Frau und mir): „In ihm leben, weben und sind wir." Dies nicht nur kognitiv zu glauben, sondern mit ganzem Sein verinnerlicht zu haben und somit auch auf ganz grundlegende Weise wahrzunehmen, ist für mich ein weiterer Aspekt eines mündigen Glaubens, der Glauben als ein Beziehungsgeschehen begreift.

Sprung ins Ungewisse

Ein mündiger Glaube nutzt den ganzen Verstand und weiß doch, dass unser Erkennen begrenzt ist. Ein mündiger Glaube bringt sich mit aller Leidenschaft und Emotionalität in die Beziehung ein und reduziert sie doch nicht auf das subjektive Empfinden. Denn letztlich ist Glaube immer ein Wagnis, ein Sprung ins Ungewisse – wie jede existenzielle Beziehung. Und wir können uns weder mit dem Verstand noch mit unseren Gefühlen eine sichere Brücke bauen.

Ich möchte schließen mit einem herausfordernden Zitat. Es stammt vom spanischen Philosophen und Schriftsteller Miguel de Unamuno und lautet: „Diejenigen, die glauben, dass sie an Gott glauben, ohne Leidenschaft in ihrem Herzen, ohne Angst in ihrer Seele, ohne Unsicherheit, ohne Zweifel, ohne ein Element des Zweifels sogar im Trost, glauben nur an die Idee Gottes, nicht an Gott selbst."

Dr. Tobias Künkler, *Studienleiter des Studienprogramms „Gesellschaftstransformation" und BA-Programms „Soziale Arbeit" sowie Dozent für Pädagogik und Soziologie am Marburger Bildungs- und Studienzentrum.*

Wie Freiheit des Glaubens zur Mündigkeit führt – eine evangelische Perspektive

Roger Mielke

Vor vielen Jahren war ich in einem Benediktinerkloster zu Gast. Dort gab es einen „Gastbruder", dessen Aufgabe es war, den Gästen zum Gespräch zur Verfügung zu stehen, ihre Fragen zu beantworten und sie anzuleiten, in der Gemeinschaft des Klosters mitzuleben. Ich war damals zum ersten Mal in einer klösterlichen Gemeinschaft und sehr beeindruckt und fasziniert von der Atmosphäre, den Gottesdiensten und vor allem von den Menschen, die sich auf diese Lebensform dauerhaft eingelassen hatten. Im Gespräch sagte ich zum Gastpater: „Es ist doch großartig, in einer solchen Gemeinschaft leben zu können und den Glaubensweg gemeinsam zu gehen."

Mein Gegenüber wurde sehr ernst und antwortete mir etwa Folgendes: „Ja, das ist sehr schön, aber ich will Ihnen eines sagen: Je älter man wird, desto einsamer geht man auch als Ordensmann seinen Weg. Im Entscheidenden ist man allein."

Mich hat diese Antwort damals sehr berührt und sie bewegt mich bis heute. Sie scheint mir auf den Punkt zu bringen, was die Aufgabe einer geistlichen Gemeinschaft sein kann: Raum, Zeit und ein Beziehungsnetzwerk zu schaffen, in dem ein Mensch so wachsen und reifen kann, dass er ein Einzelner vor Gott wird. Wohlbemerkt: Der Einzelne steht in dieser Sicht des geistlichen Lebens nicht am Anfang, er steht am Ende. Zum Ziel kommt der Weg des geistlichen Lebens in dieser Perspektive erst in der Todesstunde, in der ich als Einzelner von Gott gerufen werde und vor den Thron Gottes trete.

Werden, der ich in Gottes Augen bin

Ich habe von diesem Erlebnis erzählt, um zu verdeutlichen, in welchem Sinne ich von der Freiheit des Glaubens spreche. Freiheit des Glaubens heißt für mich zuerst: Freiheit zum Glauben, dann auch Freiheit im Glauben und ebenso auch Freiheit als Weg und Ziel des Glaubens. Freiheit des Glaubens bedeutet, dass ich in einem Prozess lebenslanger Entwicklung, Veränderung und Reifung der werde, der ich in den Augen Gottes bin. In diese Freiheit darf und muss ich hineinwachsen, sie ist Ziel – und doch ist sie auch schon gegenwärtig auf jeder einzelnen Station dieses lebenslangen Weges. Dies hängt, glaube ich, eng damit zusammen, dass dieser Weg in die Freiheit ja ein Weg ist, den Jesus, der Gekreuzigte und Auferstandene, mit mir geht. Jesus teilt diesen Weg mit mir durch alle Schmerzen, Brüche, Abschiede und Aufbrüche meines Lebens hindurch.

„Der zu werden, der ich in den Augen Gottes bin", meint nicht, dass es einen „Plan" Gottes gäbe, der von mir nur „auszuführen" wäre. Ich glaube, dass Glaube als Weg der Freiheit sehr wesentlich aus Suchen und Ausprobieren, aus Hören und Reden, aus Fragen und Antworten besteht. Gott will mich als liebendes und antwortendes Wesen und er gibt mir Zuwendung, Raum und Zeit zum Antworten.

Wenn ich darüber nachdenke und versuche, diese meine Erfahrung zu beschreiben, dann hat mir immer sehr die „trinitarische" (also an der Dreipersönlichkeit Gottes orientierte) Sprache des Glaubens geholfen, wie die Väter (und Mütter) der Alten Kirche sie aus den biblischen Quellen geschöpft haben. Ich verstehe das so: Gottes Geist wirkt in meinem Leben und führt mich zu Jesus, dem Sohn, der mich an der Hand nimmt, mich sehr geduldig und liebevoll auf *seinem* Weg mitnimmt (der dadurch zu meinem Weg wird) und zum Vater führt, wo mein Platz in Zeit und Ewigkeit ist. *Im* Geist, *mit* und *durch* den Sohn, *zum* Vater – so heißt es in der Bibel, so haben es die Väter der Alten Kirche formuliert und so ist es selbstverständlich auch im Kern der reformatorischen Botschaft unserer evangelischen (Landes- oder Frei-)Kirchen enthalten.

Der Weg nach Emmaus

Den für mich großartigsten Ausdruck bekommt diese Sicht des geistlichen Lebens in der Geschichte, die Lukas am Ende seines Evangeliums von den beiden Freunden erzählt, die nach dem Tod Jesu traurig von Jerusalem nach Emmaus gehen (Lukas 24,13-36). Sie haben ihre Hoffnung auf Jesus gesetzt, sind mit ihm gegangen, haben wohl auch vieles mit ihm erlebt und noch mehr von ihm erwartet. Jesu Tod am Kreuz ist für sie eine Katastrophe. Mit der Kreuzigung haben sie eine „Dekonversion" durchgemacht. Aber diese Dekonversion ist für sie zunächst kein Weg in die Freiheit. Sie sind gebunden und unfrei in ihrer Trauer. Lukas erzählt, wie sich ihnen ein fremder Begleiter zugesellt, der ihre Trauer sieht und sie aus der Trauer heraus- und in ein Gespräch hineinruft.

Später, im Rückblick, erkennen sie, wie in diesem Gespräch ihr Herz langsam „auftaut" und schließlich warm, sogar brennend (Lukas 24,32) wird. Der fremde Begleiter erklärt ihnen Gottes Weg und gebraucht dazu das Wort Gottes, das diesen Weg erst erschließt und einen „Referenzrahmen" bereitstellt. In diesem können das zusammenhanglose Einzelne und sogar die Katastrophe einen Sinn machen und besprochen werden.

Sie erkennen nicht, wer es ist, der da mit ihnen spricht. Diese Erkenntnis leuchtet erst auf, als sie den fremden Wanderer in ihr Haus (Vers 29 legt nahe, dass es ihr Haus oder das Haus eines der beiden ist) bitten und mit ihm zu Tisch sitzen. Der Fremde bricht ihnen das Brot, so wie Jesus in ihrer gemeinsamen Zeit ihnen wohl oft das Brot gebrochen hat. Diese Tischgemeinschaft ist ja ein Kern des gemeinsamen Lebens der Freunde um Jesus gewesen. Und plötzlich erkennen sie in der Geste des Brotbrechens und Austeilens (der Fremde ist plötzlich zum Hausvater in einem ihm fremden Haus geworden!), dass Jesus selbst derjenige ist, der ihnen das Brot bricht, dass er selbst es war, der zuvor unerkannt an ihrer Seite gegangen ist, ihnen das Wort Gottes erklärt hat und ihrem Leben in diesem Erklären wieder Gestalt, Zusammenhang, Sinn gegeben hat.

In dem gleichen Moment aber, in dem „ihre Augen geöffnet" werden" (Vers 31), müssen sie Jesus loslassen. „Er verschwand vor ihnen", erzählt Lukas. Sie können Jesus nicht festhalten, sie müssen sich wieder auf den Weg machen – und darauf vertrauen, dass Jesus auf dem künftigen Weg immer noch, wieder und wieder, an ihrer Seite geht, zu ihnen spricht, sich im Brotbrechen zeigt und ihnen das gibt, was sie zum Leben brauchen. Dieses Vertrauen – das ist Freiheit!

Freiheit als liebevolle Beziehung zu dem lebendigen Gott

Ich glaube, dass jede authentische „Konversion" mit einer derartigen Begegnung, mit einer intensiven Erfahrung beginnt, und ich glaube auch, dass wir die inhaltlichen Aspekte dieser Erfahrung (die „Intension" des Begriffes der Glaubensumkehr, der Konversion) vielfach als Erfahrungen gewonnener Freiheit, als Steigerung von Optionen, als Überwindung von falschen Festlegungen beschreiben und verstehen können. In diesem Sinne ist „Freiheit" ein evangelisches, ein biblisch-reformatorisches Grundwort, so wie Martin Luther es in seinem für die Reformation so wichtigen Traktat „Von der Freiheit eines Christenmenschen" (1520) beschrieben hat. Luther hat von der Freiheit in einem in sich spannungsreichen zwiefachen (man sagt auch „dialektischen") Sinn gesprochen. Ich versuche diesen spannungsreichen Sinn hier mit meinen eigenen Worten wiederzugeben.

Das eine: Die liebevolle Beziehung zu dem lebendigen Gott befreit von falschen Abhängigkeiten und vom Anspruch unangemessener Autoritäten, gerade auch von denjenigen, die sich im Inneren unserer Seele festgehakt haben (Ignatius spricht von den „ungeordneten Anhänglichkeiten"). Und das andere: Die liebevolle Beziehung zu dem lebendigen Gott ruft neu hinein in die Verantwortung für Gottes geliebte Welt. Und nur beides zusammen macht die christliche Freiheit aus. Beides gilt: Die Freiheit des Glaubens löst Fesseln und sie öffnet neue Beziehungsräume.

Die Rechtfertigung „aus Gnade um Christi willen durch den Glauben" (so die berühmte Formulierung aus dem Grundbekenntnis der lutherischen Reformation, der Confessio Augustana von 1530, CA IV, im lateinischen Original „gratis iusitificentur propter Christum per fidem") können wir als Geschenk einer neuen Beziehung verstehen:

Befreit von den inneren und äußeren Antreibern dürfen wir in Zeit und Ewigkeit in der „heilsamen" (Titus 2,11) Beziehung zu dem uns liebevoll zugewandten Vater leben. Diese Freiheit lebt selbst als Beziehung. Wir haben das an der Emmausgeschichte erläutert, und ich glaube, dass wir diese Geschichte als ein Beziehungsmodell lesen dürfen: Jesus geht mit. Er ist im Gespräch mit uns, er erklärt uns sein und unser Leben aus dem Wort Gottes. Er kommt in unser Haus, in die Mitte unseres Lebens, er bricht uns das Brot und gibt uns das Lebensnotwendige. Dies können wir nur als lebenslangen Prozess beschreiben und das geistliche Leben in diesem großen Spannungsbogen der ganzen Lebensgeschichte verstehen. Es geht darum, dass uns dieser Weg „im Geist, mit Jesus zum Vater" verändert und verwandelt.

Der Neutestamentler Udo Schnelle hat dies in einer prägnanten Zusammenfassung der „Theologie" des Apostels Paulus so formuliert: Es geht um „Partizipation und Transformation", um Teilhabe an Jesus Christus, an seinem Sterben und an seinem neuen Leben, und es geht um Verwandlung in die Gestalt Jesu Christi hinein.[138] Ein wichtiger Abschnitt im 2. Korintherbrief zeigt uns diesen Zusammenhang mit unserem Thema der Freiheit: „Der Herr ist der Geist; wo aber der Geist des Herrn ist, da ist Freiheit. Nun aber schauen wir alle mit aufgedecktem Angesicht die Herrlichkeit des Herrn wie in einem Spiegel, und wir werden verklärt in sein Bild von einer Herrlichkeit zur andern von dem Herrn, der der Geist ist" (2. Korinther 3,17-18).

Ganz knapp will ich den mir wichtigen Gedanken so erläutern: Gottes Geist führt in die Freiheit, und wir leben diese Freiheit, indem wir auf Jesus schauen und in diesem Schauen in die Gestalt Jesu hinein-„verwandelt" werden. Oder noch knapper: Wenn wir mit Jesus leben, ihn suchen, in seiner Nähe und mit ihm „befreundet" (Johannes 15,15) bleiben, dann werden wir ihm ähnlicher, und zwar in einer unserem eigenen Wesen und Weg jeweils zutiefst angemessenen Form. Noch einmal anders: In das Bild Jesu Christi verwandelt zu werden, heißt, in die Tiefe der eigenen Identität hineinzuwachsen – das ist ein lebenslanger Prozess der Verwandlung, in dem Gott uns die Zeit und den Raum schenkt, die für diesen Prozess notwendig

---

138 Udo Schnelle, Theologie des Neuen Testaments, Göttingen 2007, S. 200ff ; und: ders., Paulus. Leben und Denken, Berlin, New York 2003, S. 463f.

sind. Ich bin jetzt noch nicht am Ziel, ich bin noch auf dem Weg, aber ich vertraue darauf, dass ich auf diesem Weg der werde, der ich bin. Ähnlich formuliert es auch 1. Johannes 3,2: „Meine Lieben, wir sind schon Gottes Kinder; es ist aber noch nicht offenbar geworden, was wir sein werden. Wir wissen aber: wenn es offenbar wird, werden wir ihm gleich sein; denn wir werden ihn sehen, wie er ist." Hier ist in unübertrefflicher Weise diese Identität in Christus ausgesprochen: jetzt schon Kind Gottes, auch wenn wir noch nicht am Ziel sind!

Glaubenssprache und Veränderungsprozesse

Ich habe diesen Prozess der Ausbildung einer Identität „in Christus" so ausführlich beschrieben, weil erst von dieser Zielperspektive her deutlich werden kann, wo und wie Identitätsbildungsprozesse scheitern und in destruktive Fehlentwicklungen abgleiten können. Wenn der Beginn einer jeden Konversion, einer Identitätsbildung „in Christus", in einer wie auch immer unterschiedlichen, aber doch intensiven, einer „heißen" Erfahrung („Brannte nicht unser Herz in uns") liegt, dann können wir Prozesse der Dekonversion mit der Metapher des „Erkaltens" beschreiben, eines Erkaltens, das je nach den unterschiedlichen Kontexten und persönlichen Dispositionen irgendwo auf einer Skala zwischen eher dramatischem „Bruch" und mitunter unmerklichem „Hinauswachsen" liegt. In den „Lebensgeschichten" von „Warum ich nicht mehr glaube" ist sehr eindringlich dokumentiert, wie derartige Prozesse des Erkaltens ablaufen. Ich versuche, diese Prozesse zunächst in einer eher distanzierten sozialpsychologischen Sprache knapp zu beschreiben, um sie im Anschluss in die Perspektive der biblischen Sprache zu rücken.

In jedem Einzelfall der beschriebenen Dekonversionen kann man nachvollziehen, dass es den jungen Leuten auf dem Weg ihrer persönlichen individuellen Reifung schließlich nicht mehr gelingt, die erlebten Veränderungen mit der in den Ursprungserfahrungen des eigenen Glaubens erworbenen Glaubenssprache zu erfassen. Selbsterfahrung, soziale Kontexte und die Beschreibungs- und Deutungsangebote der „erlernten" Religiosität passen nicht mehr zueinander. Die kognitive und affektive Dissonanz wird zu stark, andere Beschreibungs- und Deutungssprachen werden plausibler.

In der Glaubenssprache selbst können wir es im oben skizzierten trinitarischen Sprachmodell des geistlichen Weges so beschreiben: Die vom Heiligen Geist angeleitete, aus dem Wort Gottes genährte Zwiesprache des Herzens mit dem mitgehenden Jesus ist abgebrochen, der Weg im Geist, mit und durch den Sohn zum Vater, ist unterbrochen, der Weg der Verwandlung in die Christusgestalt hinein wird (vorerst) nicht fortgesetzt.

Nur nebenbei kann ich hier bemerken, dass dieses „vorerst" wichtig ist: Wenn wir Jesus als den unerkannten Wegbegleiter ernst nehmen, auch die heilige Taufe ernst nehmen und den Weg im Geist mit und durch den Sohn zum Vater als lebenslangen Prozess der Wandlung verstehen, dann wird es umso wichtiger, auch „Dekonversion" nicht als identifizierendes Etikett zu verwenden, sondern die Möglichkeit offenzulassen, auch Prozesse des „Erkaltens" in einem zugleich weiteren und präziseren Sinne als (vielleicht notwendige?) Reifungskrisen verstehen zu können.

Das Erkalten hat sehr viel damit zu tun, dass die für einen Menschen bislang tragfähige Glaubenssprache und die mit ihr verbundenen Identitätskonzepte als nicht mehr „passend" empfunden werden. Umso wichtiger sind dann die sozialen (gemeindlichen und gemeinschaftlichen) Kontexte, die Räume, Zeiten und leibhafte Verwirklichungsgestalten für biografische Reifungs- und Wachstumsprozesse bereithalten. Hier ist der Ort für geistliche Begleitung, in welcher erfahrene, liebevolle, mit den eigenen Schattenseiten vertraute Männer und Frauen geduldig mit den Einzelnen nach den passenden Worten suchen, um Veränderungen zu beschreiben, zu verstehen, und ihnen auf den nächsten Schritten des Weges der geistlichen Reifung zur Seite zu stehen.[139] Sehr wesentlich für diese Aufgabe ist es, den zu Begleitenden darin zu unterstützen, eine lebendige Achtsamkeit und Sensibilität für das zu entwickeln, was im oben angedeuteten Sinne „passt", was also zu einer gegebenen Zeit an einem gegebenen Ort für den nächsten Schritt auf dem geistlichen Weg stimmig ist. Selbstgefühl und Selbstwahrnehmung sind wesentliche Stationen

---

139 Bei der Vielzahl der Konzeptionen und einer unüberschaubaren Literatur sind mir besonders wichtig die Arbeiten von Peter Köster (in der ignatianischen Tradition stehend), etwa: Geistliche Begleitung. Eine Orientierung für die Praxis, St. Ottilien 2009.

des geistlichen Weges und beständige Aufgabe. Der Kontakt zum eigenen „Herzen", dem affektiven Zentrum mit seinen Wünschen und Fantasien, ist Voraussetzung dafür, sich Manipulationen entziehen und das Förderliche vom Hinderlichen unterscheiden zu können.

Gemeinden: Räume geistlicher Begleitung

Die Aufgabe der geistlichen Begleitung ist in der Regel wiederum eingebettet in eine leibhafte Gemeinschaft oder Gemeinde, die ihrerseits auf dem Weg mit Jesus Christus ist, Fragen stellt, nach Antworten sucht und vom Geist Gottes durch das Wort geleitet wird. Damit hat geistliche Begleitung natürlicherweise ihren Ort in der einen Kirche Jesu Christi. Geistliche Begleitung in diesem Sinne hat dann auch eine Mediatorenaufgabe zwischen dem begleiteten Menschen auf der einen Seite, den Gemeinden und Gemeinschaften auf der anderen Seite und den vielen unterschiedlichen und miteinander konkurrierenden sozialen Kontexten, in denen sich jeder bewegt und orientieren muss.

Der bedeutende Freiburger Soziologe Heinrich Popitz schilderte in einem Aufsatz über „Realitätsverlust in Gruppen"[140], wie soziale Gruppen in der Versuchung stehen, sich einer unübersichtlichen, inhomogenen Realität durch Abschottung zu entziehen, ihre Mitglieder auf die Binnenverhältnisse zu beschränken und sie kognitiven, affektiven und verhaltensmäßigen Festlegungen zu unterwerfen, in der Regel abgestützt durch rigide Machtausübung von Inhabern formeller oder informeller Leitungsrollen. Die Spannungen und Dissonanzen zwischen Umwelt und Gruppen werden dabei zwischen den einzelnen Gruppenmitgliedern, die in die Alternative zwischen Wirklichkeitsverlust und Verlust der Gruppenzugehörigkeit gestellt werden, ausgetragen.

Dieses Modell lässt sich ohne große Umstände auf die Rolle der christlichen Gemeinden und Gemeinschaften anwenden, deren große Gefährdung es heute ist, sich angesichts eines immer weiter um sich greifenden Pluralismus in Binnenräume der fraglosen Plausibilität zurückzuziehen. Diese Art von Wirklichkeitsverlust aber hat nie

---

140 Heinrich Popitz, Soziale Normen, Frankfurt 2006, S. 175-186.

und nimmer etwas mit dem Evangelium von Jesus Christus zu tun. Der Weg im Geist, mit und durch den Sohn zum Vater, führt immer tiefer und weiter in die Fülle der Wirklichkeit hinein. Gemeinden und Gemeinschaften sind dazu berufen, Orte der Freiheit zu sein, in denen heilsame Beziehungen gelebt werden, damit Menschen hineinwachsen in ihre jeweils eigene in Gott gegründete Lebensgestalt und Identität. Dieser Prozess der Gestaltverwandlung bedarf gerade für junge Menschen vieler Anläufe, Versuche und wohl auch Fehlversuche. Auf keine andere Weise aber wächst der Glaube in die „herrliche Freiheit der Kinder Gottes" (Römer 8,21) hinein. In diese Freiheit des Glaubens hat Gott uns hineingerufen. Die Kirchen, Gemeinden und Gemeinschaften stehen heute vor der großen Aufgabe, mit jungen Menschen, denen viele Optionen offenstehen, nach lebendigen Gestalten des Glaubens zu suchen, in denen diese Freiheit eingeübt und gelebt werden kann.

Dr. Roger Mielke, *Oberkirchenrat im Kirchenamt der EKD in Hannover, dort zuständig für sozialethische Fragen, geboren 1964 in Remscheid, verheiratet, drei Kinder, Theologe und Soziologe, Ausbildung in Systemischer Beratung, zwanzig Jahre Gemeindepfarrer in Neuwied und Bendorf/Rh., seit 1991 Bruder der Evangelischen Michaelsbruderschaft, dort als „Probemeister" zuständig für die Begleitung der neu eintretenden Brüder.*

Ich denke und glaube trotzdem – wie Gemeinden einen mündigen Glauben fördern

Godwin Haueis

Wenn ich meinen Kindern beim Spielen zusehe, wünsche ich mir, noch einmal so unbefangen im Hier und Jetzt zu sein wie sie. Sie begegnen Menschen und Dingen scheinbar unmittelbar. Mit leuchtenden Augen stolpern sie durch die Welt und ertasten neugierig, was ihnen gerade in die Finger kommt. Wenn sie mir entgegenspringen, vertrauen sie darauf, dass ich sie auffange.

Dieses naive Verhältnis zu Menschen und Dingen verändert sich in den ersten Lebensjahren grundlegend. Die Entwicklungspsychologie beschreibt, wie eine Distanz zur Welt entsteht. Schon Kleinkinder vertrauen nicht mehr jedem, sie fremdeln. Mit zunehmendem Sprachgebrauch lösen sie sich von der Gegenwart. Sie erzählen von Vergangenem und entwickeln Zukunftsvorstellungen. Sie unterscheiden zwischen „ich" und „du". Das versetzt Kinder in die Lage, sich mit den Augen eines anderen zu sehen. Scham wird möglich. Auch ein moralisches Bewusstsein entsteht dabei. Es macht plötzlich einen Unterschied, ob eine Vase mit Absicht oder versehentlich zu Bruch geht.

Das Denken entwickelt sich schließlich so weit, dass Behauptungen anderer infrage gestellt werden. „Wenn es Gott wirklich geben würde", so erklärte mir ein sechsjähriges Mädchen in einer Kindergruppe, „dann müsste ich ihn doch sehen. Wo ist er denn?" Der Zweifel wird geboren. Das Mädchen stellte sich Gott wie eine reale Person vor. Diese Vorstellung passte nicht zu ihrer Wahrnehmung. Auch viele Erwachsene fragen angesichts von Katastrophen: „Kann es einen liebenden Gott geben, der schreckliches Leid zulässt?"

Das kritische Hinterfragen von Gott und der Welt ist kein Ausdruck des Unglaubens, sondern das Ergebnis einer kognitiven Entwicklung. Denken bedeutet zweifeln. Durch das sprachliche Verhältnis zur Welt treten wir unumgänglich in eine Distanz zum Bestehenden.

Wir benennen, hinterfragen, kritisieren und entwerfen Alternativen. René Descartes, Begründer der neueren Philosophie, ergänzt seinen berühmten Satz: „Ich denke, also bin ich" durch die Formulierung: „Ich zweifle, also bin ich". Als sprachliche Wesen können wir dahinter nicht zurück.

Die Studie „Warum ich nicht mehr glaube" zeigt einleuchtend, zu welchen Problemen es führt, wenn diese menschliche Tatsache übergangen wird. Zum Beispiel wurde den Mitgliedern einer christlichen Gemeinschaft vorgegeben, was und wie sie zu glauben haben. Zweifel daran wurden als Schwäche verurteilt. Dies führte bei Betroffenen zu großen inneren Spannungen. Sie konnten die Glaubensinhalte und das eigene Nachdenken nicht dauerhaft vereinen. Ihre Dekonversion wurde zu einem befreienden Ausweg.

Die Frage, die ich daher stellen möchte, lautet: Wie sieht ein Glaube aus, der auch im Licht von kritischem Denken bestehen kann? Ich werde pädagogische und theologische Überlegungen dazu anführen. Sie werden keine abschließenden Antworten geben, wollen aber für ein Problemfeld sensibilisieren. Die Vereinbarkeit von eigenständigem Denken und Glauben fordert jede gemeindliche Praxis heraus. Ich frage daher am Ende, was christliche Gemeinschaften tun können, damit ihre Mitglieder das Denken nicht an der Eingangstür ablegen müssen.

Mündig machen

Die Aufklärung führte dazu, dass die Vernunft zum Maß aller Dinge wurde. Das brachte die feudale Gesellschaftsordnung gehörig ins Wanken. In ihr legitimierten die Mächtigen ihre Herrschaft durch den Stand, in den sie hineingeboren wurden. Sie betrachteten dies als göttlichen Willen. Das erkannten die Denker der Aufklärung nicht länger an. Sie gingen von der Vernunftbegabung aller Menschen aus. Jeder sollte sein Schicksal selbst bestimmen. Um die Voraussetzungen dafür zu schaffen, wurden Bildungseinrichtungen notwendig. Schulen sollten den Verstand des Menschen bilden, damit er autonom durchs Leben gehen konnte. Mündigkeit wurde zum obersten Ziel der Gesellschaft.

Noch heute leben wir in dieser Gesellschaft der Mündigen. Wir setzen auf Selbstbestimmung. Zum Beispiel gehen wir bei einem Vertragsschluss von einem mündigen Gegenüber aus, und wer einen Vertrag bricht, muss sich dafür verantworten. Das ist nur möglich, weil wir annehmen, dass Menschen selbstbestimmt handeln. Unsere Gesellschaft funktioniert, weil ihre Mitglieder das Leben selbst in die Hand nehmen.

Dabei zeigt sich ein pädagogischer Grundwiderspruch: Die Mündigkeit, von der unsere Gesellschaft lebt, muss hergestellt werden. Wer zur Schule ging, weiß, wie viel Zwang in der Bildungseinrichtung steckt. Die Selbstbestimmung wird letztlich erzwungen. Schon Kant fragte in seinen Überlegungen zur Pädagogik: „Wie kultiviere ich die Freiheit bei dem Zwange?"

Wie sollen Menschen mündig gemacht werden, ohne dass die Mündigkeit bereits bei diesem Vorgang zerstört wird? Die Pädagogik hat einige Antworten auf diese Frage gefunden. Ich wähle eine davon aus: Bildung kann nur als Selbstbildung gedacht werden. So wie niemand für einen anderen Vokabeln büffeln kann, so ist Bildung prinzipiell nur als eine eigenständige Auseinandersetzung denkbar. Die Pädagogik schafft mit ihren Mitteln und Zwängen nur die Bedingung dafür. Sie regt an, unterstützt und korrigiert. Was sie im strengen Sinne nicht kann, ist Bilden. Pädagogisches Handeln wird damit zur Gratwanderung. Es muss ausreichend viel getan werden, damit Bildungsprozesse einsetzen, und gleichzeitig so wenig wie möglich, damit diese auch wirklich als Selbstbildung stattfinden.

Denken und Glauben

Wenn es stimmt, dass unsere heutige Gesellschaft auf die Vernunft baut, stellt sich die Frage: Ist der Glaube an Gott nicht von gestern? Wäre der Atheismus nicht eine begrüßenswerte Alternative für selbstbestimmte Menschen? Sogar Theologen behaupten, dass der christliche Glaube aus einer vergangenen Zeit stammt. Er passt – so provoziert Rudolf Bultmann – nicht mehr zum heutigen Selbst- und Weltbild: „Man kann nicht elektrisches Licht und Radioapparat benutzen (…) und gleichzeitig an die Geister- und Wunderwelt des Neuen Testaments glauben."[141]

---

141 Rudolf Bultmann, Neues Testament und Mythologie, München 1941, S. 18.

In der Tat zeigen Studien, dass die Religiosität bei steigendem Bildungsniveau abnimmt. Für vieles, was die Bibel mithilfe von unsichtbaren Mächten erklärt, haben wir heute andere Begründungen gefunden. Doch es ist auch eine Tatsache, dass sich Menschen aller Bildungsschichten noch immer als „Gläubige" bezeichnen. Sie scheinen einen Weg gefunden zu haben, das aufgeklärte Denken mit dem Glauben zu verbinden. Einer von ihnen ist der französische Philosoph Blaise Pascal. Er schreibt: „Es gibt zwei gleich gefährliche Abwege: die Vernunft schlechthin zu leugnen und außer der Vernunft nichts anzuerkennen." Als Denker setzt er einerseits auf den Verstand, auf Argument und Gegenargument, auf nachvollziehbare Beweise und auf die Logik. Andererseits weiß Pascal um die Grenzen dieses Denkens. Er betrachtet den Glauben als einen Zugang zur Welt, den die Vernunft nicht kennt. Das bedeutet nicht, dass Menschen, die auf Gott vertrauen, unvernünftig sind. Mit ihrem Glauben bewegen sie sich aber außerhalb des logisch nachvollziehbaren Denkens.

Von Pascal und anderen kann man lernen, Denken und Glauben als unterschiedliche Weltzugänge anzuerkennen. Sie müssen nicht gegeneinander ausgespielt werden und die Differenzen zwischen ihnen müssen nicht glattgebügelt werden. In der Tat bestehen erhebliche Widersprüche zwischen dem modernen Denken und dem christlichen Glauben. Zum Beispiel widersprechen sich die biblische Schöpfungserzählung und die Ergebnisse der Evolutionsforschung. Was hier nicht passt, braucht aber nicht mit irgendwelchen Tricks passend gemacht werden. Menschen sind durchaus in der Lage, mit Widersprüchen zu leben. Es ist nicht nötig, sich zwischen dem Denken oder dem Glauben zu entscheiden. Die Bereiche überschneiden sich: Jede Predigt enthält beispielsweise vernünftige Argumente. Jeder wissenschaftlichen Arbeit liegen geglaubte Prämissen zugrunde. Ein Bibeltext kann kritisch erhellt werden und eine empirische Studie Hoffnung wecken.

Zweite Naivität

Wenn also Denken und Glauben keine Gegensätze sind, so fordern sie sich doch gegenseitig heraus. Wer denkt, kann nicht mehr glauben wie ein Kind. Zweifel an den Geschichten aus dem Kindergottesdienst, an den Gebeten der Großeltern oder an den Worten von der Kanzel gehören zum Erwachsensein. Das ungetrübte Vertrauen in eine gute Welt (Gottes) hat notwendigerweise Risse bekommen. Es gibt keinen Weg zurück zum naiven Kinderglauben.

Der Verlust dieses Kinderglaubens ist biografisch gesehen normal. Nur so kann der mündige Glaube entstehen. Damit ist ein aufgeklärter Glaube gemeint, der durch die Kritik und den Zweifel hindurchgegangen ist. Folgt man dem französischen Philosophen Paul Ricœur und anderen Theologen, so entsteht dabei eine zweite Naivität. Diese ist nicht „unkritisch", sondern „nachkritisch". Sie gewinnt verlorene Inhalte wieder: „Es ist ein großer Unterschied zwischen etwas noch glauben und es wieder glauben", erklärt Lichtenberg.[142]

Im Gegensatz zur ersten Naivität des Kinderglaubens bleibt der mündige Glaube dem kritischen Denken verbunden. Er kennt die Widersprüche und Zweifel. Es ist wie bei Menschen, die trotz objektiver Hindernisse wie dem Altersunterschied oder der räumlichen Distanz eine Beziehung eingehen. Ricœur geht es um dieses „Trotzdem". Die zweite Naivität vertraut, obwohl vieles dagegenspricht. Erwachsene schenken der biblischen Botschaft Glauben, „als ob" sie noch ein Kind wären. Sie „nehmen für wahr", woran sie zugleich zweifeln. Eine „Als-ob-Perspektive" ermöglicht, trotz Widersprüchen und Zweifeln zu glauben. Tastend und hoffend vertrauen kritisch denkende Menschen dem Gott, der die Beziehung zu ihnen sucht. Angeregt wird dies – so Ricœur – von einer symbolischen Tiefendimension in den biblischen Texten. Das kritische Erforschen und Befragen eines Bibeltextes offenbart, was der Text in seiner Tiefe zu sagen hat. Das schafft neuen Glauben. Eine Voraussetzung dafür ist wohl, dass der zweifelnde Mensch glauben will.

Daraus lassen sich einige Denkanstöße für die Gemeinde ablei-

---

142 Georg Christoph Lichtenberg, Schriften und Briefe, Band II, München 1998, S. 353.

ten, die einen mündigen Glauben fördern möchten. Ich mache vier Vorschläge in Bezug auf eine grundlegende Haltung:

Den Glauben als Geschenk annehmen

Wenn es letztlich keinen Weg gibt, Glauben durch ausgeklügelte pädagogische Programme herzustellen, bleibt nur, ihn als ein Geschenk anzunehmen. Theologisch gesprochen: Gottes Geist wirkt den Glauben. Er selbst stiftet die Beziehung zu ihm. Für einen mündigen Glauben, der durch Krisen gegangen ist, gilt dies umso mehr. Am Zweifel nicht zu verzweifeln und dabei den Glauben neu zu finden, ist nur mit Gottes Hilfe möglich. Glaube darf deswegen nicht als Besitz oder eigene Leistung beansprucht werden. Haupt- und Ehrenamtliche können sich daher entspannen. Wer glaubt, soll Gott dafür danken. Und wer möchte, dass auch andere glauben, soll das Evangelium verkünden und gelassen auf Gottes Wirken hoffen.

Den Glauben bilden

Wenn Leiterinnen und Leiter den mündigen Glauben fördern wollen, dürfen sie ihre Schäflein nicht bloß versorgen – sie müssen sie bilden. Gemeinden kommt daher ein Bildungsauftrag zu. Dabei müssen sie beachten, dass Glaubensbildung nur als Selbstbildung möglich ist. Wie in einem Gewächshaus können Haupt- und Ehrenamtliche nur die Bedingungen für das Wachstum herstellen. Das Wachsen selbst haben sie nicht in der Hand. Viele Glaubenskurse haben dies inzwischen erkannt und setzen auf die Selbstbestimmung. Wie bei jeder pädagogischen Tätigkeit gilt auch hier: Es muss ausreichend viel getan werden, damit die Glaubensbildung einsetzt, und gleichzeitig so wenig wie möglich, da sie nur als Selbstbildung geschieht. Eine Sensibilität dafür gehört meines Erachtens in den Gemeindealltag.

Glaubensbildung beinhaltet auch die Entfaltung von (theologischen) Fähigkeiten. Damit diese von den Mitgliedern selbstbestimmt eingesetzt werden können, muss Verantwortung geteilt werden. Christliche Gemeinschaften brauchen Strukturen, in denen das Mitgestalten erwünscht ist. Ein Ja zum mündigen Glauben beinhaltet daher auch die Bereitschaft, die Gemeinde von ihren Mitgliedern verändern zu lassen.

Den Glauben entwickeln

Luther hat einmal gesagt: „Ein Christ ist im Werden." Wenn das stimmt, dann ist der eigene Glaube niemals fertig. Er verändert sich mit der Biografie. Der US-amerikanische Theologe James W. Fowler hat die Entwicklung des Glaubens untersucht. Viele Erwachsene fühlen sich demnach durch gemeinsam praktizierte Rituale einer Glaubensgemeinschaft zugehörig. Menschen teilen zum Beispiel Lieder, Gebete und moralische Werte miteinander. Wie diese entstanden sind, ist nebensächlich. Eine eigene, unabhängige Perspektive darauf besteht nicht.

Auf dieser Entwicklungsstufe glauben die Menschen – laut Fowler – kollektiv und nicht eigenverantwortlich. Die starre Identifikation mit der Gruppe kann aber durchbrochen werden. Das Individuum verlässt dann die Konventionen. Mit einer eigenen Position entwickelt es einen selbstständigen Glauben. Der Umgang mit Glaubensinhalten verändert sich dabei: Bilder, Formulierungen und andere Glaubenssymbole werden nicht mehr als an und für sich heilig betrachtet. Sie stehen – ähnlich wie bei Ricœur – für tiefere Glaubenswahrheiten, die immer wieder neu gefüllt werden müssen. Professionelle und Laien sollten von der Entwicklung des Glaubens wissen und dafür offen sein. Wenn zum Beispiel ein Mitglied die Liturgie des Gottesdienstes infrage stellt, muss dies nicht als Angriff auf die Gemeinschaft verstanden werden. Es kann ein Ausdruck der Glaubensentwicklung sein.

Auch ein offener Umgang mit Zweifeln fördert den mündigen Glauben. Ich erinnere mich an ein Jugendseminar, auf dem ich als Referent von persönlichen Zweifeln berichtete. Die Resonanz darauf war erschreckend positiv. Viele Jugendliche fühlten sich erleichtert. Bislang hatten sie ihre Zweifel für sich behalten. Jetzt konnten sie darüber sprechen. Sie verstanden, dass ihre Zweifel zum Glauben eines denkenden Menschen dazugehörten.

Für Unterschiede offen sein

Wenn die Gemeinde Glauben und Denken verbinden will, muss sie eindimensionale Strukturen überwinden. Sie muss anerkennen, dass unterschiedliche Menschen unterschiedlich glauben. Das gilt für viele Bereiche – zwei will ich aufgreifen:

Enge Moralvorstellungen grenzen aus. In Sorge um den ausbleibenden Segen Gottes werden in Gemeinden immer wieder strenge Verhaltensrichtlinien aus der Bibel abgeleitet. Das halte ich theologisch für fragwürdig: Es gibt zahlreiche (biblische) Beispiel dafür, wie Gott segensreich durch Menschen wirkte, die nicht gemäß (biblischer) Normvorstellungen lebten. Moralische Enge und Kontrolle bringen die Gemeinden nicht weiter. Trotzdem kann meines Erachtens an einer (biblischen) Ethik festgehalten werden. Mündig glaubende Menschen sind in der Lage, eigenverantwortlich mit moralischen Ansprüchen umzugehen. Dafür ist Wissen erforderlich. Dieses kann in der Gemeinde erworben und diskutiert werden. Unterschiedliche Deutungen aufgrund dieses Wissens sind wahrscheinlich. Die Herausforderung für eine christliche Gemeinschaft besteht nicht darin, einen Konsens zu finden. Stattdessen kann sie Offenheit für eigenverantwortliche Positionen entwickeln und lernen, mit Differenzen zu leben.

Die Bibel ist die zentrale Quelle des christlichen Glaubens. Der Umgang damit ist nicht einheitlich. In manchen Gemeinden wird die Ansicht vertreten, Gott hätte den Verfassern der biblischen Bücher jedes Wort durch seinen Geist eingegeben. Deshalb enthalte die Bibel keine Fehler und müsse „wörtlich" verstanden werden. Diese sogenannte Lehre der Verbalinspiration führt zu großen Problemen: Wer die Schrift als denkender Mensch liest, entdeckt Ungereimtheiten. Dadurch entsteht ein Widerspruch zwischen der eigenen Erkenntnis und dem, was die Glaubensgemeinschaft vorgibt. Das ist unnötig. Der biblische Text kann und muss nicht „wörtlich" verstanden werden. Die wissenschaftliche Forschung zeigt eindrücklich, wie komplex Verstehensprozesse ablaufen. Es passiert eine Menge in unserem Denken, bis aus Buchstaben Wörter, aus Wörtern Sätze und aus Sätzen Sinnstrukturen werden. Sobald wir es mit Sprache zu tun haben, deuten wir. Die Vorstellung, wir könnten einen Text ohne Interpretation „wörtlich" nehmen, wird der Realität nicht gerecht. Aus diesem Grund wird es unterschiedliche Verständnisse und Auslegungen für ein und dieselbe Bibelstelle geben. Gemeinden können dafür offen sein und den Mut zur eigenen Deutung fördern. Sie können – mit Ricœur – dabei behilflich sein, nach der kritischen Exegese noch einmal zum Text zurückzukehren und ihn für wahr zu nehmen.

Schlussbemerkung

Als unterschiedliche Weltzugänge passen Denken und Glauben nicht wie ein Deckel auf den Topf. Sie fordern sich gegenseitig heraus und verbinden sich spannungsreich im mündigen Menschen. Gemeinden können die Entwicklung des mündigen Glaubens fördern. Dazu müssen sie ein Problembewusstsein kultivieren und ihren Bildungsauftrag ernst nehmen. Wenn Haupt- und Ehrenamtliche die Widersprüche zwischen kritischem Denken und Glauben nicht einfach ausblenden, sondern offen damit umgehen, kann ein über sich und seine erste Naivität aufgeklärter Glaube wachsen.

Godwin Haueis, *geb. 1978, ist Familienvater und Pädagoge (M.A.). Er arbeitet als Gemeindepädagoge in einer Kirchengemeinde in Darmstadt. Zusätzlich lehrt er als Dozent an der Ev. Hochschule Darmstadt.*

Kritikfähig – konstruktiver Umgang mit negativen Medienberichten

Rolf Krüger

Mündiger Glaube bedeutet auch einen mündigen Umgang mit Kritik, besonders, wenn diese öffentlich geäußert wird. Gerade machtbewusste Menschen tun sich schwer, mit medialem Gegenwind konstruktiv umzugehen. Und ganz besonders gilt das im religiösen Umfeld. Dabei kann kritische Berichterstattung auch eine große Chance sein.

„Wenn man nicht wüsste, dass der Koran Gottes Wort ist, könnte man meinen, ein Mann habe ihn geschrieben." Als Comedian Dieter Nuhr diesen Satz in eins seiner Programme aufnahm, ahnte er nicht, dass er ihm juristischen Ärger einhandeln würde: Ein erzürnter Moslem zeigte ihn wegen Religionsbeleidigung an.[143] Kurze Zeit stand Nuhrs Programm daraufhin im öffentlichen Kreuzfeuer zwischen seinen Kritikern und den Verteidigern der Meinungsfreiheit.

Sein muslimischer Kollege Serdar Somuncu wandte sich am Freitag darauf in der heute-Show an „alle beleidigten Leberwürste" und drehte den Spieß um: „Jede Religion hat das Recht, von Profis fachgerecht verarscht zu werden!"[144] Bei Nichtgefallen von religiöser Satire empfahl er den Ausschaltknopf auf der Fernbedienung.

Religiösen Menschen, egal welcher Weltanschauung, fällt von jeher der Umgang mit Kritik schwerer als anderen. Wer einmal froh ist, existenzielle Wahrheiten erkannt zu haben, noch dazu solche, bei denen es ums ewige Schicksal geht, der möchte diese ungern ins Lächerliche ziehen lassen. Durchaus auch deshalb, weil ihm das Schicksal der anderen Menschen am Herzen liegt, die diese Wahrheit noch nicht erkannt haben.

Noch stärker gilt das für Kritik, die nicht in satirische Übertreibung gekleidet ist, sondern ganz ernst und sachlich daherkommt.

---

143 Interview „Herr Nuhr, sind Sie ein islamophober Hassprediger?" vom 26.10.2014 auf welt.de.
144 ZDF-heute-Show, Sendung vom 31.10.2014.

Als der NDR Mitte 2014 in seiner Dokumentation „Mission unter falscher Flagge: Radikale Christen in Deutschland" mehrere evangelikale Werke angriff, war die Aufregung groß. Der Film wurde in einigen offiziellen Reaktionen als Hetzkampagne bezeichnet, die den Zweck habe, Christen zu diffamieren und „das Evangelium spöttisch zu hinterfragen"[145]. In einer Stellungnahme[146] wurde eine der Autorinnen des Films abfällig als „diese Mareike Fuchs" bezeichnet.

Richtig heftig war auch die Reaktion unter evangelikalen Christen im ganzen Land. Den NDR erreichten über 7000 E-Mails, Briefe und Anrufe.[147] Neben sachlicher Kritik fühlten sich zahlreiche Christen berufen mitzuteilen, die Autorinnen (und Redakteure) seien „verpfuschte Existenzen", „vom Teufel getrieben", „verantwortungslose Gestalten", „psychisch gestört" oder „homosexuell", was offensichtlich als Schimpfwort gedacht war. Nicht einmal vor dem Vergleich der Autoren mit Goebbels schreckten manche Leserbriefschreiber zurück.

So verständlich der Ärger über die Kritik an der eigenen Sache ist, so unangemessen und wenig hilfreich sind solche Reaktionen. Wie aber umgehen mit Kritik an Kirchen, Gemeinden und christlichen Werken?

Wie man es nicht machen sollte

Zu den schlechtesten aller möglichen Reaktionen gehört sicherlich ein angstgetriebener Aktionismus. Im Januar 2015 kritisierte eine Facebook-Nutzerin ALDI Süd wegen einer Moscheeabbildung auf der Packung einer Flüssigseife. Eine Moschee sei „ein religiöses Symbol und ein Gebetshaus" und gehöre deshalb nicht in ein Badezimmer. Umgehend kündigte das Unternehmen an, die Seife aus dem Sortiment zu nehmen. Womit der Konzern nicht gerechnet hatte, war der darauf losbrechende tagelange „Shitstorm" in den sozialen Medien. Kunden beschwerten sich massiv über das „Einknicken vor re-

---

145 Stellungnahme der FCJG Lüdenscheid zur ARD-Sendung „Mission unter falscher Flagge" vom 9.8.2014.
146 Stellungnahme von MISSION FREEDOM zur ARD-Sendung „Mission unter falscher Flagge" vom 8.8.2014.
147 Stellungnahme der NDR-Redaktion zur Sendung „Mission unter falscher Flagge" vom 22.8.2014.

ligiösen Empfindlichkeiten", Türken bezeichneten es als „Schlag ins Gesicht jedes säkularen Moslems". Als dann klar wurde, dass auf der Seife die Hagia Sophia abgebildet ist, eine Kirche, die später zur Moschee umgebaut wurde und nun als Museum genutzt wird, und Nutzer reihenweise Fotos von türkischen Lebensmittelläden voller moscheebebilderter Produkte posteten, wurde ALDI Süd komplett zum Gespött.

Da half auch die nachgeschobene Beteuerung nichts, die Seife sei ja sowieso nur ein Saisonprodukt gewesen, die bald wieder aus den Regalen verschwunden wäre. Durch die überhitzte Reaktion auf eine einzelne Kundenanfrage bei Facebook hat das Unternehmen einen erheblichen Imageschaden erlitten.

Ebenfalls selten hilfreich sind öffentliche, lautstarke Beschwerden über Kritik oder sogar rechtliche Schritte gegen die Kritiker. Meist helfen sie nur, die ungeliebten Aussagen weiterzuverbreiten. In einem Interview mit der Tageszeitung „Die Welt" vom 26.10.2014 stellte Dieter Nuhr zu den Reaktionen auf die Anzeige gegen ihn fest: „Ich habe noch nie so viel Zuspruch bekommen wie in den letzten Stunden."[148] Die Anzeige hatte Nuhr zwar in die Schlagzeilen, aber seiner Person gleichzeitig viele Sympathien gebracht.

Eine ähnliche Wirkung haben Programmbeschwerden, wenn der kritisierte Beitrag nicht wirklich eklatant danebengreift.

Wilfried Buttlar aus Duisburg reichte im Oktober 2014 über 7000 Unterschriften gegen die Jesus-Comedy „Er ist zurück!" beim WDR ein.[149] Die Serie des Jugendsenders 1LIVE versetzt Jesus in die heutige Zeit, lässt ihn locker mit Gott telefonieren und sich im Fitnessstudio beschweren, er hätte mal „was am Kreuz gehabt".

Wie zu erwarten, antwortete die zuständige Hörfunkdirektorin Valerie Weber einige Wochen darauf mit der Ablehnung der Beschwerde. Ziel der Serie sei es, das Augenmerk der Hörer auf Missstände der Gesellschaft zu lenken und auf sozialpolitische Probleme hinzuweisen. Der Presserat habe sich ebenfalls mit der Serie befasst und nach eingehender Prüfung empfohlen, mit ihr weiterzumachen. Zu allem

---

148 Interview „Herr Nuhr, sind Sie ein islamophober Hassprediger?" vom 26.10.2014 auf welt.de.

149 Artikel „Protest gegen Jesus-Comedy ohne Erfolg", Evangelische Nachrichtenagentur idea vom 3.12.2014.

Überfluss wurde dabei auch öffentlich, dass die Serie nach einem „längeren Diskussionsprozess" zwischen der Redaktion von 1LIVE und der WDR-Kirchenredaktion entstanden ist. „Dies ist außergewöhnlich und zeigt die Sensibilität der Kollegen im Umgang mit diesem Thema", schrieb Weber. Nach Angaben des Senders komme zudem gerade aus christlichen Kreisen viel Lob. Und tatsächlich ist – wenn man die Serie ohne formale Befindlichkeiten anhört – die Aussage stets ziemlich „jesusmäßig".

Das Ergebnis der Beschwerde war also, dass zahlreiche christliche Medien über die Serie berichteten und so deren Bekanntheit steigerten. Und viele Christen waren positiv davon beeindruckt. Genau das Gegenteil also von dem, was die Initiatoren bezweckt hatten.

Unter falscher Flagge

Was in der Folge der NDR-Sendung „Mission unter falscher Flagge" im August 2014 stattfand, stellt allerdings in mehrfacher Beziehung einen bisherigen Höhepunkt in der Auseinandersetzung um ein religionskritisches journalistisches Stück dar.

Nicht nur, dass fünf verschiedene evangelikale Werke plus der Allianzvorsitzende jeweils eigene Pressemitteilungen veröffentlichten, in denen den Vorwürfen teils sachlich und professionell, teils aber auch unsachlich und sichtlich beleidigt widersprochen wurde. Auch die 7000 Protestbriefe an den Sender suchen bisher sicher ihresgleichen. Und selten hat es wohl zu einer Sendung eine so ausführliche Reaktion der Autoren auf die Kritik gegeben.

Ob die Protestaktion aber von Erfolg gekrönt war, darf bezweifelt werden. Denn der Protest und die Rechtfertigung der Autoren fanden ausschließlich im innerevangelikalen Raum Widerhall. Dazu waren die Reaktionen der kritisierten Werke wohl in ihrer reflexhaften Abwehr auch zu vorhersehbar.

Wie es anders laufen kann, zeigte die abschließende Stellungnahme der Evangelischen Allianz[150] zum NDR-Beitrag, die leider erst zweieinhalb Monate nach der Ausstrahlung der Sendung veröffentlicht und damit so gut wie nicht mehr medial aufgegriffen wur-

---

150 Abschließende Stellungnahme der Deutschen Evangelischen Allianz zur Dokumentation des NDR „Mission unter falscher Flagge" vom 16.10.2014.

270

de. Darin werden – wohl der gewissen zeitlichen Distanz und der währenddessen stattgefundenen intensiven internen Diskussion geschuldet – andere Töne angeschlagen: Über weite Strecken der Stellungnahme machen die Verantwortlichen der Allianz und der betroffenen Werke klar, dass sie die Kritik gehört haben, sie ernst nehmen und bereit sind, zu handeln. Sie machen deutlich, dass das Thema Machtmissbrauch und Manipulation auch in christlichen Gemeinden vorkommt – ja, dass religiöse Gemeinschaften sogar naturgemäß besonders anfällig dafür sind. Und dass dies noch einmal mehr für gefühlsbetonte Frömmigkeitsstile gilt.

Sie heben hervor, wie wichtig deshalb für Gemeinden und christliche Werke eine hohe Sensibilität, ein klarer Wertekanon und strukturelle Schutzmechanismen zur Vermeidung von Machtmissbrauch sind. Und sie machen klipp und klar, als wie falsch und unerträglich sie Teile der beim NDR eingegangenen Reaktionen aus den eigenen Reihen empfinden.

Eine echte Überraschung ist dann noch die Ankündigung, allianzweit Obleute als Ansprechpartner bei Verdacht auf Missbrauch und Manipulation einzuführen. Ganz konkrete Korrekturmaßnahmen als Reaktion auf eine kritische Berichterstattung – wenn Journalismus dazu führt, dann haben alle gewonnen.

Oder wie es die Journalistin Anna Lutz vom evangelikalen Medienmagazin „pro" formulierte: „Offenbar hat die Produktion dabei geholfen, Probleme aufzuzeigen, öffentlich zu machen und anzugehen. Es ist gut, dass die Allianz dies nun tut. Und wenn dafür ein fragwürdiger Beitrag des NDR notwendig war – sei's drum."[151]

Ein hilfreicher Umgang mit Kritik

Am Ende gilt der Satz: Kritik ist kostenlose Beratung. Aufgabe von gutem Journalismus ist es, dem Staat und der Gesellschaft ein Korrektiv zu sein. Sie ist eine wichtige Säule der Demokratie und nicht umsonst ist es als Erstes die Pressefreiheit, die in totalitären Staaten dran glauben muss.

Denn es ist für die Betroffenen meist sehr unangenehm, wenn

---

151 Kommentar „NDR-Beitrag war notwendig" vom 13.10.2014 auf medienmagazin-pro.de.

Journalisten Probleme offenlegen. Umso schwieriger sind Rufe nach Maßregelung von unbequemen Journalisten oder nach Boykott der GEZ, wie sie auch in den Reaktionen auf den NDR-Film von Christen laut wurden. Das würde bedeuten, etwas aus verletztem Stolz heraus dranzugeben, was uns als Demokraten eigentlich heilig sein sollte.

Die viel bessere Reaktion auf kritische Artikel oder Filme ist, die Kritik ernst zu nehmen und zumindest zu prüfen. Im Grunde gibt es nur drei Möglichkeiten:

Erstens

Entweder ist tatsächlich etwas an den Vorwürfen dran – dann sollten wir ein großes Interesse daran haben, diese Missstände schnell zu beseitigen. Und jede Organisation, in der Menschen zusammenarbeiten, entwickelt früher oder später ihre dunklen Flecken. Das liegt daran, dass Menschen nicht unfehlbar sind. Und auch wenn die Kirche eine gottgestiftete Einheit sein mag, bleiben es fehlbare Menschen, die da zusammen leben und arbeiten.

Im besten Fall finden wir diese dunklen Flecken selbst und rechtzeitig, bevor sie zu schwarzen Löchern werden – notfalls mit einem medialen Tritt in den Hintern. Der Mars-Hill-Megachurch des Starpredigers Mark Driscoll ist das nicht gelungen.[152] Es fing an mit einem autoritären Führungsstil und einer Machtkonzentration bei Driscoll und einem engen, undurchsichtigen Führungszirkel. Dazu kamen herablassende Äußerungen über Nichtgläubige und Frauen. Am Ende standen Veruntreuung und Betrug. Immer in kleinen Schritten und immer im Namen des Herrn. Ende 2014 wurde die 12 000 Menschen starke Gemeinschaft dann aufgelöst. Die Website zeigt nur noch die anfangs aufstrebende und zum Schluss traurige Geschichte der Super-Gemeinde.[153] Wie ein Mahnmal für alle Besucher aus dem endlosen Cyberspace, die sich in ein Museum verirren. Hätte die Gemeinde mediale Kritik vorher ernst genommen und wäre die Probleme frühzeitig angegangen, dann würde die Gemeinde heute wohl noch florieren. Und Kritik gab es genug. Die allerdings

---

152 Artikel „Niedergang einer Megachurch. Wenn alles von einem Menschen abhängt" vom 02.11.2014, aufnkaffee.net.
153 marshill.com.

wurde von der Gemeinde immer nur als antichristliche Propaganda und Angriff des Teufels verworfen.

Um herauszufinden, ob Kritik wirklich zutrifft, könnten folgende Fragen hilfreich sein:

- Würden wir unser Handeln, unser Reden oder unsere Strukturen bei einer anderen Organisation oder Religionsgemeinschaft durchweg unkritisch sehen?
- Wenn wir ganz neu anfangen müssten – würden wir genauso handeln? Was würden wir anders machen? Warum?
- Wie sehen Menschen die Kritik, von denen wir wissen, dass sie uns nicht nahestehen und kein Blatt vor den Mund nehmen würden, dabei aber fair und objektiv bleiben?
- Wie sehen Menschen aus unserer Gemeinschaft die Kritik? Ein anonymer Fragebogen, bei dem man lediglich „Die Kritik trifft nicht zu", „Die Kritik hat einen wahren Kern" oder „Die Kritik trifft zu" ankreuzen kann, hilft vielleicht, das herauszufinden.

Zweitens

Die andere Möglichkeit: An der Kritik ist nichts dran. Auch das ist allerdings kein Grund zum Zurücklehnen (oder gar Zurückschlagen) – denn unser Handeln oder unser Reden können dann ganz offensichtlich gründlich missverstanden werden. In diesem Fall läge also ein Kommunikationsdefizit auf unserer Seite vor, das wir definitiv beheben wollen. Denn wenn die Journalisten es falsch verstehen, werden es auch andere tun. Und das ist weder gut für uns noch für unsere Botschaft.

Leitfragen hierbei könnten sein:

- Welche Assoziationen könnten Menschen zu den von uns verwendeten Bildern oder Begriffen haben, die nicht christlich sozialisiert sind? Hilfreich kann es dabei sein, das einmal bewusst mit solchen Menschen zu besprechen.
- Ist Vorwissen nötig, um nicht zu einem falschen Schluss zu kommen?
- Bedienen wir mit unserem Handeln Klischees oder durchbrechen wir sie?

Drittens

Die letzte Möglichkeit: Die Kritik trifft durchaus zu – das Kritisierte ist aber für uns schlicht das Richtige. Jemand könnte zum Beispiel Christen dafür kritisieren, dass sie an eine Auferstehung von den Toten glauben, was wissenschaftlich nicht nachweisbar ist. Wir würden dann sagen: Das genau ist aber der Kern unseres Glaubens! Das ist das, was uns als Christen ausmacht! Es ist wichtig, solche Dinge als bewusste Standpunkte herauszuarbeiten und vorzustellen. Darüber kann man dann diskutieren und auf Augenhöhe streiten. Und wir können uns überlegen, wie wir es noch ein bisschen besser formulieren. Aber zumindest sehen wir es nicht als etwas, was man uns wie einen Makel vorwerfen kann.

Mediale Kritik kann also mit etwas Offenheit für Selbstreflexion zu einem wertvollen Instrument werden, um die eigene Arbeit besser zu machen und besser zu kommunizieren. Auch wenn sie im ersten Moment immer schmerzt, so kann der richtige Umgang damit durchaus heilsam sein. Denn allzu oft ärgert man sich am Ende ja doch nur über sich selbst und die offengelegten eigenen Defizite.

Rolf Krüger, Jahrgang 1974, verheiratet, zwei Kinder, hat die Portale Jesus.de und amen.de gegründet und leitet die Digitalredaktion im SCM Bundes-Verlag. Er bloggt unter www. aufnkaffee.net und twittert als @rolfkrueger.

Praxisidee „Dem Wort auf der Spur" _ Bibel lesen mit Herz und Verstand

Ursula Silber

Wer die Bibel liest, begibt sich auf eine abenteuerliche Reise, auf eine Expedition in ferne Länder, vergangene Zeiten und fremde Kulturen. Wer die Bibel liest, geht daher ein Risiko ein, das keine Reiseversicherung abdeckt. Die Worte und die Welt dahinter erscheinen faszinierend, aber auch fremd; statt Orientierung zu finden, fühlt man sich verwirrt und verunsichert. An diesem Punkt (spätestens) stellt sich die Frage, wie man die Bibel lesen will, also die Frage nach der – bewusst oder unbewusst – zugrunde liegenden Hermeneutik. Wer sich darauf einlässt, beginnt einen Prozess der Reflexion, der Auseinandersetzung und der kritischen Distanzierung – aber auch der neuen Aneignung auf einem anderen Hintergrund. Beim Sortieren der unterschiedlichen „Wahrheiten" und ihrer Geltungsansprüche wird im besten Fall deutlich, welche „Wahrheiten" für das eigene Leben und den Glauben relevant sind, was trägt und was weniger wichtig ist. Es geht also um einen – meinen – mündigen Glauben; einen erwachsenen, reflektierten und verantworteten Glauben. Geht das mit der Bibel? Und wenn ja: *Wie* geht das? In diesem Beitrag möchte ich eine Praxisidee vorstellen, die an alte christliche Traditionen anknüpft, dabei aber für fragende und kritische Menschen jetzt und hier gangbare Schritte zu einem mündigen Glauben aufzeigt.

Bibellesen geht in die Spannung von Vernunft und Glaube, kritischem Denken und emotionaler Beheimatung, Mystik und Politik, Engagement und Geborgenheit, hält sie aus und vermag die scheinbaren Gegenpole zu integrieren. Glaube und Wissen müssen kein Widerspruch sein – können es eigentlich gar nicht. Denn fällt beides auseinander, wird die Expedition abgebrochen und die Bibel zur Seite gelegt. Oder das Bibellesen gerät in den Sog fundamentalistischer Konzepte, die mit angeblicher „Bibeltreue", aber ohne hermeneutische Reflexion die Buchstaben des Gesetzes als Schlagstöcke benutzen, mit denen Zweifel und Verunsicherung, Widerspruch und rationale Argumente aus der Welt geschafft werden.

Für einen verantworteten, erwachsenen und mündigen Glauben muss die Bibel aber kein „No-Go" sein, im Gegenteil. Wer die Bibel kennt, weiß um die kritischen Töne gegenüber Obrigkeiten und Besserwissern, weiß auch um unterschiedliche und miteinander im Streit liegende Positionen, um Menschliches und Allzumenschliches, um Widersprüche und Konflikte. Wer die Bibel liest, wird entdecken, dass sie viele verschiedenartige, bunte, schräge Identifikationsmuster und -figuren bietet. An Gott glauben ist, folgt man der Heiligen Schrift, nichts für stromlinienförmige Norm-ChristInnen, sondern für Originale, Freaks und schräge Typen! Frauenhelden und Huren, Geächtete und Versager, Schlitzohren und „Tiefbegabte" finden sich im Casting der biblischen Erzählungen. Das ermutigt zur eigenen Originalität auch im Glauben. Und schafft andererseits ein (literarisch-spirituelles) soziales Netzwerk, das mich trägt: Ich bin mit meinem Glauben verknüpft mit den Gottes-Erfahrungen vieler Frauen und Männer vor mir. Gefällt mir!

Aber wie geht „richtig Bibellesen"? Der Beginn ist – so banal das klingen mag – das Lesen der Bibel. Denn viele geben vor, über die Bibel bestens Bescheid zu wissen – aber gelesen haben sie nichts bis wenig. Daher ist der erste, unerlässliche Schritt: lesen. Die Expedition beginnen, Erfahrungen machen und nicht nur darüber reden. Mündig glauben, das heißt: sich selbst auf den Weg machen. Das kann und darf mir niemand abnehmen; aber das kann und darf ich mir auch selbst zutrauen!

Dabei sind drei Dinge hilfreich:

1. Weil die Bibel mitunter schwieriges Terrain ist, kann ein guter „Reiseführer" eine echte Hilfe sein. Ideal ist eine hermeneutisch achtsame und verantwortete Lesehilfe, die gerade so viel Licht für den Weg gibt, wie man braucht, um selbst Entdeckungen zu machen. Solche Impulse können z.B. das Augenmerk auf bestimmte Schlüsselwörter im Text lenken, gezielte Fragen stellen, manchmal auch unerlässliche Hintergrundinformatio-

nen einbringen. Wichtig ist, dass sie dem/der LeserIn nie das eigene Lesen und Entdecken abnehmen können und wollen – geschweige denn die Frage, was dieser Text für sie bedeutet!

2. Die Bibel ist ein „geselliges Buch" (Kurt Marti). Ungezählte Stimmen murmeln, schreien, jubeln, singen und streiten in ihren Texten. Und sie ist die Heilige Schrift der jüdischen und der christlichen „Community", identitätsstiftend für diese Glaubensgemeinschaften (mit aller Problematik, die das mit sich bringt), Teil der kollektiven Erinnerung und der Gottesdienste, Schatztruhe für Gebete und Lieder, Sprichwörter und Zitate. Deshalb sollte die Bibel auch gemeinsam gelesen werden, und nicht nur einsam, am Familien-Esstisch, nicht nur am Schreibtisch. Und wenn schon ganz für sich, dann zumindest in dem Bewusstsein, damit Teil einer großen Gemeinschaft zu sein, im Dialog mit vielen unterschiedlichen Resonanzen auf das gleiche Wort.

3. Und zuletzt: Die Bibel ist mehr als ein bedeutendes Werk der Weltliteratur. So kann man sie auch lesen. Aber dann erfährt man nicht alles, was sie zu sagen hat! „Geistliches" Bibellesen heißt allerdings nicht, glaubensgewiss oder gar kirchentreu sein, sondern man lässt sich darauf ein, die Texte mit einem anfanghaften, unvollständigen, zweifelnden und suchenden Glauben zu lesen, sodass das Lesen zum Dialog wird. Meine Lebenswirklichkeit, meine Erfahrungen und Gedanken treten ein in das Gespräch mit der Lebenswirklichkeit und den Gedanken der Menschen, die in der Bibel ihre Erfahrungen mit Gott in Worte gefasst haben – vielleicht sogar in Dialog mit Gott selbst. Wer „geistlich" die Bibel liest, rechnet damit, dass der Text und die Interpretation des Textes sich auf den persönlichen Glauben, das heißt auf die Beziehung zu Gott, auswirken kann. „Geistliches" Bibellesen integriert also sozusagen die Texte in eine innere Glaubens-Landschaft. Dabei wird vorausgesetzt, dass sie Relevanz für das ganz konkrete Leben haben: Wohin zieht es mich? Was ändert sich?

Genau das macht die Methode der „Lectio Divina" aus, die im Folgenden vorgestellt werden soll.

„Lectio Divina" – eine lange Geschichte

Die Verknüpfung von Lesen und Leben, von Verstehen und Spiritualität in der Bibellektüre ist nicht erst ein „modernes" oder „postmodernes" Thema. Im Grunde ist sie bereits ein Thema der Bibel selbst (vgl. Lukas 24 oder Apostelgeschichte 8).

Im Jahr 238 begegnet uns der Begriff der „Lectio Divina", der „auf Gott hin ausgerichteten Schriftlesung", erstmals in einem Brief des Theologen Origenes; darin rät er einem Schüler, die Bibel ausdauernd, redlich und mit unerschütterlichem Vertrauen auf Gott zu lesen. Vor allem die spirituellen Vorbilder der damaligen Zeit – Wüstenväter und -mütter, EremitInnen, kleine klösterliche Gemeinschaften – legen großen Wert auf das Lesen der Schrift. Benedikt verwendet in seiner Kloster-Regel das Bild vom „Wiederkäuen" des Bibeltextes. Der Schwerpunkt liegt dabei auf der individuellen Meditation der Heiligen Schrift, durchaus aber im Rahmen einer (klösterlichen) Gemeinschaft und letztlich im Horizont der Kirche.

Im 12. Jahrhundert entwickelt der Kartäuser-Abt Guigo für die „Lectio Divina" eine bestimmte Methodik. Er beschreibt sie als „Himmelsleiter" mit vier Sprossen: Lectio (das Lesen) – Meditatio (das Nachdenken) – Oratio (das Gebet) – Contemplatio (das Schauen, Staunen und Verweilen). Diese Tradition der „Lectio Divina" wurde vor allem in den Klöstern gelehrt und gepflegt: Wie für die Arbeit und das Stundengebet, so ist auch eine bestimmte Zeit des Tages für die spirituelle Schriftlesung reserviert. Sie gilt als geistige und geistliche Nahrung, ohne die der Mensch innerlich verhungern muss. Die biblische Meditation ist also eine sehr alte, vorreformatorische Entwicklung und „gehört" damit allen christlichen Kirchen.

Allerdings tritt das Lesen und Meditieren der Bibel ab dem 16. Jh. stark zurück. In der katholischen Kirche greift erst das II. Vatikanische Konzil mit der Konstitution „Dei Verbum" („Gottes Wort") wieder das Anliegen auf, *„dass Gebet die Lesung der Heiligen Schrift begleiten muss, damit sie zu einem Gespräch werde zwischen Gott und Mensch"* (DV 25). Viele katholische ChristInnen haben großes Interesse und Nachholbedarf an exegetisch fundiertem Bibelwissen und Hintergrundinformationen, um die Texte einordnen und verstehen zu können. Zugleich wird das „Bibelteilen" der lateinamerikanischen und südafrikanischen Basisgemeinden auch in Deutschland populär. Schließlich geben das Dokument der Päpstlichen Bibelkommission (1993) sowie die Bibelsynode (2008) Impulse, die „Lectio Divina" wieder neu zu beleben.[154] Daraufhin bildet sich eine Projektgruppe des Katholischen Bibelwerks, die ein exegetisch und theologisch verantwortetes, dabei niederschwelliges und für die individuelle wie auch besonders für die gemeinschaftliche Bibellektüre geeignetes Modell entwickeln soll. Seit 2010 erscheinen unter der Überschrift „Dem Wort auf der Spur" Materialien zu den einzelnen Leseprojekten sowie Handreichungen und Reflexionen zur Methode.

Fast zur gleichen Zeit greifen auch evangelische Autorinnen und Autoren die alte Tradition der „Lectio Divina" auf und stellen sie in den Kontext gegenwärtiger Fragen. Neben landeskirchlichen Ansätzen[155] sei an dieser Stelle besonders die Aktion „40 Tage Gott erleben" erwähnt, die im Jahr 2010 zum Thema „Stille" ein ganzes Gemeindeprogramm entwickelte. Neben Gottesdiensten waren auch Kleingruppentreffen zu biblischen Themen geplant, für deren Durchführung eigenes Material zur Verfügung gestellt wurde – inklusive Anleitung zur „Lectio Divina".[156] Auch im „Ideenheft" für MultiplikatorInnen zum „Jahr der Stille" findet sich eine Anleitung für das persönliche Bibellesen mit den einfachen Schritten Beten – Entdecken – Antworten.[157]

Die Sehnsucht nach stillem, vertiefendem und erfahrungsbezogenem Bibellesen, das die Glaubenskompetenz des/der mündige/n Le-

---

154 „Die ‚Lectio Divina' ist eine Lesung in individueller oder gemeinschaftlicher Form eines mehr oder weniger langen Abschnittes der Heiligen Schrift, die als Wort Gottes angenommen wird. Unter dem Einfluss des Heiligen Geistes führt sie zur Meditation, zum Gebet und zur Kontemplation" (PBK, Interpretation der Bibel in der Kirche, IV, C 2).

155 So z.B. Wolfgang J. Bittner, evangelischer Pfarrer, Beauftragter für Spiritualität der EKBO und Lehrbeauftragter für Spiritualität an der FU Berlin.

156 Klaus-Günter Pache, Elke Werner, Stille. Dem begegnen, der alle Sehnsucht stillt, Witten 2010.

157 Ideenheft. Anregungen für Mitmacher und Multiplikatoren, herausgegeben vom Leitungskreis „Jahr der Stille" unter Vorsitz von Wolfgang Breithaupt, Marienheide. Der erwähnte Beitrag zum Bibellesen stammt von Burkhard Meißner und findet sich auf S. 26.

sers/Leserin ernst nimmt und zugleich stärkt, ist möglicherweise der Grund dafür, dass die „Lectio Divina" nach wie vor lebendig und aktuell ist.[158] Im Folgenden möchte ich aus meiner eigenen Erfahrung das „Lectio Divina"-Projekt des Katholischen Bibelwerkes vorstellen.

Das „Lectio-Divina"-Projekt im Kirchenjahr und darüber hinaus

Ausgangspunkt für das Projekt waren die „geprägten Zeiten" des liturgischen Jahres im Advent und in der Fastenzeit, die ganz besonders zur Beschäftigung mit der Bibel und zur spirituellen Vertiefung einladen. Die Lesungen und Evangelien der Advents- und Fastensonntage sind vielen ChristInnen vertraut, aber andererseits auch „abgenutzt", weil man bereits zu wissen glaubt, worum es geht. Das Projekt „Dem Wort auf der Spur" lädt ein, gewissermaßen zu entschleunigen und sich noch einmal neu und anders auf die Texte einzulassen.[159]

Mit der Konzentration auf die „geprägten Zeiten" ist auch das Profil „Leseprojekt" gegeben: In einem Zeitraum von vier bis sechs Wochen wird jeweils ein Bibeltext in einem wöchentlichen Treffen gelesen und miteinander bedacht und besprochen. Das überfordert nicht, bleibt überschaubar und setzt dennoch einen Prozess in Gang, bringt die TeilnehmerInnen auf einen gemeinsamen Weg.

Pro Leseprojekt erscheint ein Materialheft mit

· Informationen zur „Lectio Divina" und einer ausführlichen Anleitung der methodischen Schritte;
· Wissenswertem zu den biblischen Texten und
· den zugehörigen Leseunterlagen/Materialblättern, die während des Leseprojekts wöchentlich gelesen werden.

---

158 Z.B. Eugene H. Peterson, Nimm und iss ... Die Bibel als Lebensmittel, Schwarzenfeld 2014.
159 Im Jahr 2015 erscheint neu eine Reihe für das Markus-Evangelium.

Die vier Stufen der „Lectio Divina" – ganz praktisch

Wie bereits erwähnt, beschrieb im 12. Jahrhundert der Abt Guigo für seine kartäusische Klostergemeinschaft den Prozess der „Lectio Divina" in vier Stufen:

1. **Lectio – das Lesen:** Hier geht es ganz elementar darum, aufmerksam und achtsam einen Abschnitt aus der Bibel zu lesen. Die Fragestellung dieser ersten Stufe ist: Was sagt der Text? Textanalyse, Hintergrundinformationen oder exegetische Kommentare können dabei helfen, sind aber nicht Voraussetzung.

2. **Meditatio – das Nachdenken:** Dieses Nachdenken ist persönlich geprägt und von der Fragestellung geleitet: Was sagt der Text mir? Es geht um die Bedeutung des Gelesenen für das eigene Leben.

3. **Oratio – das Gebet:** Das Wort Gottes, das zu mir spricht, wartet auf Antwort. Diese persönliche Antwort kann mit oder ohne Worte erfolgen; wichtig ist es, die „Resonanz" des Textes im eigenen Herzen zu spüren und zum Ausdruck zu bringen.

4. **Contemplatio – das Schauen, Staunen und Verweilen:** Letztlich dürfen alle Worte, Überlegungen und auch Pläne losgelassen werden – es geht darum, sich ganz Gott zu überlassen und sich in Gottes Gegenwart zu wissen. Das hat allerdings nicht nur die „innerliche", mystische Dimension, sondern bedeutet zugleich aktives Handeln, Verantwortung und gelebte Solidarität.

Was auf den ersten Blick kompliziert klingt, ist im Grunde eine „einfache" Form des Bibellesens. Einmal, weil sie keine Hilfsmittel (außer einer Bibel natürlich!) und keine besonderen Kompetenzen erfordert, nur Offenheit und die Bereitschaft, sich auf den Weg einzulassen. Vier Schritte nach einem strukturierten, ja sogar ritualisierten Ablauf – das ist überschaubar und leicht zu lernen und zu merken. Außerdem zielt die Methode auf innere Einfachheit und Schlichtheit:

die unmittelbare Begegnung mit dem Wort, mit mir selbst und mit Gott. Lesen, hören, nachklingen lassen – ohne Eile und ohne den Druck, dass „etwas herauskommen" muss.

Möchte man diese Form des Bibellesens zusammen mit anderen erleben, könnte ein Bibelabend in der Gemeinde so (oder so ähnlich) ablaufen:

* **Ankommen**: Mit der Begrüßung, mit einem Lied und einem Gebet stellen sich die Teilnehmer bewusst in die Gegenwart Gottes. Es geht darum, zur Ruhe zu kommen und zu einer aufmerksamen, achtsamen Grundhaltung zu finden.
* Das **Lesen („lectio")**: Der Bibeltext wird laut gelesen. Wiederholtes Lesen, Lesen mit verteilten Rollen oder eine andere Art der Verlangsamung helfen dabei, den Text wirklich aufmerksam wahrzunehmen, Wort für Wort. Meist entdeckt man dabei wieder etwas ganz Neues!
  Zur „Lectio" gehört noch ein erster Reflexionsdurchgang unter der Überschrift: „Ich lese den Text". Auf den Textblättern, die jede/r TeilnehmerIn in Händen hält, finden sich kurze und gezielte Impulse und Leitfragen. Diese sollen helfen, den Text in seiner eigenen Welt und mit seiner spezifischen Intention, vielleicht auch in seiner Fremdheit und Eigenheit wahrzunehmen, so gut es geht.
* Dem persönlichen **Nach-Denken („meditatio")** dient ein zweiter Reflexionsdurchgang, wiederum mit Leitfragen: Was sagt der Text mir? Wo fühle ich mich angesprochen? Was will Gott mir sagen – hier, heute und ganz persönlich? Die Perspektive wird gewechselt: „Der Text liest mich."
* Auf das Nachdenken in der Stille und evtl. den Austausch in der Gruppe folgt ganz natürlich die Frage: Welche Antwort gibt mein Herz – und mein Verstand? Für das betende **Antworten („oratio")** gibt es viele Möglichkeiten: Es kann in Stille geschehen, mit einem formulierten Gebet, frei gesprochen, gesungen, geschrieben oder gemalt ...
* Das stille, staunende **Verweilen in der Gegenwart Gottes („contemplatio")** ist letztlich ein Geschenk, ob man die Bibel nun allein oder in einer Gruppe liest. Und vor allem geht es in die-

ser bleibenden Gegenwart Gottes weiter, zurück in den Alltag, ganz normal ...

Für die Gestaltung dieses Übergangs ist es gut, ein Segensgebet zu sprechen und evtl. noch ein Lied zu singen.

„Lectio Divina" und Exegese: Auch den Verstand hat Gott gegeben!

Worin besteht aber nun das entscheidende „Plus" dieser Methode, Spiritualität und Exegese zu verbinden und zu integrieren? Steht das ausgefeilte Instrumentarium der wissenschaftlichen Exegese einer bewusst einfachen Art des Bibellesens nicht im Wege – und umgekehrt?

Beide Zugänge zur Bibel – der wissenschaftlich-exegetische und der spirituelle – sind durchaus verschieden, betrachten den Text mit anderen Augen und stellen andere Fragen an ihn. Aber diese Zugänge sind nicht unvereinbar, sondern ergänzen sich gegenseitig. Ohne die Exegese gerät die geistliche Bibellesung in Gefahr, die eigenen Vorstellungen (unreflektiert) in den Vordergrund zu stellen, individualistisch oder beliebig in ihren Interpretationen zu werden. Und eine Exegese ohne die Rückbindung und das Gespräch mit dem spirituell orientierten Bibellesen wird zur Spezialwissenschaft, in der einige wenige ExpertInnen „Herrschaftswissen" über die Bibel herstellen und horten, ohne Rückbindung an das Leben und den „Glaubenssinn" (sensus fidelium) der Menschen. Das eine kann also nicht ohne den Dialog mit dem anderen existieren! In dieser kreativen Spannung gibt es eine entscheidende Schnittstelle beider Zugänge: das achtsame, langsame, genaue und verantwortete Lesen. Dies ist die Voraussetzung für gutes exegetisches Arbeiten wie für eine wirklich „geistliche" Bibelarbeit. Beide Arten des Bibellesens nehmen sich Zeit, um den Text wirklich ernst zu nehmen.[160] Beide nehmen aber

---

160 „Im intensiven, langsamen und aufmerksamen Lesen des Bibeltextes sind sich also Bibelwissenschaft und ‚Lectio Divina' am nächsten. Sie tauchen beide in die Welt des Textes ein, machen Beobachtungen, nehmen den Text in seiner Gestalt ganz ernst, ohne ihn zu vereinnahmen. (...) Wichtig ist, dass man eine Lesehaltung entwickelt, die von einer Freude am Entdecken geprägt ist. Es geht

auch den Leser/die Leserin ernst als denkende und mündige Menschen, die selbst Entdeckungen und Erfahrungen machen können – immer wieder neu.

Im Leseprojekt „Dem Wort auf der Spur" ist diese kreative Spannung so praktisch umgesetzt, dass der Schritt „Lectio" besonderes Gewicht erhält, vor allem durch das bewusste Lesen und die beiden Textschlüssel: „Ich lese den Text" und „Der Text liest mich".

- „Das wiederholte Lesen des Bibeltextes übt darin ein, ihn aufmerksam wahrzunehmen. Dies ist die Grundlage für die weitere Deutung des Textes.
- Die kurzen Informationen zum Bibeltext bieten exegetische Informationen, die vor Fehlinterpretationen oder Missverständnissen bewahren sollen.
- In den beiden Leseschlüsseln bieten wir eine textbezogene und eine lebensbezogene Frage. So möchten wir mit der ersten Frage zuerst anregen, Eigenarten des Textes wahrzunehmen. Die Trennung beider Fragen dient dazu, dem Text zunächst viel Raum zu geben und nicht vorschnell zu aktualisieren. Auch das Begreifen des Textes mit mehreren Sinnen (lesen, hören, notieren, unterstreichen, visualisieren) soll fördern, diesen als Impulsgeber und Dialogpartner aufmerksam wahrzunehmen.
- Mit beiden Leseschlüsseln möchten wir erreichen, dass bei der Bibellektüre keine Seite zu kurz kommen darf: weder die des Textes noch die des Lebens. Es geht darum, mit Freude selbst zu entdecken, zu forschen und zu lesen. Das kann mitunter auch mühsam sein, wenn man sich auf einen fremden Text einlässt. Es ist wichtig, nicht vorschnell die Frage nach der Bedeutung für das eigene Leben zu stellen. Wenn ich sie übereile, höre ich nur meine eigene Stimme und nicht die des Textes. Den-

---

nicht darum, Wissen zum Text zu sammeln, sondern selbst zu lesen, zu entdecken und so in Austausch mit dem Text zu treten. So wird der Geist Gottes im Lesen spürbar. Natürlich ist es auch mühsam, sich auf ein zunächst fremdes Wort einzulassen und an ihm zu arbeiten. Aber auch hier lohnt sich geduldiges Lesen anstelle von vorschnellem Vereinnahmen – sei es in der ‚Lectio Divina' für eilige Übertragungen aufs Leben, sei es in der Exegese für bestimmte Theorien." Bettina Wellmann, „Lectio Divina und Exegese", pdf-Download unter https://www.bibelwerk.de/sixcms/media.php/157/ld_exegese.pdf (letzter Zugriff am 21.6.15).

noch darf die Frage nach der Bedeutung des Wortes für den Alltag und das Leben nicht fehlen. Denn genau dort begegnen wir
dem Wirken Gottes."[161]

Dies stellt meines Erachtens einen einzigartigen und gelungenen Versuch dar, den exegetischen und den spirituellen Blick, die Analyse
und die Vertiefung, das Verstehen und das „Hören des Herzens" zu-
sammenzubringen und dabei die Freude am Entdecken zu fördern –
eine ganz wichtige Grundlage für einen mündigen Glauben!

Meine eigenen Erfahrungen mit der „Lectio Divina" in der Gemeinde und in der Erwachsenenbildung

Sowohl in der Gemeinde, zu der ich gehöre und in der ich ehrenamtlich tätig bin, als auch im Rahmen meiner beruflichen Tätigkeit in
der (theologischen) Erwachsenenbildung habe ich eine Reihe von Bi-
belabenden mit dem Modell und Material „Dem Wort auf der Spur"
durchgeführt. Meiner Erfahrung nach besteht gerade in der Fasten-
oder Adventszeit die Chance, zu einer Art „Bibel-Lese-Projekt" einzuladen. Für eine begrenzte, überschaubare Zeit sind alle eingeladen und willkommen, sich Zeit zu nehmen, etwas auszuprobieren
und zu entdecken. Dazu braucht es eine/n Verantwortliche/n, besser noch ein Team, das sich auf die Texte vorbereitet, die Organisation und Vorbereitung übernimmt, den Abend strukturiert und – wenn
nötig – eine Leitungsrolle übernimmt. Das braucht durchaus kein
Pfarrer, keine Theologin oder Religionslehrerin zu sein! Viel wichtiger ist bei der entsprechenden Person die Achtsamkeit für den Text
und die Gruppe, eine ruhige Art, Klarheit und Einfachheit. Wer diese
Rolle übernimmt, soll eine Atmosphäre des Willkommenseins und
der Aufmerksamkeit ermöglichen und behutsam, Schritt für Schritt,
durch den Ablauf führen. Das gibt der Gruppe Sicherheit und macht
frei dafür, sich auf den Weg einzulassen.

---

161 Bettina Wellmann, „Lectio Divina und Exegese", pdf-Download unter https://
www.bibelwerk.de/sixcms/media.php/157/ld_exegese.pdf (letzter Zugriff am
21.6.15).

Viele Menschen spricht das Konzept der „Lectio Divina" an, wenn auch der Begriff zunächst fremd erscheint. Endlich darf einmal Stille sein! Endlich darf ich auch einmal für mich allein nachdenken und mir Zeit nehmen! Aber auch der Austausch mit anderen ist wichtig, das Gespräch und die Gemeinschaft. Neben dem Kopf will auch das Herz zu seinem Recht kommen: Beim Singen und gemeinsamen Beten, aber besonders auch in der Stille kann eine sehr intensive und dichte Gemeinschaftserfahrung entstehen. Gern darf man anschließend noch eine Weile bleiben, Tee trinken und miteinander reden!

Als wertvoll wird von vielen Menschen auch erlebt, dass die einfache Abfolge eine Hilfestellung zum Beten gibt. Beten – da sagen viele: „Das kann ich nicht", man traut es sich nicht zu, jedenfalls nicht jenseits von vorformulierten Gebeten aus dem Gesangbuch. In der „Lectio Divina" ergibt sich das Beten im Prozess, als Schritt, der meine Resonanz und meine Antwort bewusst macht und zum Ausdruck bringt. Dabei kann es keinen „Gruppendruck" geben – still mit Gott sprechen ist genauso in Ordnung wie ein in Worte gefasstes Gebet!

Nicht so beliebt ist meiner Erfahrung nach das Konzept der „Lectio Divina" bei dem Typ von Bibelkreis-TeilnehmerIn, der/die gern viel Wissen sammelt (oder auch von sich gibt). TeilnehmerInnen, die gern reden und andere belehren, die sich über „richtige" und „falsche" Auslegungen streiten, muss man sanft bremsen und vom Reden zum Hören bringen. Das ist nicht immer leicht, bietet aber auch der Gruppe eine Chance, nicht von Vielrednern und Alleswissern dominiert zu werden!

Ein besonderer Pluspunkt in meinen Augen: „Lectio Divina" ist anschlussfähig! Die Gedanken und Gruppenprozesse, die Achtsamkeit und der „Hunger nach dem Wort" können weiterwirken und Kreise ziehen z.B. in die Sonntagsgottesdienste der Gemeinde hinein oder in andere Gremien wie den Pfarrgemeinderat. Menschen, die am Lesen, Entdecken und Nachsinnen Freude gefunden haben, melden sich für Bibelkurse und Seminare an. Schließlich lassen sich andere Methoden wie Bibliolog oder kreatives Gestalten mit den Schritten der „Lectio Divina" verbinden und ergänzen sich wechselseitig. Wichtig ist immer, eine verantwortete und reflektierte Art des Bibellesens zu fördern, in der sich die erwachsenen TeilnehmerInnen ernst genommen fühlen mit ihrem Wissen, ihrer Lebens- und Glaubenserfahrung. Gleichzeitig führt dieser Weg aber über einen reinen Wissenserwerb hinaus und in die Tiefe, zur Begegnung mit sich selbst, miteinander und mit dem Geheimnis Gottes. Und das ist nun wirklich ein Abenteuer!

Weiterführende Literatur

Text von Guigo dem Kartäuser in einer Übersetzung des Originaltextes aus dem 12. Jahrhundert als pdf-Datei: http://de.wikipedia.org/wiki/Scala_claustralium.

Die Unbeschuhten Karmelitinnen bieten auf ihrer Internetseite eine sehr gute Einführung in die Lectio Divina: http://www.ocd.pcn.net/nuns/n1_dt.htm.

Eine ebenfalls sehr gute Einführung aus benediktinischer Perspektive aus der Abtei St. Hildegard in Eisingen: http://www.abtei-st-hildegard.de/?p=229.

Wolfgang J. Bittner, ev. Pfarrer, Beauftragter für Spiritualität der EKBO und Lehrbeauftragter für Spiritualität in Berlin, bietet auf seiner Internetseite http://www.wolfgang-bittner.net mehrere Aufsätze bzw. Vorträge zum Thema an, z.B. den Artikel „Meditation als biblische Betrachtung" (4-Schritte-Methode); auch die „Scala claustralium" von Guigo dem Kartäuser ist hier zu finden.

(Alle Weblinks: Stand 18.2.2015)

Dr. Ursula Silber, *Jahrgang 1966, hat kath. Theologie und Altphilologie studiert. Seit 2003 ist sie Bildungsreferentin im Tagungs- und Bildungszentrum Schmerlenbach bei Aschaffenburg mit Schwerpunkt auf biblischen Themen und interreligiösem Dialog. Sie ist verheiratet und hat drei Kinder zwischen 12 und 17 Jahren.*